教育新基建

高质量教育体系的支撑力量

杨宗凯　主编

科学出版社

北京

内 容 简 介

推动以新一代信息技术为核心的新型基础设施建设，已成为我国数字时代的结构性变革力量。教育新基建是国家新基建的重要组成部分，在教育改革与创新发展过程中发挥着举足轻重的战略作用，是信息化时代推动教育变革实现教育数字化转型的牵引力量，是现代化进程中实现教育高质量发展的基础支撑。

近日，《教育部等六部门关于推进教育新型基础设施建设构建高质量教育支撑体系的指导意见》发布，本书对教育新基建的内涵、定位及重点建设方向进行了系统阐释，着重解读教育新基建的重点方向，即信息网络、平台体系、数字资源、智慧校园、创新应用、可信安全等新型基础设施，同时提供了一系列典型案例。

本书可供各级教育行政部门领导、各级各类学校管理者、教育信息化科研人员参阅。

图书在版编目（CIP）数据

教育新基建：高质量教育体系的支撑力量 / 杨宗凯主编. —北京：科学出版社，2021.9

ISBN 978-7-03-069880-3

Ⅰ. ①教… Ⅱ. ①杨… Ⅲ. ①学校-基础设施建设-研究 Ⅳ. ①G48

中国版本图书馆 CIP 数据核字（2021）第 190630 号

责任编辑：付 艳 朱丽娜 / 责任校对：杨 然
责任印制：李 彤 / 封面设计：有道文化

科学出版社 出版
北京东黄城根北街 16 号
邮政编码：100717
http://www.sciencep.com
北京虎彩文化传播有限公司 印刷
科学出版社发行 各地新华书店经销
*
2021 年 9 月第 一 版 开本：720×1000 1/16
2023 年 3 月第三次印刷 印张：18
字数：302 400
定价：98.00 元
（如有印装质量问题，我社负责调换）

本书编写工作组

主　编　杨宗凯

编　委　吴　砥　刘　威　郑旭东　柯清超
郭　炯　姜开达　尉小荣　徐　建

秘　书　王美倩　杨会云　桂徐君　饶景阳

序一

近年来，党中央、国务院高度重视新型基础设施建设，不断加快5G、人工智能、工业互联网等领域的布局。2020年上半年，中央密集部署加快“新基建”进度，明确提出要加快5G网络、数据中心等新型基础设施建设进度，并对新型基础设施覆盖领域进行了明确定义，“新基建”获得前所未有的重视。

教育新基建是国家新基建的重要组成部分，在教育改革与创新发展过程中发挥着举足轻重的战略作用，是信息化时代教育实现数字赋能、智能升级和体制机制创新的牵引力量。为此，我们要不失时机，以教育新基建壮大新动能、创造新供给、服务新需求，支撑教育高质量发展。

大数据、云计算、人工智能、虚拟现实、区块链等新一代信息技术正深刻改变教育的教学、管理和组织方式。推进教育新基建，必须充分发挥数据和算力作为新型生产要素的重要作用，构建以数据为中心的教育新生态，推动“工业化教育”向“智能型教育”转变。具体而言，要运用新一代信息技术促进学习环境、学习资源、教学方式和管理方式的转型升级，形成以数据为支撑的精准、个性、灵活的教育服务体系，最大限度地满足学生发展需要，实现更加公平、更有质量的教育。

近日，《教育部等六部门关于推进教育新型基础设施建设构建高质量教育支撑体系的指导意见》正式发布，对“十四五”期间教育新基建的总体要求、重点方向和保障措施等做出了具体、明确的规划部署。该书是对该指导意见的解读，通过典型案例的分析阐述了教育新基建的实现路径，为深入理解如何“以信息化为主导，面向教育高质量发展需要，构建高质量教育支撑体系”提供了生动素材。

中国工程院院士

教育部教育信息化专家组组长

序二

随着人工智能、大数据、物联网等技术的快速发展，传统教育生态不断受到冲击，教育的新一轮变革已然开始。推动以新一代信息技术为核心的新型基础设施建设，已成为教育实现数字化转型和高质量发展的必然选择。换言之，教育新基建是信息化时代教育变革的牵引力量，是教育信息化实现可持续发展的新动能，它将全面推动信息技术与教育系统各要素的深度融合与创新应用，支持构建以学生为中心的连接、开放、共享、适切的新型教育体系。

当前，国家新基建已全面启动，推动教育新基建是响应国家新基建号召，加速布局未来教育的战略机遇。党的十九届五中全会及“十四五”规划就系统布局、科学推进全国各行业新型基础设施重大工程建设做出了明确部署。2020年4月，国家发展改革委明确提出启动新型基础设施建设。同年的政府工作报告提出，重点支持既促消费惠民生又调结构增后劲的“两新一重”建设(即新型基础设施、新型城镇化，以及交通、水利等重大工程)。教育是国家新基建的重要领域，我们必须抢抓国家“十四五”布局新基建的战略机遇，顺势而为、乘势而上，系统谋划推进教育新基建。

随着《教育部等六部门关于推进教育新型基础设施建设构建高质量教育支撑体系的指导意见》的发布，我国将全面进入教育新基建的启动阶段。在这一重要时间节点，《教育新基建：高质量教育体系的支撑力量》的出版正当其时，全书对教育新基建的内涵、定位及重点建设方向进行了系统阐释，并提供了一系列典型案例，可为各地教育管理部门和各级各类学校因地制宜推进教育新基建、完成“十四五”建设任务提供有益指导。

该书主编西安电子科技大学校长杨宗凯教授是国内教育信息化研究与实践的领军人物，参与者也都是西安电子科技大学、华中科技大学、华中师范大学等知名高校的一批中青年教育信息化专家。此外，上海、浙江、江西、宁夏和长沙、深圳等地教育行政部门及众多企业都提供了实践案例，这种“政、产、学、研、社”密切结合、无缝对接的协同推进与研究协作机制，为该书的高质量完成提供了有力保障。

我相信，该书的出版不仅有助于人们全面正确理解教育新基建的内涵、定位及重点建设方向，而且有助于贯彻落实《教育部等六部门关于推进教育新型基础设施建设构建高质量教育支撑体系的指导意见》，高效推进教育新基建发展。

是为序。

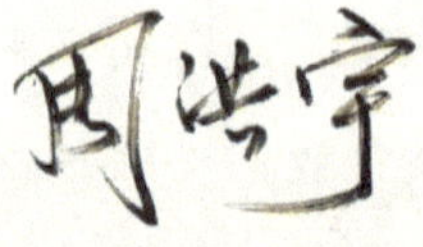

全国人大常委会委员
教育部教育信息化专家组副组长
中国教育学会副会长

前言

当前，我国已进入高质量发展阶段，国家新基建为高质量发展注入新动能，构筑了数字时代的新结构性力量。教育新基建作为国家新基建的重要组成部分和垂直应用，是实现教育数字转型的重要牵引，是实现教育高质量发展的基础支撑。教育部等六部门不久前发布了《关于推进教育新型基础设施建设构建高质量教育支撑体系的指导意见》，以教育新基建壮大新动能、创造新供给、服务新需求，对准确把握新发展阶段、深入贯彻新发展理念、服务构建新发展格局提出新的思路和举措，对实现教育数字转型和高质量发展具有重要意义。

本书基于对教育新基建与教育高质量发展的关系、教育新基建的基本内涵与主要特征、国内外教育信息基础设施发展概况的分析，对新时代我国信息网络、平台体系、数字资源、智慧校园、创新应用、可信安全等教育新基建的主要任务进行全面解读，并提供了相应的案例分析，旨在为教育行政部门、各级各类学校和其他教育机构的管理者、教育信息化相关行业企业的研究人员提供方向性、规范性、策略性的指导和借鉴。

本书由西安电子科技大学校长杨宗凯教授主持撰写，在教育部科学技术与信息化司指导下完成，并得到中央电化教育馆、教育部教育管理信息中心、人民教育出版社、高等教育出版社等单位的大力支持。华中师范大学吴砥教授、郑旭东教授，华中科技大学刘威教授，西北师范大学郭炯教授，华南师范大学柯清超教授，上海交通大学网络信息中心副主任姜开达等参与了全书的编撰与修订。此外，本书凝聚了西安交通大学郑庆华、锁志海，江南大学田贝、赵让、王强，北京师范大学余胜泉，清华大学韩锡斌、刘莹，浙江大学陈文智、张紫徽、云霞，华中科技大学许炜、王士贤、柳斌，重庆大学唐蓉君、江成华，西安电子科技大学王泉、赵静，华中师范大学夏立新、刘三女牙、易宝林、黄涛、钟正、戴志诚、舒江波、彭翕成等多位本领域专家学者的智慧，感谢其辛勤付出。

本书的研究和撰写得到了众多教育行政部门和各类学校的帮助。书中的诸多案例是由江西省教育厅、浙江省教育厅、宁夏回族自治区教育厅、温州市教育局、武汉市教育局、南昌市教育局、长沙市教育局、石嘴山市教育体育局、深圳市教育局、苏州工业园区教育局、武汉市汉阳区教育局、上海市闵行区教育局、银川市兴庆区教育局等教育行政部门提供。此外，中国教育和科研计算机网、西安交通大学、华中师范大学、西安电子科技大学、北京师范大学、清华大学、浙江大学、江南大学、华中科技大学、上海交通大学、重庆大学、湖南铁路科技职业技术学院、武汉市第十一中学、长沙市育英学校、华中师范大学第一附属中学、银川市第十五中学、银川市兴庆区回民第二小学等单位也提供了相应的案例。

另外，教育信息化的发展离不开企业的支持和参与，多家企业充分发挥专业化服务的优势，为学校／师生提供了便捷、高效的服务。本书也采纳了诸多企业实践方面的典型案例，在此表示衷心的感谢！

本书得以顺利出版，要感谢科学出版社付艳编辑的协助。本书撰写时引用、参阅了许多专家、学者的研究成果，在此谨向原作者致谢！同时，因出版时间有限，书中难免存在疏漏，敬请读者批评指正。

作者
2021年7月

目录 CONTENTS

第1章

新基建与教育高质量发展

作为社会经济发展的“基石”与“底座”，基础设施对于人类文明的演进与发展具有历史性的重大影响。教育新型基础设施建设是国家新基建的重要组成部分，对教育变革与创新具有基础性的支撑作用，是加快推进教育现代化、建设教育强国的重要战略举措。

第 1 节　新基建：教育视野中的内涵与特征

一、新基建的内涵与功用

基础设施是一个国家、社会、单位与家庭开展生产经营和劳动生活的物质基础，是社会其他主体设施正常运转的底座与基石，是社会再生产的重要保障，主要为社会生产部门和人类生活提供公共服务和条件支持，对国家和人民正常的生产和生活实践具有重要促进作用。在人类社会生产与生活实践中，常见的基础设施主要包括水利、能源、交通、科技、环保、园艺、文体等公共设施或公共服务。基础设施不仅包括公路、铁路、机场、通信、水电煤气等公共设施，即“物质性基础设施”（physical infrastructure），还包括教育、科技、医疗卫生、体育、文化等社会事业，即“社会性基础设施”（social infrastructure）。①

“传统的基础设施——‘铁公基’（铁路、公路、机场、港口、水利工程等）是工业时代的基础设施。”②在全球形势错综复杂、国际竞争日趋激烈、经济发展考验严峻的时代大背景下，以工业互联网、5G、大数据和新能源等为核心的新基建大幕正徐徐拉开。新基建是以新发展理念为引领，以技术创新为驱动，以信息网络为基础，面向高质量发展需要，提供数字转型、智能升级、融合创新等服务的基础设施体系。③

---

① Hoyssa M, Bruun H, Hukkinen J. The co-evolution of social and physical infrastructure for biotechnology innovation in Turku, Finland[J]. Research Policy, 2004, 33(05): 769-785.

② 张思齐，毛昭勇，闫杰，等. 面向新基建交叉学科人才培养推进高校科技智库建设——西北工业大学经验探析 [J]. 科技管理研究，2021, 41(02): 101-106.

③ 国家发改委首次明确“新基建”范围 [EB/OL]. (2020-04-21)[2021-03-17]. http://www.mofcom.gov.cn/article/i/jyjl/e/202004/20200402957398.shtml.

新型基础设施主要包括信息基础设施、融合基础设施和创新基础设施。[①]信息基础设施包括以 5G、物联网、工业互联网、卫星互联网为代表的通信网络基础设施，以人工智能、云计算、区块链等为代表的新技术基础设施和以数据中心、智能计算中心为代表的算力基础设施等。融合基础设施主要是指深度应用互联网、大数据、人工智能等技术，支撑传统基础设施转型升级，进而形成的融合基础设施，如智能交通基础设施、智慧能源基础设施等。[②]创新基础设施主要是指支撑科学研究、技术开发、产品研制等具有公益属性的基础设施，如重大科技基础设施、科教基础设施、产业技术创新基础设施等。

相比于过去以公路、电网、交通为主的传统基础设施建设，新基建在促进社会发展方面具有更为重大的意义。[③]作为人类社会生产与生活的“基石”与“底座”，布局合理、密度适宜、运行高效、传输流畅的基础设施对社会经济的稳固发展具有重要支撑作用。新基建的复杂程度更高，功能更为完备，项目内容更为新颖，属性更加多样，“对加强产业协同，引导创新集聚，‘引爆’以数字经济、纳米技术和新能源为代表的新一代技术革命具有不可或缺的基础性作用；同时作为重要的基础产业和新兴产业，新基建不仅对应着巨大的投资需求，也对应着巨大的消费需求，是实现中国经济高质量发展的重要引擎之一；通过提供基础设施推动相应的新经济部门的快速发展，使经济社会的不同领域，使更多的国民获得普遍化的新经济红利，进而为提高经济发展的强度和韧性提供了新机遇”[④]。

二、教育新基建的内涵与功用

教育新基建，即面向教育的新型基础设施建设。教育新型基础设施是以新发展理念为引领，以信息化为主导，面向教育高质量发展需要而建立的新型基础设施体系。可以从狭义和广义两个层面对教育新基建的内涵与功用进行理解。

（一）狭义的教育新基建：高质量教育支撑体系的“基座”

狭义的教育新基建是技术本位的教育新基建，是高质量教育支撑体系的“基

① 国家发改委. 布局“新基建”推动一揽子政策落地保持经济平稳运行[J]. 财经界，2020(13): 9-12.

② 袁国宝. 新基建：数字经济重构经济增长新格局 [M]. 北京：中国经济出版社，2020: 5-25.

③ 盘和林，胡霖，杨慧. 新基建 [M]. 北京：中国人民大学出版社，2020: 2-15.

④ 杨虎涛. 新基建的新意义 [J]. 红旗文稿，2020(10): 24-26.

座”。它主要指以技术创新为驱动，以信息网络为基础，为满足教育高质量发展需要提供数字转型、智能升级、融合创新等服务的基础设施体系，具体包括六个“新”：新信息网络基础设施（新网络）、新平台体系基础设施（新平台）、新数字资源基础设施（新资源）、新智慧校园基础设施（新校园）、新创新应用基础设施（新应用）和新可信安全基础设施（新安全）（图 1-1）。

新网络、新平台、新安全属于信息基础设施，是支撑教育信息化发展的“基石”。其中，新网络是连接人与人的桥梁，新平台是促进信息技术和教育深度融合的舞台，新安全是信息化发展的保障，共同构建教育新基建的数字底座。

新资源、新校园属于融合基础设施，是在新网络、新平台、新安全的基础上，根据教育实际，孕育出具有行业特色的基础设施。其中，新资源是偏软的，对应知识生产和管理；新校园是偏硬的，对应环境设施配套。

新应用是基于新资源、新校园，信息技术与教育教学深度融合的创新应用基础设施。从教学、评价、研训、管理等四大场景进行布局，探索信息技术推动教育改革的路径。

六个“新”整合在一起，构成了高质量教育支撑体系的基座。它们将为教学、科研、管理、生活服务等全面赋能，为学习者提供多元互动、个性定制和精

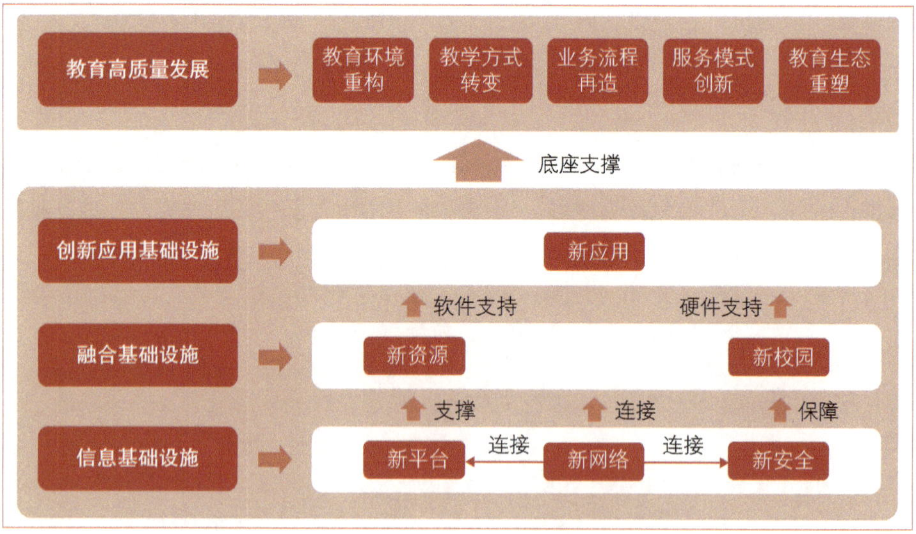

图 1-1　狭义的教育新基建

准推送的教育供给服务。[①] 教育新基建以强大的技术创新与应用能力，为教育创新变革和高质量发展提供了强大的物质技术基础，必将把已经兴起的教育的新一轮技术革命推进到更加深入的层面，把教育从一个劳动密集型行业转变为一个技术密集型行业。

（二）广义的教育新基建：教育系统整体运转的支撑体系

广义的教育新基建是教育本位的教育新基建，是教育系统整体运转的支撑体系。它将 5G、人工智能、大数据等新一代信息技术作为教育信息化发展的新动能，全面推动信息技术与教育系统各要素的深度融合与创新发展，构建新的教育支撑体系，包括双空间一体化的教学环境、信息化时代的教师能力体系、技术支持下的新型教学方法、个性化的教育资源服务体系、信息化条件下的教育评价体系、数据驱动的现代化教育治理体系、新型教育生态的保障体系等。这种对教育新基建的广义理解，超越了单纯的技术环境，从整个教育大系统生态的构建与发展这一更为宏阔的层面勾勒了教育新基建的基本架构。[②] 在这一基本架构中，既包括有形的设施、资源建设，也包括无形的能力、机制建设，旨在创造教育的新环境、新内容、新方法与新文化。广义的教育新基建（图 1-2）的作用是系统性、溢出性的，特别是对于教育创新生态系统的构建有着至关重要的作用。

三、教育新基建的四大特征

教育新基建既具有新基建的一般性特征，又具有教育的鲜明特色。总体来说，教育新基建具有虚实融合、数据驱动、跨界协同和双向赋能的特点。

（一）虚实融合

传统教育基础设施建设以物理空间的实体建设为主，重在强调校园物理环境的改造，如教室（灯光、黑板、课桌椅、音体美卫器材等）、实验室（实验台柜、实验仪器、药品等）、校舍（洗漱设施、消防设施等）、食堂（备餐间设施、洗手消毒设施、通风排烟设施等）、图书馆（书架、图书等）的建设与改造。新型基

① 雷朝滋. 面向智能时代发展需求构建服务全民终身学习的新型教育体系 [J]. 人民教育，2020(06): 28-32.

② 杨宗凯，吴砥，陈敏. 新兴技术助力教育生态重构 [J]. 中国电化教育，2019(02): 1-5.

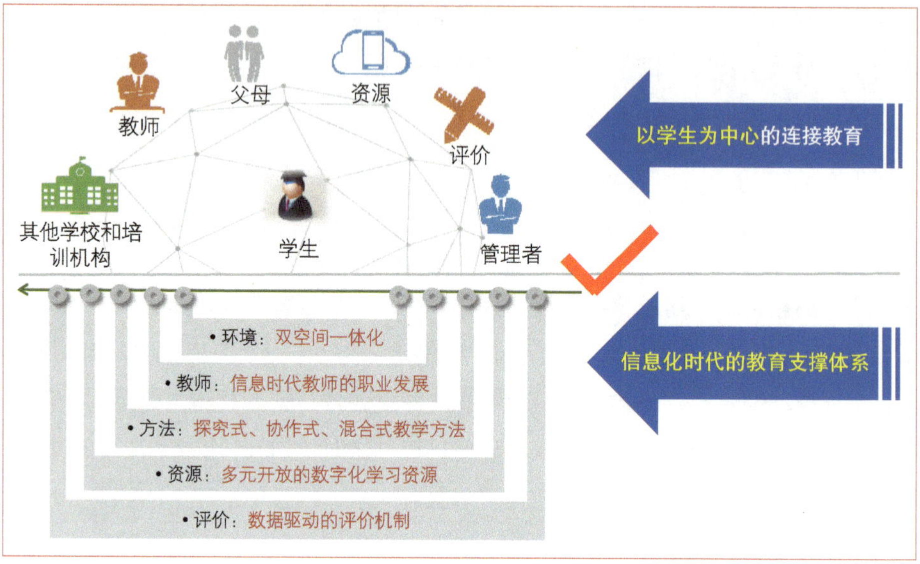

图 1-2　广义的教育新基建

础设施建设则既有物理空间的基础硬件建设，如计算机、投影仪、多媒体视听、交互式白板等智慧教室设备，高清录播一体机、图像跟踪一体机等录播室 / 远程教室设备，智能手机、Pad、移动 PC 等智能教学终端；又有数字空间的基础软件建设，如教育资源服务平台、教育管理服务平台、网络学习空间、教育大数据中心以及智能助教、智能学伴、数字资源等教学辅助工具、软件等。在人工智能、物联网、云计算等新一代信息技术的支持下，教育物理空间和数字空间的界限越来越模糊，现实世界与虚拟世界的互动越来越频繁，硬件基础设施与软件基础设施的连接越来越紧密。

（二）数据驱动

教育新型基础设施也需要基础设施的支撑，首先是 5G，其次是数据。① 大数据中心的建设是教育新基建的一个重要内容，它不仅让教育新基建在建设过程中需要运用大数据的思维与技术，也让其在应用层面上展现出鲜明的数据驱动的特征。基于大数据的精准学情诊断、个性化学习分析和智能决策支持，大大提升了教育品质，对促进教育公平、提高教育质量、优化教育治理都具有重要作用，已

① 李海舰. 五方面理解“新基建”内涵与重点 [N]. 经济参考报，2020-07-07(007).

成为实现教育现代化必不可少的重要支撑。数据驱动已成为大数据时代教育生产率提升的持续动力，成为推动教育发展的一种变革力量。首先，以教育新基建为支撑，教育数据的大规模生产、利用和共享，使得规模化条件下的差异化教学成为可能。基于大数据，可以精准刻画学习者特征、洞察学习者的学习需求，进而有针对性地为学习者制定不同的学习方案。其次，大数据有利于实施精细化的教育管理与评价。根据社会各方面的综合数据来源，大数据可实现实时观察和分析，对于推进教育管理从经验型、粗放型、封闭型向精细化、可视化、智能化转变具有重要意义。① 融合了智能技术的教育系统将实现对教与学全过程的跟踪监测和无感式、伴随性的数据采集，实现基于大数据的多维度综合性智能化评价。② 最后，教育新基建支撑的大数据应用还有利于提供智能化的教育服务。对教育大数据的全面收集、实时分析和合理利用，已成为学校提升服务能力，形成用数据说话、用数据决策、用数据服务的驱动力。

（三）跨界协同

教育新型基础设施是信息化与工业化、数字化与智能化、互联网与物联网的跨界协同与融合发展的结果。以教育新基建为支撑，通过传感器、摄像头、麦克风等输入设备采集各种数据信息，通过移动互联网、工业互联网、物联网等平台实现数据传输，通过数据大脑、数据中心等进行存储和计算，通过算法、模型等对海量数据进行安全可信的加工处理，形成对管理者、教师、学生、家长等不同群体的应用反馈，最终反馈到各终端应用系统。教育新型基础设施的跨界协同与融合发展还体现在教育专网与公共网络的互联互通，实现学校网络服务质量的显著提升；体现在教育资源公共服务平台与教育管理公共服务平台的整合共享，实现更精准、个性化的教育服务；体现在物理学习空间与虚拟学习空间的无缝融合，形成支持泛在学习的学习环境；体现在在线教育与学校教育的融合互补，打造未来教育的新形态等等诸多方面。③

---

① 杨宗凯. 大数据驱动教育变革与创新 [J]. 大数据时代，2017(05): 6-9.

② 雷朝滋. 发展“互联网+教育”推进教育深层次、系统性变革刻不容缓 [N]. 人民政协报，2020-01-08(010).

③ 杨宗凯. 从信息化视角展望未来教育 [J]. 电化教育研究，2017, 38(06): 5-8.

（四）双向赋能

新型基础设施与教育之间构成了一种双向赋能的交互关系。“随着国家‘新基建’的规划落地，应将教育作为 5G、AI 等新型技术率先应用的重要领域，通过先行先试、迭代完善，为新技术的升级优化和大规模应用奠定坚实基础，同时也以此推动教育发生结构性的变革创新。”[①]新基建对教育的赋能体现在如下方面：一是新基建赋能教师，新基建可以使教师从烦琐的日常工作中解放出来，使教师能有更多的时间和精力关注更多的学生，有助于解决学生个性化学习和教师时间精力有限之间的矛盾；二是新基建赋能学生，新基建将带来教育空间、教育内容、教育结构等方面的调整，支持教学模式与学习方式的转变，使个性化、定制化的学习成为可能[②]；三是新基建赋能学校，新基建将帮助学校实现智能化的管理，从招生到培养、从选课到考勤、从教学到评价、从校园安全到寄宿管理，支持学生的学业生涯与职业生涯规划等；四是新基建赋能治理，新基建有助于实现智能化治理，智能化治理不仅能够提高工作效率，还能够提高教育决策的科学性。教育对新基建的赋能主要体现在大数据、人工智能等高端人才的培养将进一步推动新型基础设施的建设和发展。此外，教育对新基建的赋能还体现在为各种新型基础设施和新兴关键技术提供了广泛的应用场景，可以反向推动更深层次的关键技术创新和基础设施升级，特别是对人工智能和大数据等技术来说，更是如此。

第 2 节　数字化转型与高质量发展：教育新基建的价值诠释

教育新基建是国家新基建的重要组成部分，在教育改革与创新发展过程中发挥着举足轻重的战略作用，是信息化时代推动教育变革实现教育数字化转型的牵引力量，是现代化进程中实现教育高质量发展的基础支撑。

---

① 张静. 一场史无前例的社会实践——专访教育部科技司司长雷朝滋 [EB/OL]. (2020-08-02)[2021-07-22]. http://www.moe.gov.cn/jyb_xwfb/s5147/202008/t20200803_476456.html.

② 杨宗凯. 个性化学习的挑战与应对 [J]. 科学通报，2019, 64(Z1): 493-498.

一、教育新基建的六大基本任务

教育新基建的基本任务包括信息网络、平台体系、数字资源、智慧校园、创新应用、可信安全六个基本方面。具体来讲，信息网络包括教育专网和校园网络，平台体系包括新型数据中心、智能数据应用、平台开放协同和网络学习空间，数字资源包括开发新型资源工具、优化资源供给服务、提高资源监管效率，智慧校园包括智慧教学设施、智慧科研设施、智慧公共设施，创新应用包括普及教学应用、创新评价应用、拓展研训应用和深化管理应用，可信安全包括增强感知能力、保障绿色上网、推动可信应用、健全应用监管四个方面（图 1-3）。

教育新基建六大基本任务协调并进，共同推动教育高质量发展。[①] 建设信息网络新型基础设施，充分利用国家公共通信资源，建立连接全国各级各类学校和教育机构的教育专网。提升学校固定宽带网络和移动通信网络的服务质量，提供高速、便捷、绿色、安全的网络服务。建设平台体系新型基础设施，推动各级各类教育平台融合发展，构建互联互通、应用齐备、协同服务的"互联网 + 教育"大平台。建设数字资源新型基础设施，依托国家数字教育资源公共服务体系，推动数字资源的供给侧结构性改革，开发新型资源和工具，打造资源搜索引擎，完善数字资源的全链条管理。建设智慧校园新型基础设施，推动校园教学设施、科研设施和公共设施的数字化改造、智能化升级，促进学校物理空间与网络空间一体化建设，推动校内外、课内课外融合应用。建设创新应用新型基础设施，依

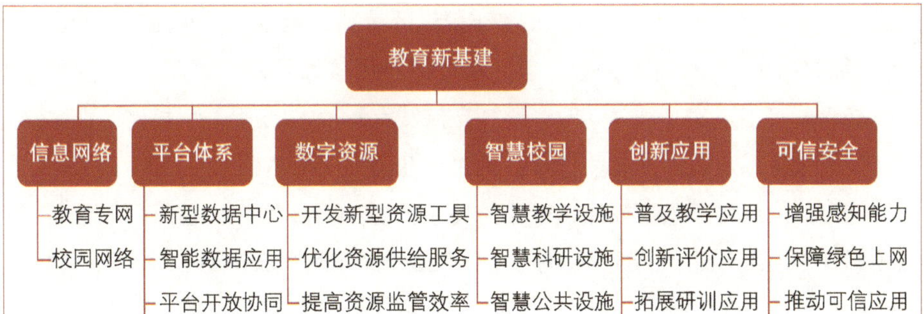

图 1-3　教育新基建的具体任务

① 教育部等六部门关于推进教育新型基础设施建设构建高质量教育支撑体系的指导意见[EB/OL]. (2021-07-21)[2021-07-22]. http://www.moe.gov.cn/srcsite/A16/s3342/202107/t20210720_545783.html.

托“互联网＋教育”大平台，开发创新的教学、评价、研训和管理等应用，促进信息技术与教育教学深度融合，支撑教育高质量发展。建设可信安全新型基础设施，提升教育系统网络安全态势感知能力、网络净化能力、可信保障能力和新技术应用监管能力，形成覆盖教育行业的安全保障网络。

二、新基建是实现教育数字化转型的重要牵引

当前，信息技术已经渗透到社会生产和生活的各个领域，对教育的影响日益扩大。《国家中长期教育改革和发展规划纲要（2010—2020年）》明确指出，“信息技术对教育发展具有革命性影响，必须予以高度重视”[①]。2020年党的十九届五中全会号召要促进人的全面发展和社会全面进步、建设高质量教育体系，人的全面发展和社会全面进步是人才培养的重要时代使命，而高质量教育体系是对知识经济时代和信息化时代人才培养途径的要求。人才培养目标的重构正在改变传统教育生态系统，推动教育创新实践的发展。新型基础设施具有的数字化、网络化、智能化和融合化等特征，决定了教育新基建能够以信息网络为基础，为教育教学的各项业务提供数字化转型、智能化升级和融合化创新等方面的基本支撑。[②]

新的时代呼唤新的教育，信息时代的教育亟须数字化转型，以应对当前教育面临的多重挑战。这已经成为普遍的社会共识。推动教育新基建是因应技术变革浪潮，促进教育数字转型的必然要求。当前，新一轮科技革命和产业变革方兴未艾，人工智能、大数据、云计算等新一代信息技术加速发展，深刻改变着人们的生产、生活和学习方式。各行各业都在积极部署新基建，以新基建壮大新动能、创造新供给、服务新需求。近年来，教育信息化基础条件显著改善，为推动教育新基建奠定了坚实基础。同时，通过支持试点示范区域探索实践积累了丰富经验，指导教育系统整体推进教育新基建的时机已相对成熟。

首先，信息化背景下社会各行业的快速发展对学习者能力提出了新要求。美国教育智库组织21世纪学习联盟提出了“21世纪学习框架”（图1-4）[③]，指出信

① 国家中长期教育改革和发展规划纲要(2010—2020年)[EB/OL]. (2010-07-29)[2021-05-18]. http://www.moe.gov.cn/srcsite/A01/s7048/201007/t20100729_171904.html.

② 王晓明，隆云滔. 新基建的模式与制度创新[N]. 经济日报，2020-12-14(009).

③ Battelle for Kids.Framework for 21st Century Learning[EB/OL]. (2019)[2021-07-13]. http://static.battelleforkids.org/documents/p21/P21_Framework_Brief.pdf.

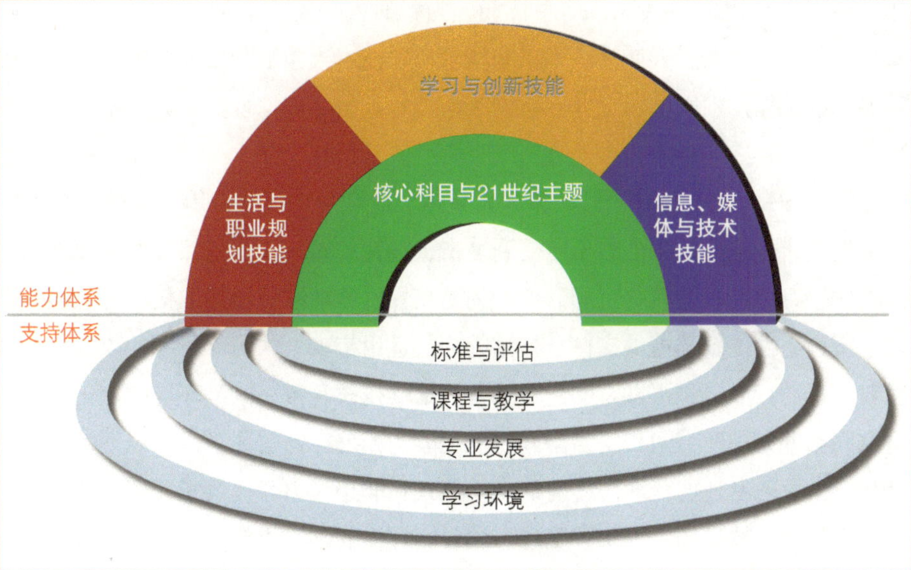

图 1-4　21 世纪学习框架

息化时代的学生除了需要掌握 3R（读、写、算）之外，还需具备生活与职业技能、学习与创新技能、信息媒体与技术素养等。新时代学习者主要需具备 4C 能力（批判性思维与解决问题的能力、有效的沟通能力、协作能力、创新能力）[①]。新一轮工业革命需要的是具有深厚人文底蕴和高水平创新思维，能够解决复杂现实问题的个性化、创造型人才，以培养知识、技能型人才为目标的传统教育体系难以支撑，必须作出系统性的改变。

其次，信息化时代的学习者群体发生了显著变化。中国互联网信息中心的报告数据显示，我国网民规模由 2015 年底的 6.88 亿增长到 2020 年底的 9.89 亿，互联网普及率由 50.3% 提升到 70.4%。网络提速降费力度不断加大，2020 年固定宽带和手机流量平均资费水平相比 2015 年下降幅度超过 95%，平均网络速率提升 7 倍以上[②]，为网民创造出更加高效和低成本的网络环境。在网络强国、数字中国、智慧社会改革浪潮的推进下，我国国民的信息素养持续提升，以信息化

① Keane T. Leading with technology: 21st century skills= 3Rs+ 4Cs[J]. Australian Educational Leader, 2012, 34(2): 44.

② 国家互联网信息办公室发布《数字中国发展报告（2020 年）》[EB/OL]. (2021-07-02)[2021-08-13]. http://www.cac.gov.cn/2021-06/28/c_1626464503226700.htm.

驱动教育现代化成为共识，信息技能成为新时代公民适应社会的基本技能。随着物联网、大数据、云计算、人工智能等相关技术人才培养规模扩大，还催生出智能制造工程技术人员、工业互联网工程技术人员、虚拟现实工程技术人员等新职业。

随着5G、人工智能、云计算、大数据、物联网、区块链等新兴信息技术的迅猛发展，传统的教育生态不断受到冲击，教育的数字转型已然开始。技术的发展构建了万物互联的教育空间，单一的重复性的劳动被机器所取代，全过程的学习分析为个性化教学提供支持。技术的广泛运用带来人才培养目标的改变，也对教育体系进行重塑和再造。信息技术首先给学校教育带来的是环境的变化，使教育空间拓展为物理空间和网络空间，双空间的无缝整合实现了线上线下学习的一体化，为学习者开展跨地区、跨时空的正式和非正式学习提供了良好支持。通过打造立体综合教学场，提供强临场感和强交互性的学习材料和工具，支持教育教学全过程。基于高速网络形成泛在学习环境，居家学习成为常态，游学、移动学习、户外学习的比例显著增加。信息技术必将促进构建一个网络化、数字化、智能化的教育环境，其中所有教育资源和工具得以联结，架起一个全新的、开放的平台，并孕育出先进的教学理念和方法。①

教育新基建的核心是以云计算、大数据、5G、区块链等为代表的，仍在快速演化和发展之中的先进数字技术。这决定了教育新基建在教育数字化转型过程中发挥着加速器的作用。信息时代的教育具有连接、开放、共享、个性化的特征，与工业时代的规模化、标准化教育截然不同。5G、人工智能、云计算、大数据、区块链等新兴技术的迅猛发展深刻改变了教育的形态，推动教育的数字转型。5G技术的优势能够促进教育实现四个方面的发展：空间互联、同步授课、远程控制和云存储。② 5G时代的教育面临以下变革：一是推动教学方式互动化、智能化；二是推动培养模式个性化、特色化；三是推动教育资源公平化、一体化；四是推动教育生态网格化、智能化。云计算具有超大规模、虚拟化、高可靠性、通用性、高可伸缩性、按需服务等特点，构建虚拟空间，实现云端一体化，有利于催生互联网+在线

① 杨宗凯，吴砥，郑旭东. 教育信息化2.0: 新时代信息技术变革教育的关键历史跃迁[J]. 教育研究，2018, 39(04): 16-22.

② 祝智庭，彭红超. 技术赋能智慧教育之实践路径[J]. 中国教育学刊，2020(10): 1-8.

课堂新业态。区块链系统的透明化、数据不可篡改等特征，完全适用于学生征信管理、升学就业、学术、资质证明、产学合作等方面，可建立可访问的个体学信数据库，这样有利于构建安全、高效、可信的开放教育资源新生态。

三、新基建是实现教育高质量发展的基础支撑

立德树人是教育的根本任务。要落实这一根本任务，需要一个高质量的教育体系。高质量的教育是教育现代化发展的内在要求，也是世界各国教育改革追求的共同目标。联合国可持续发展目标 4（SDG4）提到确保包容、公平的优质教育，促进全民享有终身学习机会[①]，诠释了高质量教育的基本内涵。党的十九届五中全会做出了“十四五”建设高质量教育体系的重要部署。《中华人民共和国国民经济和社会发展第十四个五年规划和 2035 年远景目标纲要》也提出，要把提升国民素质放在突出重要位置，构建高质量的教育体系。[②]建设高质量教育体系是加快构建新发展格局和全面建设现代化强国的战略需求。教育新基建是构建高质量教育体系的核心，是信息化时代教育变革的基础条件保障。教育信息化基础设施是教育高质量发展的“底座”和“基石”，必须以新基建为抓手和契机，加快推进教育信息化转型升级，以信息化推动教育现代化，助力建成教育强国。[③]

教育高质量发展，既具有普遍性规律，又具有阶段性特征，同时还受到不同国家和地域经济社会发展水平、历史文化传统等多方面因素影响。一般来说，一个高质量的教育体系具有下列关键特征：开放全纳，面向全体公民提供教育公共服务；以人为本，以促进人的全面发展作为教育的最高追求；可持续发展，具有长期提供高质量的教育公共服务并不断发展和完善的能力；个性化，能够针对不同学习者的需求精准提供个性化、高质量的教育公共服务；普惠性，面向全体公民提供的教育公共服务是均等化的。对于处于现代化进程中的中国来说，所谓高

① UNESCO. Education for Sustainable Development Goals: Learning Objectives[EB/OL]. (2017-05-09)[2021-07-31]. https://www.unesco.de/sites/default/files/2018-08/unesco_education_for_sustainable_development_goals.pdf.

② 中华人民共和国国民经济和社会发展第十四个五年规划和2035年远景目标纲要[EB/OL]. (2021-03-13)[2021-03-17]. http://www.gov.cn/xinwen/2021-03/13/content_5592681.htm

③ 杨宗凯. 以信息化全面推动教育现代化：教育技术学专业的历史担当 [J]. 电化教育研究，2018, 39(01): 5-11.

质量的教育体系，就结果导向而言，在总体上可以凝练为“质量”和“公平”这两大核心主题，即是否能够提供高质量的教育公共服务，以及这种高质量的教育公共服务是否可以覆盖全体人民。

建设教育高质量发展体系，提升贯彻落实新发展理念的高度，需要切实做好以下几个方面的工作。首先要把高质量摆在更加突出的位置，作为教育发展的行动自觉和内在追求，以高质量为统领，推动整体性流程再造、机制塑造和文化打造。其次要夯实高质量发展基础，落实教育优先发展战略，加大人力资本投入力度，全面建设高素质专业化创新型教师队伍，推动“互联网 +”条件下教育理念变革和模式创新。最后要把高质量作为检验标准，从教育发展体制机制、结构类型、评价方式、内在活力、保障措施等方面对标检视，突破制约点和瓶颈因素，推动教育向高质量迈进。[①] 在宏观层面，建设高质量教育体系，需要扎实推进基本公共教育均等化，增强职业技术教育适应性，提高高等教育质量，建设高素质专业化教师队伍，深化教育改革。

在学校教学中践行教育高质量关键在于如何打造连接、开放、共享与以学生为中心的教育新模式，实现个性化学习的教育愿景。一方面，教育高质量发展归根结底要落实到以学生为中心的学习与教学上面。“21 世纪的教育，面临的对象是‘数字原生代’。他们主要采用快速、离散和碎片化的学习方式。教育培养的人才需要具有批判性思维与解决问题的能力、有效的沟通能力、协作能力和创新能力。教育对象的信息素养急需提升。在人才培养模式上，工业化时代以教师为中心、以知识传授为重点的‘大一统’人才培养模式，正逐步被以学生为中心、以能力培养为重点的个性化培养模式所取代。”[②] 另一方面，在促成以学生为中心的基础上实现个性化学习是教育高质量发展的核心所在。“在全球化加速推进和信息化迅猛发展的背景下，面向 2030 的教育核心是助力人的全面、自由、个性化发展，更加重视学生的个性化和多样性。信息化时代对人的知识、能力、价值观提出了更高的要求，传统工业革命时代的规模化教育体系已无法满足现代信息社会对教育服务的个性化需求，教育改革创新正处在‘十字路口’。”[③] 时至今日，面对信息化与多样化的时代潮流，教育要实现高质量发展关键还在于如何践行个

---

① 陈宝生. 建设高质量教育体系 加快建成教育强国 [J]. 旗帜，2020(12): 8-10.

② 杨宗凯. 创新模式培养数字化教师 [N]. 中国教育报，2015-05-26(011).

③ 杨宗凯. 个性化学习的挑战与应对 [J]. 科学通报，2019, 64(Z1): 493-498.

性化的人才培养路径。

将新基建引入教育高质量发展进程中，关键在于如何围绕“专业质量”“课程质量”“教材质量”“技术水平”四个维度来具体落实。“抓专业质量，专业是人才培养的基本单元，将教师、学生、教材、课程、管理等各个因素集中到统一的层面，专业质量的提升需要做好优化专业结构、抓好质量标准和强化示范引领等方面的实际工作；抓课程质量，课程是人才培养的核心要素，‘教师的教’与‘学生的学’都是通过不同类型的课程作用在学生身上，课程质量的提升需要从加强价值引领、持续打造‘金课’和强化示范带动等方面入手；抓教材质量，教材是人才培养的主要剧本，无论是纸质教材，还是各种形式的教学资源，都必须不断适应新时代发展，注重更新迭代，提升教材质量需要做好建设优秀教材与优化教材内容等方面的工作；抓技术水平，现代信息技术是学习革命的关键突破，提升技术水平可以从抓教学技术、深入推进教学实践、建强基层教学组织和打造国际课程平台等方面开展实际工作。”①

新基建在以上诸多方面都可以赋能教育高质量发展。具体来说，新基建为对教育环境的智能构建和对教育过程的全方位感知提供了强大技术手段，无论是在群体还是在个体层面上，都可大大提升教育教学和学习活动的精准分析和干预能力，极大地提高教育教学干预措施与人才培养目标之间精准匹配的水平，创新信息化条件下的新型教育教学模式与方法，转变教师的教学方式、学生的学习方式、学校的发展方式和教育的治理方式，优化、重组和再造教育教学的业务流程，发展基于互联网的教育服务新模式，重塑教育生态，满足人才培养的个性化需求和面向未来的适应性。总体而言，以新基建为支撑，有助于我们更加积极地应对信息化对教育提出的新要求，促进课程、教材、教学与信息技术深度有效融合，运用信息技术手段开展高质量的师资培训，不断提升师资队伍整体水平，运用人工智能和大数据等新兴技术助力教育评价改革②，推动育人方式转变，引领教育科学发展，为整体提升教育质量提供保障。③

---

① 吴岩. 抓好教学“新基建”培养高质量外语人才 [J]. 外语教育研究前沿，2021, 4(02): 3-6.

② 杨宗凯. 利用信息技术促进教育教学评价改革创新 [J]. 人民教育，2020(21): 30-32.

③ 管培俊. 建设高质量教育体系是教育强国的奠基工程 [J]. 教育研究，2021, 42(03): 12-15.

第 3 节　教育新基建的方法论：战略规划与变革管理

教育新基建是教育教学基础设施发展历程中的一场深刻转型，要制定战略发展规划，要具备管理变革的能力，还要反馈效果评估的成绩。战略规划、变革管理和绩效评估是在数字化生存时代推进教育新基建的三个支柱，缺一不可。战略规划可以为教育新基建确立一个宏观的目标愿景；变革管理则可以使教育新基建在迈向目标愿景的过程中灵活调整，以克服不确定的困境与难题，度过各种艰难险阻；绩效评估则可为教育新基建提供各项反馈机制，以便及时了解发展过程中的产出效果。

一、教育新基建的战略规划问题

从概念上来说，“战略往往事关一个政党、国家、社会组织、集团的重大问题，属于大政方针的制定。战略规划是指对重大的、全局性的、基本的、未来的目标、方针、任务的谋划，一般所规划的范围涉及大方向、总目标及其主要步骤、重大措施等方面”[①]。在教育新基建战略规划的实际制定过程中，决策者一般要有全局思维、战略思维和前瞻思维，往往需要基于科学技术和工程发展的基本条件，用纵览全局的战略眼光综合地把握教育发展的目标与方向，能够以回望过去、立足当下、着眼未来的战略眼光，从宏观的角度去全面分析教育发展的背景与趋势、当前面临的挑战困难和特殊形式，并在这一过程中达成对长远目标的规划和近期任务紧密的确立，从而为相应的教育变革设立一个基本的目标愿景，即形成与此相对应的制度性和预见性的战略规划。

为因应数字化生存的时代潮流，我国近年来在教育基础设施建设方面积极搭建数字化转型的政策框架，计划实施一系列与教育新基建相关的发展战略，制定了战略目标、实施战术、行动方法和实践路径，引领和布局教育基础设施建设的转型进程。教育部科学技术与信息化司（以下简称“教育部科技司”）在制

① 萧浩辉. 决策科学辞典 [M]. 北京：人民出版社，1995: 237.

定 2021 年的工作要点时就曾提出要“抢抓国家布局新基建的重大机遇，明确教育新基建的概念与内涵，谋划和提出‘十四五’教育新基建体系构建的思路举措……形成包括技术、硬件、软件等在内的一套教育高质量发展支撑体系，支持教育数字转型、智能升级、融合创新”[①]。《中共中央关于制定国民经济和社会发展第十四个五年规划和二〇三五年远景目标的建议》中提到，要深化公共卫生、数字经济、绿色发展、科技教育合作，促进人文交流，建设高质量教育体系，发挥在线教育优势，完善终身学习体系，建设学习型社会。[②]《中国教育现代化 2035》提出积极推动人工智能和教育深度融合，促进教育变革创新，突出强调了以教育信息化为基础的新基建在教育现代化的顶层设计和行动方案中所担任的角色。[③]

教育新基建的战略规划是应对未来教育改革趋势的重要支撑。加快推进教育新基建，是我国抢占教育发展制高点、应对国际教育竞争的迫切需求。近年来，我国教育信息化取得显著成就[④]，为推进教育新基建奠定了坚实基础，加快发展教育新基建也是实现教育信息化转型升级的客观要求。教育是国之大计、党之大计，建设教育强国是中华民族伟大复兴的基础工程。“十四五”时期，我国将加快构建以国内大循环为主体、国内国际双循环相互促进的新发展格局，对建设高质量教育体系提出了多方位需求。教育新基建作为高质量教育体系的关键支撑，必须坚持新发展理念，促进新一代信息技术特别是人工智能技术与教育的融合创新发展，增强教育发展动能，推动教育理念重塑、结构重组、流程再造和文化重构。为此，必须以新基建为抓手和契机，不断夯实教育高质量发展的“底座”和“基石”，加快推进教育信息化转型升级，以信息化推动教育现代化，助力建成教育强国。

二、教育新基建进程中的变革管理

在充满不确定性的后疫情时代，变革管理为教育新基建提供了基本的实践方法论。作为 21 世纪的一种新型基础设施建设的新理念与新实践，教育新基建以融

---

① 教育部科学技术与信息化司 2021 年工作要点 [EB/OL]. (2021-03-09)[2021-07-21]. http://www.moe.gov.cn/s78/A16/tongzhi/202103/t20210319_520941.html.

② 中共中央关于制定国民经济和社会发展第十四个五年规划和二〇三五年远景目标的建议 [EB/OL]. (2020-11-03)[2021-07-18]. http://www.gov.cn/zhengce/2020-11/03/content_5556991.htm.

③ 中共中央、国务院印发《中国教育现代化 2035》[EB/OL].（2019-02-23）[2021-07-08]. http://www.xinhuanet.com/politics/2019-02/23/c_1124154392.htm.

④ 钟登华. 深入推进教育信息化 2.0 发展更加公平更有质量的教育 [J]. 中国教育信息化，2019, 4(11): 1-7.

合创新为核心特征，天然地囊括了多种学科、多个领域与多类行业，因而其在现实生活中的实施应用与创新发展必然离不开恰当的变革管理。变革管理是 20 世纪 80 年代以来出现的一种专门应对复杂多变的系统性变革的实践新理念。在实际运用过程中，变革管理是管理理论体系中的一大创新，推动管理的实践从过去的封闭系统走向开放生态，从简单的线性走向复杂的非线性，从描述性的规范走向可能性的创新，从静态的预设走向动态的生成。进入 21 世纪以来，随着数字化时代潮流和信息化教育理念的不断推进，如何继续以变革管理的智慧与艺术来推动“教育基建”到“教育新基建”的发展是基础设施建设转型成功的一项基本条件。

变革管理的目的是在践行战略规划的过程中尽可能地规避风险，减少损失，处理好发展与稳定的关系。站在大变革、大机遇、大发展与大挑战的后疫情时代，教育新基建的发展既需要宏观层面的战略规划，也需要微观实践中的改革、扭转与创新。现阶段，以互联网、计算机、人工智能与大数据分析为核心产业的新一轮科技革命正在变革人类教育实践的方方面面。在此背景下，中国提出加强 5G、云计算、物联网、超算中心等新型基础设施建设的战略规划，旨在为数字时代的智能升级、数字转型和融合创新等服务打造基础性的设施体系。在实际的教育发展过程中，基础设施的数字化转型、智能升级和创新实践充满了各种不确定性，为教育变革带来了巨大的机遇和挑战。“信息技术与当代教育的深度融合是一场全面、深刻的创新变革。我们须深刻认识到信息技术对教育的革命性影响，系统分析新技术推动教育变革方向，厘清技术支撑下的教育生态重构路径，才能促进信息化社会人才培养目标的达成和新型学习型社会的构建。”[①]我们需要在教育新基建的实施过程中制定出合理变革的策略，通过创新执行拟定的策略，在遇到各种不确定性的同时利用变革的准备程度和积极性，对教育新基建的工作流程及发展进度进行必要的调整和适当的管理上的改善，以实现教育新基建在战略规划中的价值目标。

智能化与数字化时代的教育新基建与过去任何一次以单一领域发展为特征的“基建”变革都不同，以信息、融合和创新为核心内涵的新型基础设施建设的变革规划应该努力激发各领域协同融合的热情，让各个产业和不同行业都把这次变革视为一场协同创新的探索之旅，在保持传统行业特色的同时开辟多领域交叉的

① 杨宗凯，吴砥，陈敏. 新兴技术助力教育生态重构 [J]. 中国电化教育，2019(02): 1-5.

发展道路。就人工智能和教育改革而言，“随着人工智能在教育领域应用日益广泛，人工智能必将引发教育模式、教学方式、教学内容、评价方式、教育治理、教师队伍等一系列的变革和创新，助力教育流程重组与再造，推动教育生态的演化，促进教育公平、提高教育质量”①。由此可见，引领和变革教育新基建的变革管理不仅要具备组织资源和环境的战术，还要展现出恰当的组织管理和方法匹配技能，只有这样，才能在后疫情时代把握变幻莫测的教育改革潮流和纷繁复杂的教育实践发展趋势。在后疫情时代的数字化浪潮中，只有那些既能够敏锐地抓住当前教育发展所处的时代机遇，又能够清醒地意识到现阶段教育变革所面临的种种挑战，并能够在未来发展道路上把握教育改革发展趋势的变革管理，才可以使教育新基建在现实行动中保持繁荣和发展。

三、教育新基建的绩效评估

加强绩效评估，建立健全项目全生命周期的管理体系和标准，保障教育新基建的工作质量。探索建立教育新基建发展水平动态监测和第三方评估机制，推动质量监测与效果评估的常态化、实时化、数据化。② 基于对教育新基建的信息网络、平台体系、数字资源、智慧校园、创新应用和可信安全等在内的数据之收集和分析，可以有针对性地对其提供的数字化学习资源和个性化教学服务进行诊断性和形成性评估，而不再笼统地把所有与学习相关的内容进行打包再进行总结性评价。在这一过程中，结合大数据分析与学习分析技术，能够快速地了解信息化基础环境、网络条件、终端配置、在线教学平台、优质教育资源、网络环境为教育过程中学习者知识建模、行为特征提取、学习活动跟踪、教学策略优化、优质资源配置、个性化学习与自适应学习等方面发挥的效用，而不必等到整个教育活动结束之后再对教育新基建的绩效进行终结性的价值评估。

教育新基建需要在实践中进行绩效评估与效果检验，以切实了解新基建在支撑教育高质量发展和数字化转型过程中所发挥的积极作用以及有待完善之处。建立相应的教育新基建评估体系对整个新型基础设施建设的运作过程进行跟踪与监控，由全体参与人员对新基建项目的整体建设进行全面评估，便成为教育基础设

① 杨宗凯，吴砥. 人工智能促进教育创新 [J]. 西部大开发，2019(04): 32-33.

② 教育部等六部门关于推进教育新型基础设施建设构建高质量教育支撑体系的指导意见 [EB/OL]. (2021-07-21)[2021-07-22]. http://www.moe.gov.cn/srcsite/A16/s3342/202107/t20210720_545783.html.

施建设流程中不可或缺的一个重要环节。通过这样一套规范有序的运作流程，一方面可以确保教育新基建的战略决策得到真正落实；另一方面也可以使新基建在实践中暴露出来的问题得到有效修正与完善。教育新基建中的绩效评估不但注重对各项流程的过程监控，而且还具有鲜明的结果导向，并把二者结合在一起，形成了一个综合性的监管与评估体系。绩效监管与评估是保证教育新基建的绩效评估有效性的重要措施，通过跟踪和监控新基建的实施、完成及教育新基建的质量反馈情况等，以评估教育新基建是否达到预期目标。除对教育新基建的建设过程和产出质量进行监管与评估外，对教育新基建的组织结构与运作流程进行长期监管与定期审核也是确保教育新基建有效性的关键步骤。

参考资料

[1] 陈丽. 教育信息化 2.0：互联网促进教育变革的趋势与方向 [J]. 中国远程教育，2018(09): 6-8.

[2] 杜占元. 面向 2030 的教育改革与发展 [J]. 教育研究，2016，37(11): 4-7.

[3] 黄荣怀，王运武，焦艳丽. 面向智能时代的教育变革——关于科技与教育双向赋能的命题 [J]. 中国电化教育. 2021(07): 22-29.

[4] 雷朝滋. 发展“互联网＋教育”推进教育深层次、系统性变革 [N]. 人民政协报，2020-01-08(010).

[5] 任昌山. 加快推进 2.0，打造教育信息化升级版——《教育信息化 2.0 行动计划》解读之二 [J]. 电化教育研究，2018，39(06): 29-31+89.

[6] 任友群. 推动教育与信息化深度融合 [N]. 学习时报，2019-01-04(006).

[7] 吴建平. IPv6 规模部署推动下一代互联网体系结构创新发展 [J]. 互联网天地，2021(07): 11.

[8] 赵沁平. 从虚拟现实技术管窥新兴工科人才培养 [J]. 中国大学教学，2019(09): 7-9.

[9] 赵沁平. 发展数字孪生互联网络 支撑虚拟现实深度应用 [N]. 中国电子报，2020-12-01(001)

[10] 钟登华. 服务国家战略需求 提供一流创新支撑 [J]. 中国高等教育，2018(12): 15-17.

[11] 周洪宇. 深化教育领域“放管服”改革，加快推进教育治理现代化 [J]. 教育研究，2019，40(03): 15-19.

第2章

国内外教育信息基础设施发展概况

第 1 节 国际发展情况

信息化与智能化时代的新技术新装备不断迭代升级，教育领域的信息化基础设施需要不断升级改造，才能跟上社会信息化的整体步伐。“数字鸿沟”的缩小，首先有赖于教育信息基础设施配备的标准化与均衡化，这是基本的条件保障。有了硬件设施，还需要推进丰富多彩的数字化课程等学习资源及开放灵活的学习平台建设，为教育信息化融合创新发展提供必要的资源支撑。近年来世界各国高度重视教育信息化，采取一系列措施促进新技术与教育的融合发展。教育领域的信息化基础设施建设与升级改造，是从未被忽视的重要内容。数字化课程资源与学习平台建设也是重要的关注事项。

一、国际组织

联合国教科文组织（United Nations Educational，Scientific and Cultural Organization，UNESCO）实施了一系列的举措推进教育信息化发展。早在 2005 年，UNESCO 指出信息技术与教育融合发展要经历起步、应用、融合和创新四个阶段（图 2-1）。在起步阶段，教师和管理人员刚开始对信息技术在教育

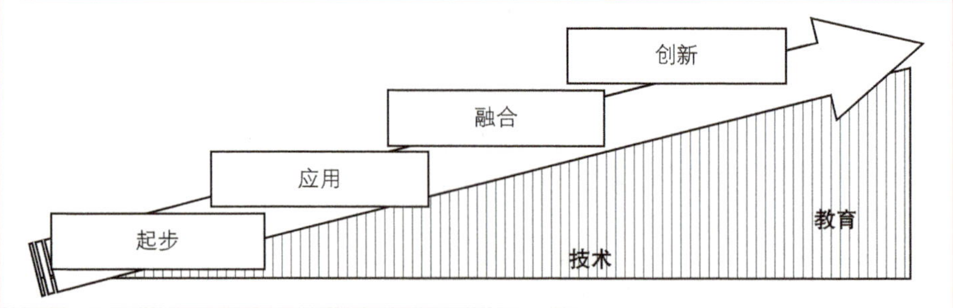

图 2-1 信息技术与教育融合发展的四个阶段[①]

① Zhou N-Z, Shinohara F, Sivert S. Regional Guidelines for Teacher Development for Pedagogy-Technology Integration[M]. Bangkok：UNESCO Asia and Pacific Regional Bureau for Education. Thailand, 2004.

教学和管理中的作用有所认识；在应用阶段，信息技术在教育教学和教学管理中已经得到普遍应用；在融合阶段，信息技术全面深入应用到学校的教室、实验室和办公室；到了创新阶段，学校和教育机构开始采用信息技术重构学校的组织结构、教师开始应用信息技术重组教学形态。

2015 年 UNESCO 采纳《教育 2030 行动框架》，将“全纳、公平、有质量”作为全球性教育目标。① 同年，UNESCO 在国际教育信息化大会上发布《青岛宣言》，指出“信息技术可以改善学习途径并使之多元化，提高学习质量，并进一步触及弱势群体，包括农村青年、成人、妇女、女童、校外青年和残疾人”②。UNESCO 在可持续发展目标 4 及其相应的具体目标中提出，要确保包容和公平的优质教育，让全民终身享有学习机会，并以协作和共识驱动的方式为各成员国提供指导，确保数字化教育战略可以应对数字鸿沟及最弱势人群带来的挑战。③ 2019 年的国际人工智能与教育大会上，UNESCO 发布了《北京共识——人工智能与教育》，特别提到“培养人工智能时代生活和工作所需的价值观和技能……采用人工智能平台和基于数据的学习分析等关键技术构建可支持人人皆学、处处能学、时时可学的综合型终身学习体系，同时尊重学习者的能动性”。④

2020 年从新冠肺炎疫情出现开始，UNESCO 就非常重视疫情期间的教育问题。随着停课的负面效应超出教育领域，UNESCO 面向全球实施了一系列推进疫情期间全球教育工作的行动。一是提出规划远程学习解决方案建议，为支持教育系统从传统学习转向数字学习提供指导，并提供免费的数字教育资源和旨在支持基于课程的学习连续性的国家学习平台库。二是召开全球视频会议提供教育支持，利用高科技、低科技和非科技方法，为准备和部署包容性远程学习解决方案提供技术援助。三是成立 UNESCO 新冠肺炎紧急工作组，以支持各国应对措施并分享有效政策，重点关注最脆弱的国家。四是面向全球发布远程学习解决方

---

① 联合国教科文组织. 教育 2030 行动框架 [EB/OL]. (2015-11-04)[2021-07-14]. https://unesdoc.unesco.org/ark: /48223/pf0000245656_chi.

② 国际教育信息化大会闭幕并通过《青岛宣言》[EB/OL]. (2015-05-25)[2021-08-02]. http://www.gov.cn/xinwen/2015-05/25/content_2868526.htm.

③ UNESCO. Sustainable Development Goal 4[EB/OL].[2021-07-14]. https://sdg4education2030.org/the-goal.

④ UNESCO. 北京共识——人工智能与教育 [EB/OL]. (2019-05-16)[2021-07-14]. http://www.moe.gov.cn/jyb_xwfb/gzdt_gzdt/s5987/201908/W020190828311234679343.pdf.

案，60种远程学习解决方案（多数免费、部分支持多语言）包括数字学习管理系统、专为手机开发的系统、具备强大离线功能的系统、MOOC平台、自主学习内容、移动阅读应用、即时视频会议与协作平台、数字化学习内容创作工具等，以帮助家长、教师、学校和学校管理人员促进学生学习，并在停课期间提供社会关怀和互动。在推荐清单中，中国入选的产品企业共有6家（表2-1）。五是举办网络研讨会和讲习班，分享各国在不同情况下为维持、提供全纳教育所作努力的信息。六是发布注释，提供良好做法的证据、实用提示和重要参考的链接，以减轻学校关闭的短期和长期影响。七是成立新冠肺炎全球教育联盟。UNESCO在2020年3月26日发起成立了新冠肺炎全球教育联盟（包含私营企业、慈善和非营利性组织、媒体机构），以支持各国推广应用最佳远程学习方案，并确保最易受影响的那部分儿童和青少年亦不掉队。[①]

表2-1 疫情期间入选UNESCO推荐清单的中国产品企业[②]

企业名称	类别
钉钉	在线协作平台
飞书	在线协作平台
ZOOM	在线协作平台
Edmodo	数字学习管理系统
爱课程	MOOC平台
云班课	自主学习平台

世界经济论坛2020年1月发布《未来学校：为第四次工业革命定义新的教育模式》。2020年4月，经济合作与发展组织（Organization for Economic Co-operation and Development，OECD）发布《教育中的可信赖人工智能：前景与挑战》。OECD称，向数字时代的过渡中，G20国家教育面临两个挑战：一是利用人工智能的优势推动课堂教学与教育系统层面的发展；二是帮助学生发展新技

① UNESCO. UNESCO's Support: Educational Response to COVID-19[EB/OL]. (2020-03-11)[2021-07-14]. https://en.unesco.org/covid19/educationresponse/support.

② UNESCO. Distance Learning Solutions[EB/OL]. (2020-03-05)[2021-07-14]. https://en.unesco.org/covid19/educationresponse/solutions.

能以适应日益自动化的经济社会。①2020 年 9 月 15 日，OECD 发布《回到教育的未来：经合组织关于学校教育的四种图景》报告，指出未来学校将出现学校教育扩展、教育外包、学校作为学习中心、无边界学习等 4 种图景。

二、北美

在宏观政策方面，美国政府高度重视教育信息化。美国联邦教育部技术办公室每隔几年颁布一次“国家教育技术计划”（National Education Technology Plan，NETP）。NETP 2010 提出“必须推动信息技术支撑下教育系统的结构性变革，而不是进化式的修修补补”②，NETP 2016 提出“当前的重点，已经不是是否要在学习中使用技术，而是如何用技术来改进学习，以确保每个学生都获得高质量的学习体验”③，NETP 2017 提出“重塑技术在教育中的作用。平等地获得技术支持有助于缩小‘数字鸿沟’”④。美国在 2013 年提出了“连接教育计划”（ConnectED），提出让高速网络连通学校和图书馆，使得所有师生能在教室内外随时获得数字化学习资源⑤。2016 年，美国连续发布《规划未来，迎接人工智能时代》《国家人工智能研究与发展战略计划》《人工智能、自动化与经济》三份报告，全面阐释了美国人工智能发展计划，其中包括人工智能技术的教育应用。2019 年，美国国家科学基金会发布人工智能研究院建设计划，重点支持“人工智能增强的学习”等六大方向。2020 年 1 月，美国高等教育信息化协会发布题为《2020 年十大信息技术议题：向数字化转型》的报告，其中提到信息安全战略、隐私、可持续供资、数字集成、以学生为中心的高等教育、学生的在校率和

① OECD. Trustworthy AI in Education: Promises and Challenges(Background Paper for the G20 AI Dialogue, Digital Economy Task Force Meeting)[EB/OL]. (2020-02-01)[2021-08-16]. https://www.oecd.org/education/trustworthy-artificial-intelligence-in-education.pdf.

② U.S. Department of Education.Transforming American Education: Learning Powered by Technology[EB/OL]. (2010-03-05)[2021-07-23]. https://www.ed.gov/sites/default/files/NETP-2010-final-report.pdf.

③ Office of Educational Technology. Future Ready Learning: Reimagining the Role of Technology in Education. 2016 National Education Technology Plan[EB/OL]. (2016-01) [2021-07-23]. https://tech.ed.gov/files/2015/12/NETP16.pdf.

④ Office of Educational Technology. Reimagining the Role of Technology in Education: 2017 National Education Technology Plan Update[EB/OL]. (2017-01)[2021-07-14]. https://tech.ed.gov/files/2017/01/NETP17.pdf.

⑤ White House. What is ConnectED?[EB/OL].(2013-06-06)[2021-07-23].https://www.whitehouse.gov/blog/2013/06/06/what-connected.

结业率、入学率的提高、高等教育的负荷能力、行政流程的简化、综合性首席信息官十大议题。

在应用实践方面，美国也涌现了很多典型案例。

1. 资源开放共享方面

美国麻省理工学院于1999年开始推行的公开课程计划，将校内课程免费在网上公开共享，已先后在网上公开超过30个专业的2000余门课程，受到广泛欢迎[①]；2012年，美国三大MOOC平台Udacity、EdX、Coursera相继成立，《纽约时报》称2012年为“MOOC元年”。截至2020年12月的报告显示，Coursera学习者人数7600万人，EdX学习者人数3500万人。[②]

2. 教学方法创新方面

美国是翻转课堂的发源地，早在2007年就有林地公园高中的两位化学老师乔纳森·伯尔曼和亚伦·萨姆斯为给缺席的学生补课而制作教学视频放在网站上，供学生自主学习，由此产生了翻转课堂的雏形。[③]后来，他们出版了专著，系统地介绍了翻转课堂的做法。[④]除林地公园高中外，美国20多个州、30多个城市相继开展翻转课堂的教学实践。[⑤]其中，爱而蒙湖小学、高地村小学、河畔联合学区、克林顿戴尔高中[⑥]和明尼苏达州的拜伦高中是实施翻转课堂的典范。而翻转课堂在美国大范围地推广则是由于2011年萨尔曼·可汗利用网络进行翻转课堂模式的授课并获得成功。[⑦]

3. 保障机制建设方面

美国各级各类学校对教育信息化保障机制给予充分重视，以高校为例，哈佛大学和斯坦福大学的信息化建设投入力度很大。哈佛大学的学生和教职工总数约

---

① 杨宗凯，杨浩，吴砥. 论信息技术与当代教育的深度融合 [J]. 教育研究，2014(03): 88-95.

② Shah D. By The Numbers: MOOCs in 2020[EB/OL]. (2020-11-30)[2021-07-23]. https://www.classcentral.com/report/mooc-stats-2020/.

③ 朱宏洁，朱赟. 翻转课堂及其有效实施策略刍议 [J]. 电化教育研究，2013(08): 79-83.

④ 未来的课堂：颠倒的教室 [EB/OL]. (2017-02-21)[2021-07-14]. http://www.jyb.cn/xwwyyq/jyxx_jyxx/201702/t20170221_452518.html.

⑤ Sams A, Bergmann J. Flip Your Students' Learning[J]. Educational Leadership, 2013(03): 16-20.

⑥ Liu I F. Flipped classroom—The education reform recipe of implementing student-centered and enhancing the employability[J]. Evaluation Bimonthly, 2013(41): 31-34.

⑦ 伍文臣，胡小勇. 全球翻转课堂教学研究进展：现状和案例 [J]. 数字教育，2016(04): 59-63.

4.8 万人，信息化队伍 1500 人，其中校级 IT 部门 800 人，学校年度预算 49 亿美元，其中 4 亿美元是 IT 年度预算，IT 预算比例高达 8%。斯坦福大学的学生和教职工总数约 3.2 万人，信息化队伍 1400 人，其中校级 IT 部门 600 人，校级 IT 建设经费 1.6 亿美元。[①]

4. 办学模式改革方面

2000 年，美国成立创新学校 High Tech High。这类学校放弃了以考试为目的的学科教学，而是以项目制为基础，采用项目制跨学科学习。[②] 美国的密涅瓦大学打破了传统校园和班级的局限，以互联网教学结合小班探究为主要的教学模式，学生在大学四年间以班级为单位开展社会实践和探索性游学活动。[③]《斯坦福（大学）2025 计划》里边的“开环大学计划”解除了入学年龄的限制，将“先知识后能力”反转为“先能力后知识”。[④]

疫情期间，加拿大安大略省通过 Learn at Home 平台让学生可以居家自学，不列颠哥伦比亚省提供的 Keep Learning 网站上有居家学习的要点、居家学习的资源和日常学习活动需要培养的思维能力、个人意识等。

三、欧洲

欧洲也比较重视教育信息化的发展，尤其是西欧国家起步较早，基础较好。21 世纪以来，随着里斯本战略（Lisbon Strategy 2000）、“在线学习行动计划”（The eLearning Action Plan）、欧盟“教育与培训 2010 计划”（ET2010）、欧盟“数字素养项目”以及“数字教育行动计划”等一系列政策的推出，欧洲数字教育政策的关注点从基础设施建设转变为技术的应用与创新以及教师信息素养的提升。[⑤] 为全面了解教育信息化发展的情况，欧盟委员会于 2013 年开始对欧洲国家学校教育信息化的情况进行调查，并向社会公开调查报告。2019 年，欧

---

① 王世新. 张蓓：海外名校信息化的“奢华程度”让我吃惊 [J]. 中国教育网络，2020(07): 21-25.

② 项目式教学为何有可能成功？ [EB/OL]. (2017-08-16)[2021-07-14]. http://www.cssn.cn/jyx/jyx_gjjy/201708/t20170816_3611366.shtml.

③ 杨宗凯. 从信息化视角展望未来教育 [J]. 电化教育研究，2017, 38(06): 5-8.

④ 斯坦福（大学）2025 计划. Axis Flip: A View from 2100 of the Era in Which Stanford Flipped the Axes of Knowledge and Competency[EB/OL]. (2015) [2021-07-14]. http://www.stanford2025.com/axis-flip.

⑤ OECD. How's Life in the Digital Age? Opportunities and Risks of the Digital Transformation for People's Well-being[EB/OL]. (2019-02-26)[2021-07-14]. https://doi.org/10.1787/9789264311800-en.

盟完成了第二轮欧洲学校信息化调查，并发布了调查报告——《第二轮学校调查：教育中的ICT》[①]。该报告揭示了欧洲特定区域环境下学校的数字技术设备情况、学生和教师使用数字技术的情况、学校的支持措施以及利益相关者对教学使用ICT的态度等数字教育的现状，总结了欧洲地区数字教育的成果与不足，进而为该地区或国家在实施数字教育、培养师生的数字能力素养等方面提供借鉴。[②]2020年2月，欧盟发布《人工智能白皮书》，提出更好利用基于数据和人工智能的技术，通过学习及预测分析改进教育和培训系统。为应对新冠肺炎疫情带来的挑战，2020年9月欧盟发布了《数字教育行动计划（2021—2027年）》，该报告明确了欧盟层面未来需要推进的两大战略重点，分别是“促进高性能的数字教育生态系统的发展”和“提高数字技能和能力以实现数字化转型”，并详细列出了“建立欧洲数字教育内容框架系统”“支持学校和学校内部的千兆互联，开展‘为学校连通’（Connectivity4Schools）意识提升行动”等13项行动计划。[③]

法国也出台了相关政策推进教育信息化的发展。在全球日益认识到数字化对高等教育的重要性的背景下，法国教育部已将数字化作为其战略项目的核心。法国的数字化校园教育战略反映了“使课程学习更加数字化”“将数字技术作为更新教学实践的工具”“利用数字技术促进未来校园发展”等目标。该战略高度重视构建多元主体参与的教育治理机制，提出搭建面向家庭、教学团队和地方政府的教育信息服务网站，并定向开发多款专用软件以便于家长灵活参与。另外，“数字化校园”教育战略将教师培训作为重要内容，提出通过数字设备应用培训、数字技术学科教学方法培训、网络与社交软件基础知识培训三种培训途径，提升教师融合信息技术与课堂教学的能力。[④]在法国，École 42学校甚至完全颠覆了传统的职业教育模式，既不收取学费，也没有教科书和专任教师，以学生自学、同

---

① European Commission. 2nd Survey of Schools: ICT in Education Objective 1[EB/OL]. (2017-07-25)[2021-07-14]. https://digital-strategy.ec.europa.eu/en/library/2nd-survey-schools-ict-education.

② 张菊，金平. 欧洲教育信息化的现状及面临的挑战——基于对《第二轮学校调查：教育中的ICT（信息通信技术）》的文本分析[J]. 中国教育信息化，2021, 4(10): 34-39.

③ European Commission. Digital Education Action Plan(2021-2027)[EB/OL]. (2020-09-14)[2021-07-14]. https://ec.europa.eu/education/education-in-the-eu/digital-education-action-plan_en.

④ Stratégie Numérique Pour L'enseignement Supérieur[EB/OL].[2021-07-14]. https://www.enseignementsup-recherche.gouv.fr/pid30098/strategie-numerique-pour-l-enseignement-superieur.html.

侪互助和专题式学习的方式开展教学。①

芬兰的基础教育发展水平近年来一直处于领先地位。在 PISA 测试中，芬兰的领先地位已经引起了全球教育研究者的关注，许多国家将芬兰教育模式作为欧洲最典型的教育模式进行学习。②在历年的 PISA 测试中，芬兰学生的排名都很靠前，一直名列前 6 位。③芬兰于 2016 年 8 月实施的“国家课程框架”提出要在 1—6 年级的学生中试行现象教学。④现象教学也叫话题教学或融合式教学，是围绕学生感兴趣的现象或话题来进行跨领域、多学科的融合教学，现象教学强调通用能力和各学科之间的协作（图 2-2）。2016 年 8 月，芬兰新课程正式实施，其中基于跨学科的现象教学也从理念落实到实践。⑤

英国政府也采取了系列措施推进教育信息化的发展。2017 年，英国政府发

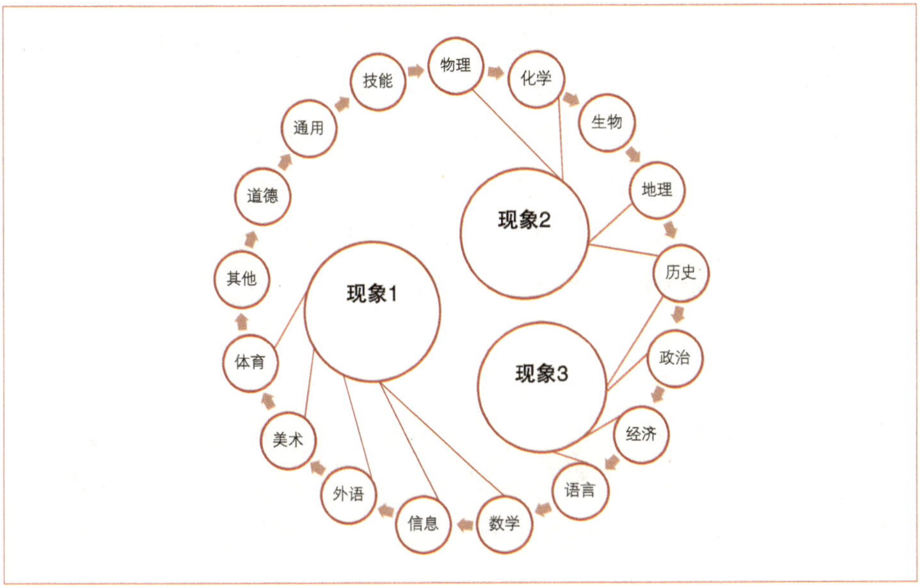

图 2-2　现象教学

① École 42. An Unrivaled Concept[EB/OL]. (2017-03-25)[2021-07-14]. https://42.fr/en/what-is-42/42-program-explained/.

② Ammermueller A. PISA: What Makes the Difference?[J]. Empirical Economics, 2007(02): 263-287.

③ PISA-tutkimus ja Suomi[EB/OL].[2021-08-16]. https://minedu.fi/pisa.

④ Vahtivuori-Hänninen S, Halinen I, Niemi H, et al. A New Finnish National Core Curriculum for Basic Education (2014) and Technology as an Integrated Tool for Learning[M]. Rotterdam: Sense Publishers, 2014.

⑤ 于国文，曹一鸣. 跨学科教学研究：以芬兰现象教学为例 [J]. 外国中小学教育，2017(07): 57-63.

布《在英国发展人工智能》，提出应将数据科学和人工智能广泛嵌入教育。①2019年，英国教育部发布《教育技术战略：释放技术在教育中的潜力》，旨在推动教育技术的普及与应用。英国在教育信息化实践方面有一些典型案例。②英国开放大学被誉为世界最成功的开放大学，培养学生超过300万人，在2005年和2006年全英学生对大学满意程度的排名中连续两年名列第一（95%的满意度）。③2020年开放大学的《创新教学报告》中提到2019年十大教学法，即趣悦学习、机器人陪伴学习、去殖民化学习、基于无人机的学习、通过奇观学习、行动学习、虚拟工作室、基于地点的学习、让思维可见、培养同理心。④

四、亚太

日本将教育信息化纳入国家发展战略。2019年6月，日本文部科学省出台了“利用尖端技术支持新时代学习推进方略”，旨在构建学校信息技术基础环境，破解利用尖端技术和教育大数据支持学习变革的时代命题，确立新时代日本基础教育的发展方向，制定面向2030年的日本教育信息化推进计划。与此同时，日本出台了《推进学校教育信息化相关法》，为有效利用ICT全面推进教育信息化提供有力的法律保障。该法案在界定教育信息化概念的基础上，着重强调要利用信息技术提高学生创新意识与问题解决能力，以及利用信息技术促进教育公平和提高教育质量。新冠肺炎疫情期间，日本采取紧急措施加速推进教育信息化发展计划，以构建和完善教育信息技术环境设施为基础，以有效利用信息技术支持学习变革为突破口，紧急调整“千兆学校”计划，为中小学生提供平板电脑等接收终端，将原计划2023年底实现的全国中小学生人手一台电脑终端计划提前到2020年度完成，并构建安全稳定的学习环境，加速推进面向2030年的教育信

① Hall D W, Pesenti J. Growing the Artificial Intelligence Industry in the UK[EB/OL]. (2017-10-15)[2021-07-14]. https://assets.publishing.service.gov.uk/government/uploads/system/uploads/attachment_data/file/652097/Growing_the_artificial_intelligence_industry_in_the_UK.pdf.

② Department for Education. Realising the Potential of Technology in Education: A Summary Report[EB/OL]. (2019-04-03)[2021-07-14]. https://assets.publishing.service.gov.uk/government/uploads/system/uploads/attachment_data/file/929036/Realising_the_potential_of_technology_in_education_summary_report.pdf.

③ 杨宗凯，杨浩，吴砥. 论信息技术与当代教育的深度融合[J]. 教育研究，2014(03): 88-95.

④ Kukulska-Hulme A, Beirne E, Conole G, et al. Innovating Pedagogy 2020: Open University Innovation Report 8. (2020-01)[2021-07-14]. DOI: 10.13140/RG.2.2.26971.72480.

息化发展进程。①

澳大利亚创新战略突出 ICT 的重要性。第一，推行 STEM 课程。澳大利亚 2015 年发布的《国家创新与科学议程》提出，要加大力度建设和推行 STEM 课程，以补强学生胜任未来工作的知识能力结构。② 第二，注重数字资源建设。澳大利亚的“数字教育革命”致力于为学校教学提供可持续且有意义的变革，全面提升基础教育质量，帮助学生做好在未来的教育、培训以及数字世界中生活和工作的准备，各州和地区在“数字教育革命”中携手合作，在国家层面协调行动，从而平衡州和地区间的资源和力量，为师生提供在线课程资源，国家数字学习资源网络（National Digital Learning Resource Network）就是澳大利亚为学校提供的一个国家级的“资源池”。③

新加坡在教育信息化方面采取了一系列举措。第一，部署教育云计算数据中心。2011 年新加坡就部署建设了下一代教育云计算数据中心，通过聚合优质教育资源，提升新加坡的高等教育水平。第二，新加坡每 5 年发布“教育信息化发展规划”（Master Plan），专门设立推进教育信息化发展的项目办公室，指导、监督新加坡信息化发展规划的制定、实施和管理，其中 Master Plan 3 提出“利用ICT 变革学习”④，Master Plan 4 进一步表述为“培养面向未来的、负责任的数字化学习者”⑤。第三，注重普及电子设备。新加坡教育部 2020 年 3 月提出 2024 年所有初一学生将配备一台电子学习设备，2028 年所有中学生都会配备个人电脑。然而，2020 年的新冠肺炎疫情加速推进了进程，教育部提出加速落实

① 田辉. 疫情加速日本教育信息化 [EB/OL]. (2020-09-18][2021-07-27]. http://www.jyb.cn/rmtzgjyb/202009/t20200918_359610.html.

② Department of Industry, Science, Energy and Resources. National Innovation and Science Agenda[EB/OL]. (2015-11)[2021-08-16]. https://www.industry.gov.au/sites/default/files/July%202018/document/pdf/national-innovation-and-science-agenda-report.pdf?acsf_files_redirect.

③ Australian Government, Department of Education, Skills and Employment. Digital Education Revolution Program Review[EB/OL]. (2013-06-21) [2021-07-27]. https://www.dese.gov.au/australian-curriculum/resources/digital-education-revolution-program-review; Education Services Australia. National Digital Learning Resources Network[EB/OL]. (2011-03-22) [2021-07-27]. http://www.ndlrn.edu.au/about/about_landing_page.html.

④ Ng P T. Educational Technology Management Approach: The Case of Singapore's ICT Master Plan Three[J]. Human Systems Management, 2010(03): 177-187.

⑤ Ministry of Education. Educational Technology Plan[DB/OL]. (2021-06-08) [2021-06-08]. https://www.moe.gov.sg/education-in-sg/educational-technology-journey/edtech-plan.

中学生数码学习计划的考量，准备将8年的信息化发展任务压缩到1年完成。第四，推行居家学习。新加坡已宣布从2021年6月28日起，新加坡所有中学、初级学院与励仁高中将推行一种结合在校和居家学习的混合学习模式，到2022年第四学期起全面施行。

韩国的教育信息化从1996年开始起步，经历了5个发展阶段：国家教育骨干网络的建立、校园网和硬件设施建设、E-Learning支撑环境建设、U-Learning支撑环境建设和SMART教育支撑环境建设[①]。韩国于2011年提出“智能教育推进战略”（SMART Education Strategy），最早明确了教育云在智能教育中的应用支持作用，并计划在2015年通过架设云计算网络系统全面实现中小学生课本的数字化改造和网络辅助教学。[②]至2018年，数字化教材已基本涵盖小学到高中的社会、科学和英语课程，其中包含教育部认定的数字教材、自学教材等多种类型；示范学校也从最初的4所增长到163所[③]。

第2节　国内现状

一、学校网络基础环境基本实现全覆盖

（一）各级各类学校网络环境现状

通过推进“宽带网络校校通”，教育信息基础设施建设的滞后问题得到了有效解决，已经取得重大进展，基本革新了传统教室的物理形态，实现了物理空间的网络化改造。2011年我国中小学网络接入比例不足25%[④]，截至2020年底，全国中小学（含教学点）网络接入率已经达到100%，未联网学校实现动态

---

① 吴砥，尉小荣，朱莎. 韩国教育信息基础设施建设经验的启示[J]. 现代远程教育研究，2014(05): 86-94.

② 吴砥，李环，吴磊，等. 国外教育云发展趋势及其启示[J]. 中国教育信息化，2018(11): 21-25.

③ 刘忠波. 韩国中小学数字教科书的政策推进、开发出版及问题对策[J]. 出版科学，2020, 28(03): 108-113.

④ 教育部副部长杜占元在2014年全国电化教育馆馆长会议的讲话[EB/OL]. (2014-05-22)[2021-08-16]. http://www.ict.edu.cn/laws/jianghua/n20140522_13331.shtml.

清零，出口带宽 100 Mbps 以上的学校比例达 99.92%，学校网络环境得到了极大改善。[①] 根据对相关年份教育部教育信息化和网络安全工作月报整理的结果，2014—2020 年我国中小学接入互联网的学校比例逐年上升，2020 年已达 100%（图 2-3）。截至 2020 年，我国中小学校建有无线网络的学校比例为 57.28%，不同学段建有无线网络的学校比例均超过 55%（图 2-4）。

（二）多媒体教室配备情况

根据对相关年份教育部教育信息化和网络安全工作月报整理的结果，截至 2020 年底，98.35% 的中小学拥有多媒体教室（429 万间），其中 83.16% 的学校实现多媒体教学设备全覆盖（图 2-5）。

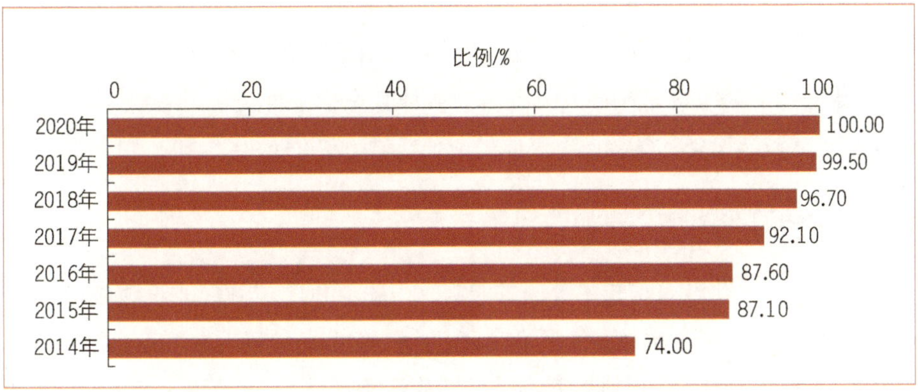

图 2-3 2014—2020 年接入互联网的中小学校比例

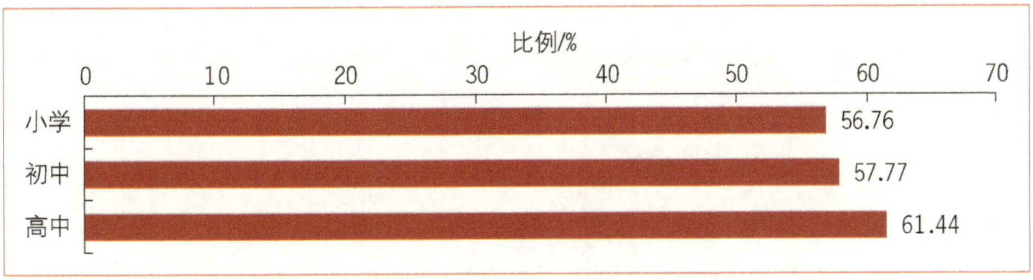

图 2-4 2020 年建有无线网络的中小学校比例

① 教育部科技司. 2020 年 12 月教育信息化和网络安全工作月报[EB/OL]. (2021-02-01)[2021-08-16]. http://www.edu.cn/xxh/focus/gzyb/202102/t20210201_2074243.shtml.

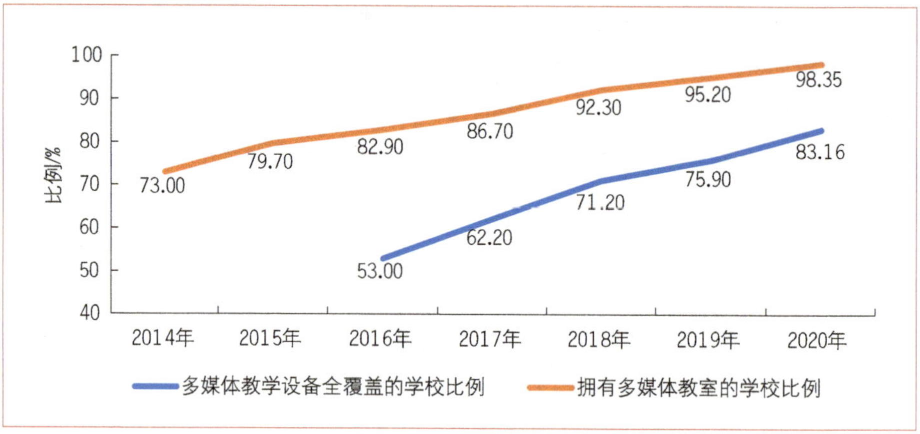

图 2-5　全国义务教育阶段学校多媒体教室建设情况

不仅多媒体教室配备比例提高，而且多媒体教室的装备也得到升级。截至2019 年底，全国约有 60% 的中小学校多媒体教室配备有交互式电子白板，建有各类信息化教学设备的学校比例整体呈增长趋势（图 2-6）。①

二、数字教育资源公共服务体系基本形成

根据中央电化教育馆技术部提供的信息，截至 2020 年底，国家数字教育资源公共服务体系已接入上线各级平台 212 个，省级平台实现全覆盖，接入该体系的各级平台在体系内已进行实名认证的用户累计达 2070 万人；截至 2021 年7 月底，参与国家体系资源汇聚的应用服务商 485 家，累计汇聚上架了 94 家应用服务商的 229 个应用，应用选用后通过体系内各平台为师生、学校提供教育教学、教育管理，内容涉及备课授课、互动课堂、网络课程、网络教研、作业评测等服务。根据对相关年份教育部教育信息化和网络安全工作月报整理的结果，2016—2019 年网络学习空间开通人数及网络学习空间开通人数占比总体呈上升趋势（图 2-7）。

① 本节中凡未标明出处的数据均来自：教育部教育信息化战略研究基地（华中）. 中国教育信息化发展报告（2019）. 北京：人民教育出版社，2020.

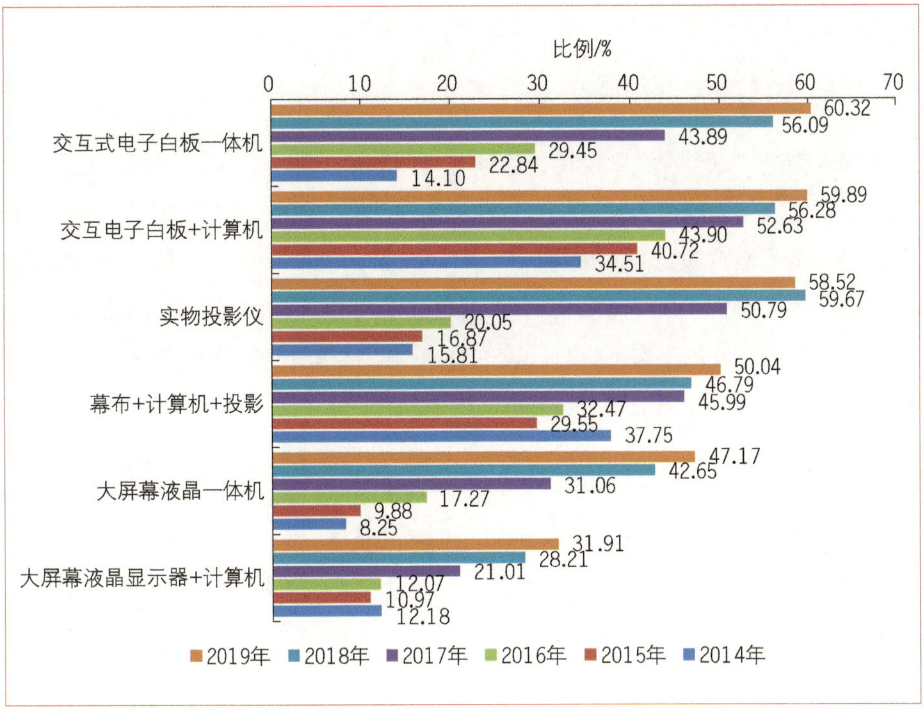

图 2-6　2014—2019 年建有各类信息化教学设备的中小学校比例

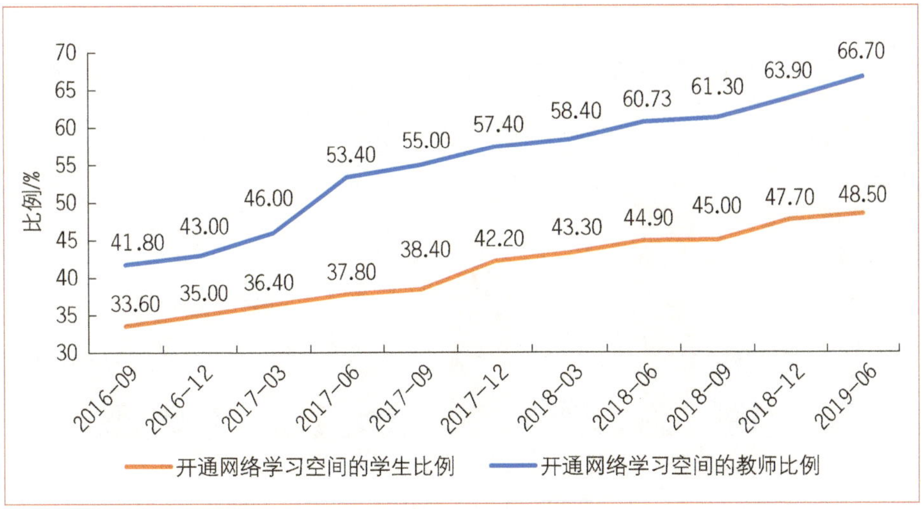

图 2-7　2016—2019 年全国中小学师生网络学习空间开通比例

三、优质数字资源供给和应用水平大幅提升

（一）基础教育

深入推进“三个课堂”应用，连续 6 年开展“一师一优课、一课一名师”活动，利用信息化手段扩大优质教育资源覆盖面的有效机制基本形成，成为促进教育公平，提高教育质量有效途径。“一师一优课、一课一名师”的活动每年有数百万教师参与晒课（图 2-8），其目标是使每位中小学教师能够利用信息技术至少上好一堂课，使每堂课至少有一位优秀教师能够利用信息技术讲授，累计评选部级优课 6 万多堂（图 2-9）。

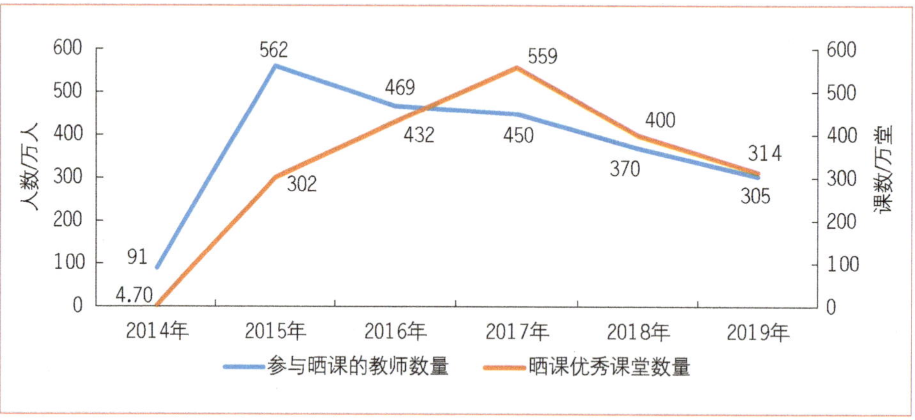

图 2-8　2014—2019 年“一师一优课、一课一名师”活动参与教师与晒课数量

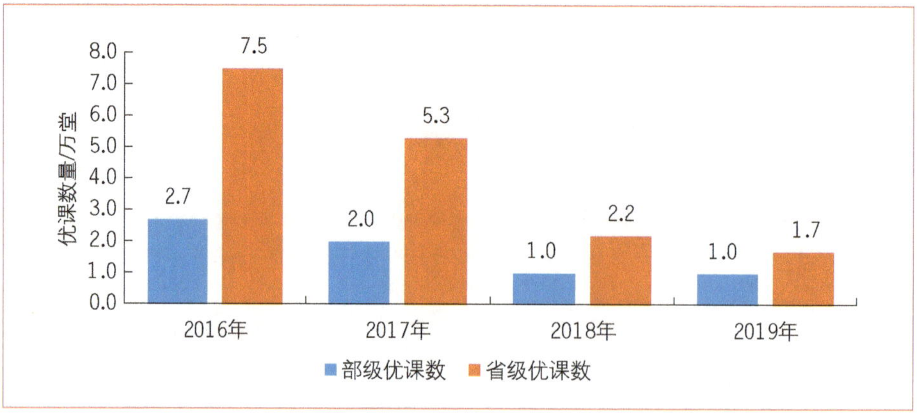

图 2-9　2016—2019 年“一师一优课”优课数量

（二）职业教育[①]

2020 年 6 月教育部发布新修订的《职业院校数字校园规范》，规定了职业教育中的三类数字资源，以发展“互联网 + 职业教育”，规范、引导职业院校在新形势下的信息化工作。我国职业教育的数字资源按照其来源可分为开放资源、引进资源和校本资源，其中开放资源包括开放在线课程（含 MOOC）、开放课件（含微课）、开放教学材料、开放软件、职业教育专业教学资源库等。

在职业教育专业教学资源库建设与应用方面，自 2010 年启动资源库建设以来，中央财政不断加大投入，拉动地方财政投入、行业企业支持、院校自筹资金立项建设资源库 203 个，覆盖了所有 19 个专业大类、156 个二级专业类。目前，已有 1100 余所高职院校和 1300 余所中职学校等通过调用资源库优质资源开设在线课程 22 万余门，服务教学班 62 万余个，累计登录用户 570 余万人，学习人次达到 3156 万余人次，累计点击 11.2 亿次，有力推动了资源库融入日常教学。

2017 年，教育部开展的国家精品在线开放课程认定工作，认定 490 门课程，其中专科高等职业教育课程 22 门；2018 年认定 801 门课程，其中专科高等职业教育课程 111 门；2019 年专科高职共 195 门申请参加国家精品在线开放课程认定，着重加强注重汇集行业、企业优势，深化产教融合，建设满足在校学生、教师、从业人员及社会学习者等多类人群的高质量在线课程。

（三）高等教育

教育部在 2018 年新时代中国高等学校本科教育工作会议上明确提出“淘汰水课”“打造金课”，启动一流本科课程建设“双万计划”。2020 年，教育部公布了国家级五大“金课”，首批国家级一流本科课程共计 5118 门，包括 1875 门线上一流课程、728 门虚拟仿真实验教学一流课程、1463 门线下一流课程、868 门线上线下混合式一流课程和 184 门社会实践一流课程。[②]

线下一流课程主要通过教学方法创新实现对传统课堂教学的改革，强调以学

① 关于政协十三届全国委员会第三次会议第 1235 号（教育类 106 号）提案答复的函 [EB/OL]. (2020-12-04)[2021-08-16]. http://www.moe.gov.cn/jyb_xxgk/xxgk_jyta/jyta_zcs/202101/t20210119_510385.html.

② 教育部推出首批国家级一流本科课程 [EB/OL]. (2020-11-30)[2021-08-16]. http://www.moe.gov.cn/jyb_xwfb/gzdt_gzdt/s5987/202011/t20201130_502518.html.

生为中心，激发课堂生机活力。线上线下混合式一流课程基于慕课等优质在线课程，并结合对校内课程的创新性改造，实现线上学习与线下面授相融合的混合式教学。虚拟仿真实验教学一流课程借助现代信息技术、人工智能技术与实验教学的深度融合，实现“网上做实验”和“虚拟做真实验”，有效解决了传统实验教学中“做不到”“做不了”“做不上”的问题。社会实践一流课程以培养学生综合能力为目标，推动思想政治教育、专业教育与社会服务紧密结合，全面培养学生认识社会、研究社会、理解社会、服务社会的意识和能力。线上一流课程，即精品慕课，面向高校和社会学习者开放，最为大家所熟知。近年来，在教育部的大力推动下，中国慕课建设成果斐然，“十三五”期间我国慕课学习人数达 3.1 亿人次，获得在线课程学分的高校学生突破 8200 万人次。①

四、信息化支撑教育治理现代化成效显著

建成教师、学生、学校办学条件及资产三大教育基础数据库，实现全国所有学校“一校一码”、师生“一人一号”。截至 2020 年底，国家教育管理公共服务平台服务范围覆盖各级教育行政部门以及 62 万多所学校、1700 多万名教职工和约 2.78 亿名学生。教育部“互联网 + 政务服务”平台实现与国家政务服务平台“一网通办”。对“互联网 + 教育”新业态包容审慎的监管体系初步建立，加强校外线上培训、教育移动互联网应用、网课平台等规范管理，营造持续、健康、有序的发展环境。

五、信息技术课堂教学应用趋于常态化

截至 2019 年底，在各教学环节中使用不同类型数字教育资源的中小学教师比例如图 2-10 所示。可以看到，PPT 课件在教师备课、课堂教学和教研活动中应用比例依然相对最高，超过 80% 的教师在备课和课堂教学环节应用 PPT 课件。

截至 2019 年底，中小学校主干学科课堂教学实现常态化应用的学校比例如图 2-11 所示。超过 96% 的中小学校在语文和数学学科中实现信息技术常态化应用，与 2018 年相比有了较大提升。

① 教育部科技司．让亿万孩子同在蓝天下共享优质教育资源 [EB/OL]. (2020-12-01)[2021-08-16]. http://www.moe.gov.cn/fbh/live/2020/52692/sfcl/202012/t20201201_502584.html.

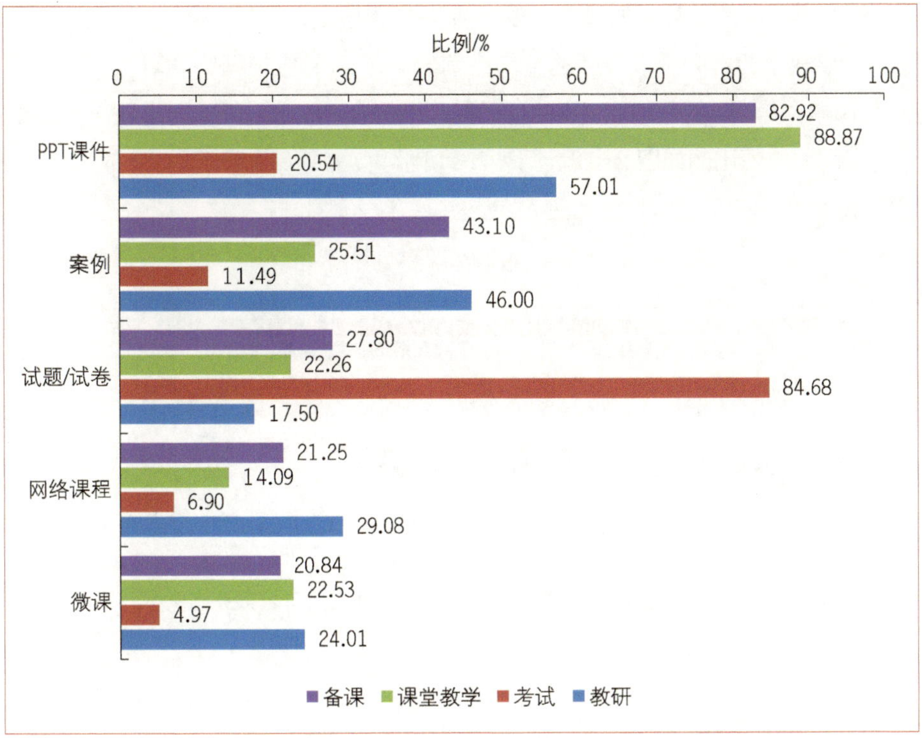

图 2-10　各教学环节中使用不同数字教育资源的中小学教师比例

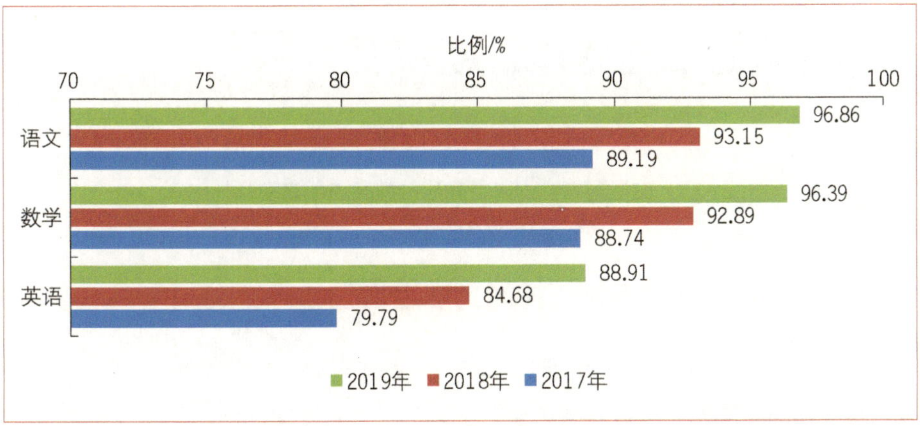

图 2-11　利用信息技术开展主干学科课堂教学实现常态化应用的中小学学校比例

网络学习空间在教师的教学和教研活动中得到较多应用，其中应用网络学习空间开展教学的不同学段教师的平均比例为 46.31%，应用网络学习空间开展教研的不同学段教师的平均比例为 48.80%。2018 年和 2019 年不同学段应用网络学习空间的教师比例如图 2-12、图 2-13 所示。

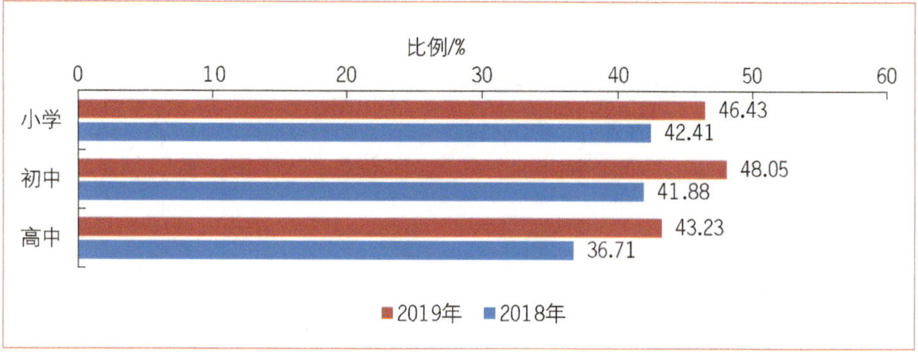

图 2-12　应用网络空间进行教学的教师占所有教师的比例

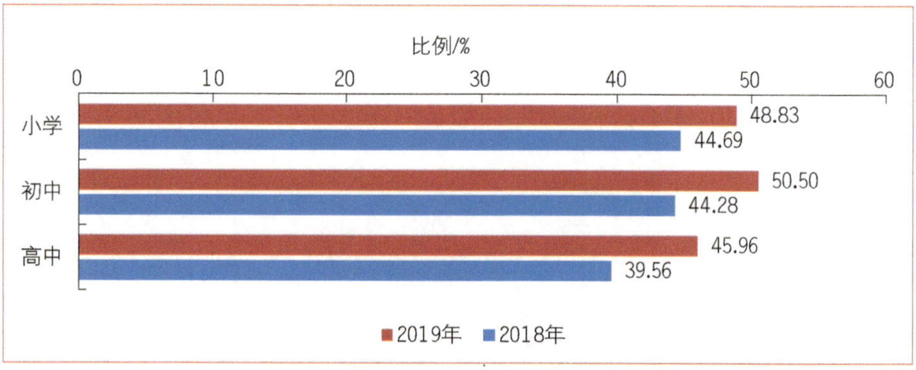

图 2-13　应用网络空间进行教研的教师占所有教师的比例

六、网络安全人才培养和防护能力显著增强

中网办 2016 年印发《关于加强网络安全学科建设和人才培养的意见》，要求在已设立网络空间安全一级学科的基础上，加强学科专业建设。为加强网络安全学科建设和人才培养，已开设与网络安全直接相关的本科专业，包括网络空间安全、信息安全、信息与对抗技术、保密技术、网络安全与执法 5 个专业，全国布

点 233 个。① 截至 2019 年 5 月，42 所高校成立了专门的网络空间安全学院或网络空间安全研究院，11 所高校入选为一流网络安全学院示范建设高校。②

教育部办公厅 2019 年底印发《教育移动互联网应用程序备案管理办法》，对教育移动互联网应用程序备案工作进行了具体的部署，截至 2020 年 12 月底，共有 1903 家企业的 4529 个教育移动互联网应用程序（教育 App）完成备案。③全面落实《中华人民共和国网络安全法》，教育部、各省级教育行政部门和部属高校 100% 成立网络安全和信息化领导小组，建立教育系统网络安全责任体系，制定网络安全应急预案，通报并处置安全威胁 6 万多个，还通过举办网络安全宣传周和专题培训班有效提高了教育系统网络安全意识和能力。

参考资料

[1] 教育部教育信息化战略研究基地（华中）. 中国教育信息化发展报告（2018）[M]. 北京：人民教育出版社，2019.

[2] 教育部教育信息化战略研究基地（华中）. 中国教育信息化发展报告（2019）[M]. 北京：人民教育出版社，2020.

① 一流网络安全学院建设示范项目高校增至11所[EB/OL]. (2019-09-17)[2021-08-16]. http://www.cac.gov.cn/2019-09/17/c_1570248597023002.htm.

② 网络安全“新考题”呼唤“新答卷”[EB/OL]. (2019-09-20)[2021-08-16]. http://www.cac.gov.cn/2019-09/20/c_1570507701841884.htm.

③ 教育部科技司. 2020年12月教育信息化和网络安全工作月报[EB/OL]. (2021-02-01)[2021-08-16]. http://www.edu.cn/xxh/focus/gzyb/202102/t20210201_2074243.shtml.

第 3 章

构建“新网络”：实现教育信息网络提速增智

教育新型基础设施包括六个部分，其中信息网络基础设施是支撑平台体系、数字资源、创新应用、智慧校园的基础。教育信息网络在教育新型基础设施中的作用如图 3-1 所示。

教育信息网络基础设施包括公共教育专网、各类校园的校园网络等。教育信息网络作为教育行业专用网络，高速连接各类教育平台、数字教育资源公共服务体系等公共信息设施，对接各类学校的智慧校园，支撑各类创新应用的开展。教育专网在逻辑上与公众互联网隔离。学生、教师、教育管理人员等用户可以高速、便捷地访问教育专网内的各种资源与服务，也可以在可信安全基础设施的保护下访问公众互联网上的社会教育资源与教育应用。

教育信息网络基础设施的建设准则是利用现有的网络基础、充分利用国家公共通信资源，避免重复建设和浪费。教育信息网络的主要服务对象为教育行业，即通达全国各级各类学校和教育机构，保障网络畅通连接。

教育信息网络提供的服务要求可以概况为八个字，即“高速、便捷、绿色、安全”，其中“高速、便捷”强调高速网络连接和灵活接入手段，是信息网络的通用需求，而“绿色、安全”强调网络内容健康和网络系统安全，是教育行业的特色需求，更是建立独立教育专网的刚需体现。教育信息网络基础设施和教育可信安全基础设施，需要协同工作，共同保障教育网络与资源的内容健康与安全，实现风清气正的网络学习空间。

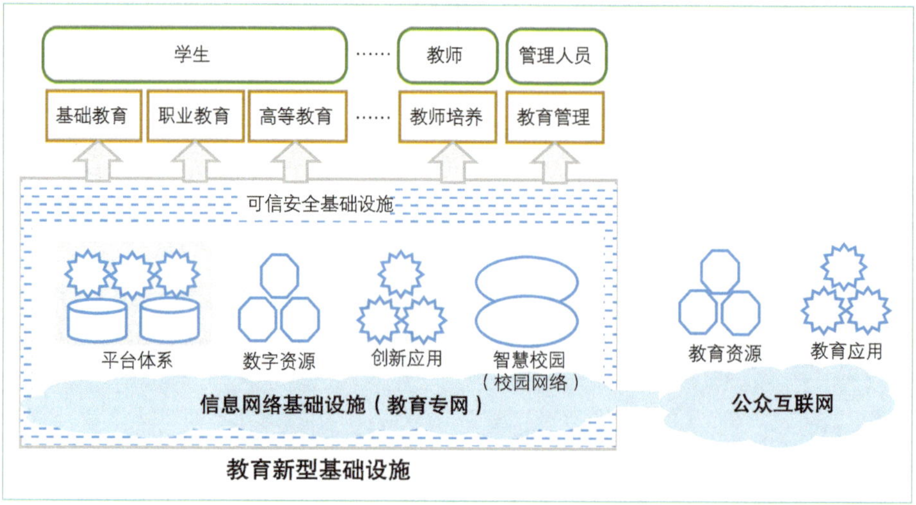

图 3-1　教育新型基础设施组成架构示意图

第 1 节　建设教育专网

《教育部等六部门关于推进教育新型基础设施建设构建高质量教育支撑体系的指导意见》(以下简称《指导意见》) 在“重点方向”中列明：

（一）信息网络新型基础设施

充分利用国家公共通信资源，畅通连接全国各级各类学校和教育机构间的教育网络。提升学校网络质量，提供高速、便捷、绿色、安全的网络服务。

1. 建设教育专网。充分依托国家电子政务外网和互联网已有建设基础，根据分级负责的原则，加强国家主干网、省市教育网和学校校园网的衔接，实现网络地址、域名和用户的统一管理。按需扩大学校出口带宽，实现中小学固定宽带网络万兆到县、千兆到校、百兆到班，以及部省数据中心、高校超算中心等设施的高速互联。深入推进 IPv6 等新一代网络技术的规模部署和应用。

一、任务重点

（一）教育专网的建设背景

目前，全球 130 多个国家和地区建有政府投资的教育科研网，如美国 Internet2、欧洲 GEANT2、亚太地区的 Asia-Pacific Advanced Network、英国 JANET 及跨欧亚的 TEIN3 等。无论是国家主干网还是区域性网络，基本都属于政府投资建设的非营利性网络。我国现阶段教育专网包括国家主干网和区域性网络。国家主干网为中国教育和科研计算机网，由国家投资建设，主要服务高校。1995 年以来，地方政府陆续投资建设区域性网络，全国建成或在建省级教育网 14 个、市级教育网 89 个，但只有 7 个省级教育网实现本地区中小学接入，其他绝大部分学校是接入三大运营商的公众互联网，部分偏远地区学校利用高通量宽带卫星实现互联网接入。[①]

① 中国教育和科研计算机网. 16位政协委员两会提案：加快教育专网建设步伐[EB/OL]. (2020-05-25) [2021-07-25]. http://cernet.edu.cn/xxh/zt/lhxxh/sy/202005/t20200525_1729194.shtml.

在2020年疫情防控的特殊时期，全国各地各级各类学校为保障“停课不停学”，基于互联网实施史无前例的大规模在线教学，检验了我国教育信息化在资源、平台、应用等方面的成果。同时，暴露出的网络连接问题也比较显著，广大学生居家学习过程中主要使用运营商的公众网络，网络连接质量不稳定、网络不良内容侵扰、贫困师生用网负担大等问题时有发生。目前我国的教育信息化网络设施，尚不能保障所有学生公平、快速地访问教育资源。

目前我国教育网络的短板主要表现在以下方面。一是接入网络缺乏统一规范和管理。全国大部分地区无区域性教育网络，学校自行接入公众互联网；跨地跨校网络连通性不足，网络稳定性难以保障。二是优质教育资源汇聚和共享不足。大多数地区教育资源分散在公网上，跨多个运营商网络，教育资源有效调度难以实现。三是网络和数字资源安全管控薄弱，对于线上学习行为难以有效监管。四是网络时延和稳定性影响线上教学质量。

缺乏全国性的教育行业专用网络，已经成为制约我国教育信息化发展的瓶颈，引起了党和国家的高度重视。2019年8月28日，李克强总理主持召开国务院常务会议，提出“加快建设教育专网，到2022年实现所有学校接入快速稳定的互联网”①。之后,“建设教育专网”先后被列入教育部等十一部门印发的《关于促进在线教育健康发展的指导意见》、国家发展改革委等七部门印发的《关于促进“互联网＋社会服务”发展的意见》。这次，教育专网被列入教育新型基础设施建设内容，标志着教育专网成为了“新基建”国家战略的重要组成部分。

建设教育专网具有重要的战略意义。教育专网有助于缩小区域、城乡、校际差距，实现更加公平更有质量的教育；教育专网有助于保障各类网络化教学的常态化应用，为青少年提供快速、便捷、绿色、安全的网络学习环境；教育专网有助于提升我国教育信息化的整体发展水平，为人工智能时代信息技术与教育教学的创新应用奠定坚实基础。

（二）教育专网的任务解读

教育专网是由国家教育主管部门统一管理，连接全国各级各类学校和教育机构，为全体师生和教育工作者提供“高速、便捷、绿色、安全”服务的教育行业

① 国务院推教育专网2022年所有学校接入快速稳定互联网[EB/OL]. (2019-08-29)[2021-08-16]. http://www.gov.cn/guowuyuan/2019-08/29/content_5425671.htm.

专用网络。教育专网面向教育行业提供联网服务，支撑教育行业的网络应用。教育专网根据安全策略与公众互联网互联，当与公用网络断开时可独立运行。教育专网的建设目标示意图如图 3-2 所示。

1. 教育专网的组织架构

教育专网由三级网络构成，包括国家主干网、省级教育网和学校校园网。根据分级负责的原则，分别由相应的教育管理部门组织建设和管理。

国家主干网由教育部直接管理。在中国教育和科研计算机网的基础上，充分依托国家电子政务外网和互联网已有建设基础，高速连接国家级的教育数据中心、大型超算中心等基础设施。

省级教育网由各省教育行政主管部门组织建设和管理。各地根据现有的教育网络设施基础，因地制宜选择合适的建设模式，利用国家公共通信资源，升级省级网络设施。省级教育网对上接入国家主干网，同时高速连接省级教育数据中心、省内高校的超算中心、省内重大科研设施等。

2. 教育专网的管理体系

教育专网应建立垂直化的管理体系，设立常态化的管理队伍和制度，实现全网核心要素的统一管理。

统一用户管理。对所有需要接入教育专网的教师、学生、管理人员等用户进

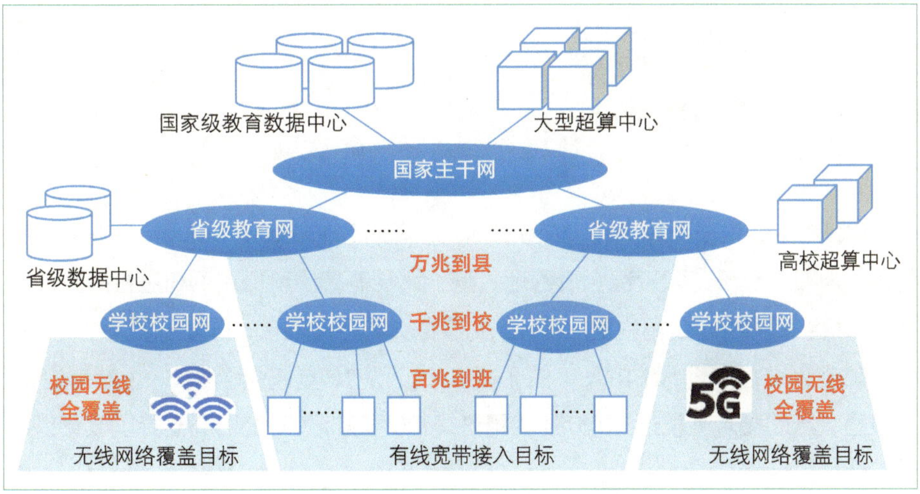

图 3-2　教育专网建设目标示意图

行实名制管理。支持教育网用户通过 VPN 等方式经由公众互联网安全接入教育网，支持教育网用户漫游接入异校、异地的教育网。

统一地址管理。普及 IPv6 地址，统一规划省级教育网、校园网络内的 IPv6 地址块，为教育网内的设备预留足够地址资源。

统一域名管理。统一规划和管理各级学校、教育机构的网络域名，对其发布的网络服务进行登记管理。

统一安全管理。结合教育安全可信基础设施的建设，在网内部署相应的网络管理与监测设备，对用户上网的行为进行合理管控。

3. 教育专网的建设重点

提升各类学校接入教育专网的带宽水平。虽然全国各类学校已经实现全部接入公众互联网，但是学校接入网络的带宽水平有待加强。中小学的固定宽带网络应实现“万”“千”“百”建设目标，即“万兆到县、千兆到校、百兆到班”。

加强教育信息网络基础设施的建设。加强教育专网与省部数据中心、高校超算中心等设施的高速互联，扩大教育专网与公众互联网的交换带宽，部署与应用相关的边缘计算设施等，切实提升教育专网上的各类网络应用的服务体验。

发挥教育专网对科研创新的支撑作用。深入推进 IPv6 等新一代网络技术的规模部署与应用，提升教育专网在资源管控、应用服务等方面的能力，支撑各类科学研究与创新实验活动的开展。

二、典型案例

（一）中国教育和科研计算机网①

1. 基本情况

中国教育和科研计算机网（China Education and Research Network，CERNET）是由国家投资建设，教育部负责管理，清华大学等高校承担建设和运行的全国学术计算机互联网络，是国内拥有国际出口权的大型互联网主干网之一。

截至 2020 年底，CERNET 主干网以 100 G/10 G 连接全国 36 个城市的 41 个核心节点，接入高校近 2000 所，用户 2000 多万，CERNET 支持了教育部视

---

① 资料提供：中国教育和科研计算机网网络中心（刘莹）。

频会议、高考网上录取、数字图书馆、中国国家网格、现代远程教育等多个教育信息化项目，已发展成为全世界最大的国家学术互联网，是我国教育信息化的重要基础设施和国家信息化基础设施的重要组成部分。

2003 年以来，CERNET 联合清华大学等 100 多所高校参加了由国务院批准、国家发展改革委等八部委联合组织的中国下一代互联网示范工程 CNGI（China Next Generation Internet），建成了 CNGI 中规模最大的核心网 CNGI-CERNET2/6 Ⅸ，在下一代互联网关键技术领域取得了若干重要突破，成为我国研究下一代互联网技术、开发重大应用、推动下一代互联网产业发展的重要基础试验设施。2020 年 CERNET2 二期建设完成并通过教育部组织的验收，主干网核心节点达到 41 个，主干带宽达到 100 G，并且实现了纯 IPv6 CERNET2 主干网和纯 IPv4 CERNET 主干网的大规模分布式互联互通，CERNET IPv4 用户全部通过 CERNET/CERNET2 统一接入系统实现了 IPv6 接入。

2. 主要做法

为探寻中国互联网发展之路，1994 年 CERNET 开始筹建。26 年来，CERNET 从无到有，从小到大，从 CERNET IPv4 到 CERNET2 IPv6，不断成长壮大。回顾其 26 年的发展历程，致力于服务国家战略、高校团结协作、技术创新推动、机制体制创新等是其成功的重要因素。

（1）服务国家战略

1994 年国家计委批复 CERNET 示范工程建设项目，拉开了我国互联网发展的序幕。2003 年我国开始了下一代互联网的发展，CERNET 承担建设其中最大的核心网 CNGI-CERNET2/6 Ⅸ。近几年，为落实国家推进 IPv6 规模部署行动计划，CERNET2 二期工程建设项目启动。CERNET 的发展步步紧扣国家与时代的脉搏，始终以服务国家战略为生存发展之本。

（2）高校团结协作

团结协作是互联网的基因，也是 CERNET 的基因。CERNET 在发展之初就形成了若干高校联合承担国家项目的团结协作机制，是高校科研大联合的一个成功案例。在CERNET和CERNET2的建设过程中，参与的高校群体团结协作、奋力拼搏，投入大量人力、物力，每一次都能高水准地完成建设发展任务。在日常运行服务中，41 个核心节点协同开展主干网核心节点建设运行、技术保障和用户服务工作，为高校用好网提供了基本的技术保障。

（3）技术创新推动

无论是 CERNET 还是 CERNET2，每次都选择采用相对领先的技术路线，使 CERNET 发展始终与国际先进水平保持一致。CERNET 在下一代互联网发展中坚持建设纯 IPv6 主干网技术路线，开展了 IPv6 核心路由器技术、真实源地址验证技术及 IPv4 向 IPv6 过渡技术的探索和研究，从中先后产生了 20 多项国家互联网标准 RFC，使我国在下一代互联网研究、开发与应用方面进入国际先进行列。在推动 IPv6 规模部署中，确定了 CERNET 用户实现 IPv6 接入的技术方案，建设了 CERNET/CERNET2 统一接入系统，支持 CERNET 用户单位多种模式全部接入 IPv6。在核心节点上分布部署过渡设备，实现了纯 IPv6 CERNET2 主干网和纯 IPv4 CERNET 主干网的大规模分布式互联互通，为我国向下一代互联网过渡提供了技术解决方案和实践经验。

（4）机制体制创新

CERNET 实行统一领导、分级管理制。CERNET 管理委员会是领导机构，下设专家委员会、网络中心、主干网核心节点网络中心与运营公司。同时，实行通信费用分担机制。CERNET 由清华大学等高校负责建设和运行，赛尔网络有限公司负责运营，采取的是科研和企业并存的创新体制，有力地弥补了国家阶段性项目投入的短板，也充分保障了 CERNET 的网络服务质量，从而也保障了 CERNET 的持续健康发展。

3. 典型成效

1）发起和建成中国第一个互联网主干网示范工程 CERNET，在中国互联网发展中发挥了重要的开拓和示范作用。

2）建成世界上规模最大的国家级学术互联网 CERNET，推动了我国互联网的大规模发展，支撑了国家教育和科研重大应用，成为重要的国家教育和科研信息基础设施。

3）发起和主导中国下一代互联网示范工程 CNGI，建成世界上规模最大的 IPv6 下一代互联网 CERNET2/6 Ⅸ，推动我国下一代互联网科技进步，成为我国研究下一代互联网技术、开发重大应用、推动下一代互联网产业发展的重要试验基础设施。

4）突破下一代互联网核心关键技术，跻身国际领先行列，主导形成系列化国际标准，增强了我国自主创新能力，为我国争得更多的互联网国际竞争话语权。

5）建成科研和企业并存的创新体制，相互依赖，共同发展，探索公益性网络可持续发展体制机制，保障了 CERNET 的快速发展。

6）形成互联网协同创新平台，是支撑我国网络学科建设以及相关行业产业核心技术研发的重要研究基地，是我国从网络大国迈向网络强国的国际化实验环境。

7）建成互联网创新人才培养基地，培育了我国互联网和下一代互联网首批用户，向各行各业输送了大批互联网技术领域专业人才，为互联网创业人才提供了孵化条件。

（二）江西省教育专网建设①

1. 基本情况

江西省教育专网——江西省教育省域网由省级骨干网、市级城域网、县级城域网和校园网四级组成（图 3-3），是江西省、市、县（区）共同推动的综合性工作。江西省积极组建快速稳定安全的教育省域网，作为加快推进教育信息化建设、实现江西教育“弯道超车”的关键一招，也是为了促进信息技术与教育教学

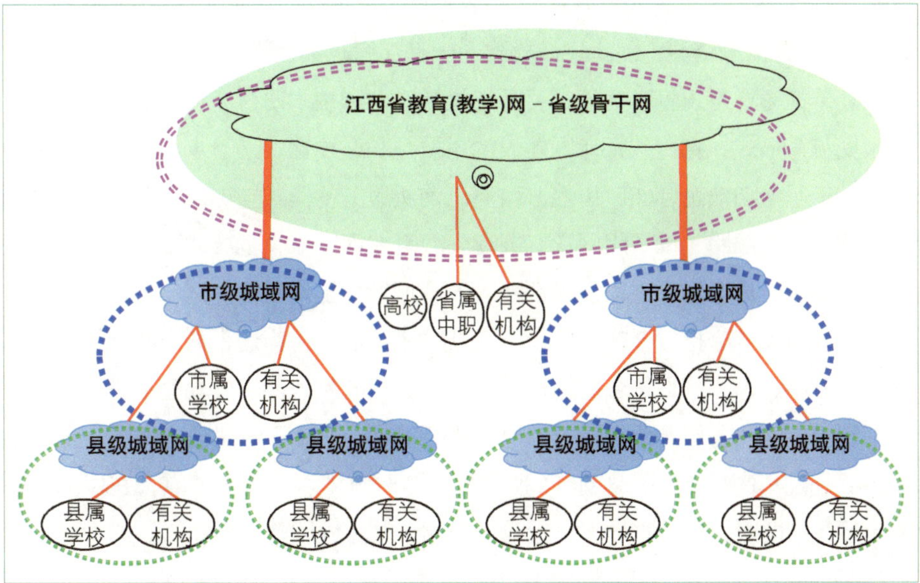

图 3-3 江西省教育省域网组网图

① 资料提供：江西省教育厅（徐峰，沈栩，金鑫）。

深度融合，推动形成与教育现代化相适应的教育信息化管理体系。

2. 主要做法

江西省教育信息化方面存在的典型问题主要包括：一是缺乏高速、稳定、绿色可靠的网络环境和硬件保障。学校网络带宽无法保证，各地耗费大量资金建设IDC（Internet data center，互联网数据中心）机房，运行成本却居高不下等。二是缺乏优质资源云服务。一些本科高校每年耗资近千万元购买电子图书资源，却仅限于校内使用。三是教育教学信息化应用建设不足。课堂内信息化教学、网络专递课堂等应用难以常态化使用。针对以上问题，江西省教育省域网的建设采取了以下措施。

1）优化整体设计，统筹协调推进。一是坚持政府推动、整体实施，印发《关于加快推进教育信息化工作的意见》，全面启动教育省域网建设工程，通过教育专网实现全省各级各类学校高速互联。二是实行统一规划、分层建设，教育省域网由省级骨干网、市级城域网、县级城域网和校园网组成，由省教育厅统一规划，各地各校分级建设、分级管理。三是注重加强督导、落实责任，将教育城域网建设情况纳入年度“江西省高质量发展考核评价‘教育发展’考评办法”和“县（市、区）党政领导干部履行教育职责督导评价评分细则”，明确各级政府职责。

2）整合优势资源，创新建设模式。一是加强政策宣传，通过印制宣传手册、拍摄宣传视频、组织宣讲活动、召开建设推进会和技术研讨会、邀请先进地区做经验交流等形式，宣传教育专网建设的重要性和必要性，进一步统一思想、凝聚共识。二是推动政企合作，由地方政府以购买服务的模式与电信运营商合作，利用运营商现有线路，以“组网”方式建设教育专网，减少基层建设成本和运维压力。三是统一建设标准，印发《江西省教育城域网建设指南（试行）》，指导地方把握网络建设核心指标，加强与运营商在技术层面研讨沟通，共同制定性价比高的解决方案，确保网络符合应用需求。四是强化专家咨询，成立项目管理组和技术专家组，深入基层调研和指导，对全省所有市、县（区）建设方案逐一把关备案。五是发挥高校优势，遴选14所高校作为教育省域网骨干节点，在保障网络稳定运行的同时，协助本地教育行政部门建设教育城域网。

3）加强推广应用，确保落地见效。坚持云网一体，在推进教育省域网建设的同时，按照“四个一”的工作思路，同步建设，加快推进教育信息化发展。遴选第一批6家“赣教云”基础设施服务商和18家应用服务商，为全省教育系统提供高质量计算、存储等云基础服务，同时为高考改革提供走班排课、学情分析、网络课程和智慧校园等应用服务。

3. 典型成效

1）教育专网四级网络全部建成并组网成功。江西省教育厅教育专网骨干网建设方案，是以 14 个高校骨干节点为依托，以 10G 高速互连 11 个区市，对接各市、县（区）教育城域（专网）网。各市、县（区）教育城域（专网）网对接本地各校校园网。

截至 2020 年 1 月 15 日，全省 133 个设市、县（区）已全部建成教育城域网，覆盖学校总数为 18 432 所，其中中小学校 18 307 所、高校 103 所、省属中职 22 所。教育专网有效减轻了学校宽带网络使用负担。

2）实现大规模并发使用统一应用的目的。2020 年江西省积极推动高质量班班通建设工作，对已完成城域网建设的地区，推进教育省域网各级各类班级接入工作及班级终端更换工作，同时做好教学通使用应用覆盖工作。截至 2021 年 3 月，全省 18.72 万个班级已全部接入省域网，教学信息化应用的教师比例为 100%。

3）教育信息网络服务能力显著提升。2020 年疫情期间，教育专网发挥关键作用，有力支撑了“停课不停学”，将优质教育资源大规模、低成本、高效率地惠及全省每一名师生。基于学校网络环境，线上线下混合教学方式不断完善，“课堂用、经常用、普遍用”的信息化教学新常态已基本形成。

第 2 节　升级校园网络

《指导意见》在“重点方向”中列明：

（一）信息网络新型基础设施

充分利用国家公共通信资源，畅通连接全国各级各类学校和教育机构间的教育网络。提升学校网络质量，提供高速、便捷、绿色、安全的网络服务。

2. 升级校园网络。推动校园局域网升级，保障校内资源与应用的高速访问。通过 5G、千兆无线局域网等方式，实现校园无线网络全覆盖。支持建设校园物联网，推动安防视频终端、环境感知装置等设备联网。通过卫星电视、宽带网络和宽带卫星为农村薄弱学校和教学点输送优质资源，促进教育公平。

一、任务重点

（一）校园网络的建设背景

目前我国已经基本实现了《教育信息化十年发展规划（2011—2020 年）》提出的“宽带网络全面覆盖各级各类学校”的发展目标，不同学段的校内网络覆盖情况发展情况如下。

中小学校园网发展现状。2016 年教育部印发《教育信息化“十三五”规划》，提出“有效提升各类学校和教学点出口带宽，城镇学校班均出口带宽不低于 10 M，有条件的农村学校班均出口带宽不低于 5 M，有条件的教学点接入带宽达 4 M 以上”①。2020 年 12 月 1 日，教育部科技司在《让亿万孩子同在蓝天下共享优质教育资源——“十三五”期间教育信息化有关情况介绍》中提到，“全国中小学（含教学点）联网率已从 2015 年的 69.3% 上升到 99.7%，出口带宽达到 100 M 的学校比例从 12.8% 跃升到 98.7%。其中，52 个贫困县已实现了学校网络全覆盖，99.7% 的学校实现了百兆带宽。95.2% 的中小学拥有多媒体教室，学校统一配备的教师和学生终端数量分别为 1060 万台和 1703 万台”②。

职业院校校园网发展现状。2020 年 6 月，教育部发布《职业院校数字校园规范》，旨在规范、引导职业院校在新形势下的信息化工作。截至 2019 年底，超过 99% 的职业院校接入互联网，30% 的学校实现无线网络校内全覆盖，多媒体教室、数字化校园安防设施已成为职业院校的基本配置。

高校校园网发展现状。截至 2019 年底，我国绝大部分的高校接入互联网，超过 90% 的高校接入了中国教育和科研计算机网，我国将近 70% 的高校校园网

① 教育部. 教育部关于印发《教育信息化“十三五”规划》的通知[EB/OL]. (2016-06-07)[2021-07-31]. http://www.moe.gov.cn/srcsite/A16/s3342/201606/t20160622_269367.html.

② 教育部. 让亿万孩子同在蓝天下共享优质教育资源——“十三五”期间教育信息化有关情况介绍 [EB/OL]. (2020-12-01)[2021-07-31]. http://www.moe.gov.cn/fbh/live/2020/52692/sfcl/202012/t20201201_502584.html.

主干带宽达到万兆带宽水平，此外，超过 95% 的高校部署了无线网络。

校园网络建设的短板主要集中在中小学段。随着教育专网建设的铺开，中小学网络出口的带宽可以达到千兆接入。各校应结合自身校园信息化的发展目标，完善校内的有线宽带网络，保障教室、实验室等教学区以及教师办公区访问教育专网的接入带宽；逐步实现校园无线网络的全覆盖，满足各类教学终端、教学装备的无线上网需求。

（二）校园网络的任务解读

校园网络由各基层教育主管部门或者有条件的学校组织建设和管理。各地区和学校应合理分析当前联网现状和发展需求，通过多种技术手段升级现有的校园网络设施。

1. 校园有线网络

传统校园网主要指校园楼宇内部署的、以访问教育专网或者公众互联网资源为主要目标的有线局域网。根据本轮教育新基建的指导要求，教室有线接入带宽应达到百兆以上。

宽带有线网络。随着教学信息化应用的普及，全息成像、高清直播、远程互动等新型教育应用层出不穷，教室内开展教学活动的带宽需求将迅速增加。为保障相关教学活动的开展，需要在教学楼宇内部署千兆以太网等固定网络，实现教室的百兆接入，保障校内数字教育资源与应用的高速访问。有条件的学校可以结合教学需求实施校园网光纤化改造，通过采用 F5G 光纤接入网新技术，全面提升校园网络设施水平。

2. 校园无线网络

校园无线网络主要指在校园内通过无线通信接入的、以访问教育专网或者公众互联网资源为主要目标的无线网络。目前校园无线局域网（校园 WiFi）已经成为师生接入校园网的主要手段之一，在职业学校、高等学校逐步普及。根据本轮新基建的指导要求，全国各级各类所有学校的应实现无线网络全覆盖。

校园无线局域网。随着教学信息化应用的普及，各类教学终端、传感装置等的无线组网需求日益迫切。为保障相关教学活动的开展，有必要在校园内实现无线局域网全面覆盖，保障教学区域内无线组网通信。考虑各类终端、设备的并发联网需求，合理部署无线接入点等设施。针对带宽需求较高的教学应用，通过采用 WiFi6 等无线接入新技术，实现教学区内的千兆无线接入。

5G 网络。5G 移动通信网络是国家新基建的重要建设内容。与无线局域网相比，5G 网络支持异地移动接入、移动边缘计算、海量设备连接，在访问和使用某些校外教学资源与应用时具有优势。5G 网络也可以作为校园无线网络建设的手段之一。

3. 校园物联网络

校园物联网指通过各类传感采集装置对校园环境进行感知与控制的信息网络及其应用系统。校园物联网是实现智慧校园的支撑性技术。本轮教育新基建的指导要求中明确指出，支持建设校园物联网，推动安防视频终端、环境感知装置等设备联网。

校园物联网。物联网系统的组网需求与具体应用密切相关。例如，视频监控系统可以使用有线宽带组网；环境监控、健康测量等应用系统可以使用低功耗的无线通信协议组网，包括依托公共移动通信网络的窄带物联协议（如 NB-IoT 等）、依托自有基站或者接入点的无线通信协议（如 LoRA、ZigBee 等）。各地各校在部署物联网应用时，应加强对校园物联网的统一规划和管理，避免重复建设功能类似的网络；结合具体应用的需求特征，建立相关校园内物联网系统的部署与使用标准规范，规范敏感数据（如人脸、指纹等）采集和使用。

4. 校园联网工程

持续推动薄弱学校、教学点的联网和网络升级改造工程。针对山区、海岛、边远地区等自然条件特殊地区的学校联网需求，通过卫星电视、宽带卫星、宽带网络等多种联网手段提升薄弱学校和教学点的接入带宽，输送优质资源，促进教育公平。

二、典型案例

（一）湖南铁路科技职业技术学院“开放众筹式”校园网络建设①

1. 基本情况

湖南铁路科技职业技术学院是一所轨道交通专业特色鲜明的高职院校，学校围绕轨道交通产业链，设有 5 个二级学院和 3 个教学部，开设铁路和城市轨道交

① 资料提供：湖南铁路科技职业技术学院信息化处（沈坚勇）。

通类等专业 26 个，在校学生 1.2 万余人，先后四次被评为国家级重点中等职业学校，是教育部第一批教育信息化试点优秀单位。

学校秉承“学生中心、服务为本”的基本理念，坚持“问题导向、应用驱动”的建设思路，汇聚广大师生的力量与 IT 企业通力合作，探索出了一种职业院校“开放众筹”校园网络建设新模式。

2. 主要做法

1）统一出口认证，确保校园网络安全。为保证校园网络安全，根据教育部、公安部相关文件精神，由学校行文，明确学校信息化部门为学生网络服务与监管的直接责任部门，后勤部门改为协助部门，与各大运营商充分沟通，全面清理整合校园原有各运营商及学校线路，各运营商网络用户必须与学校认证融合，学生只有一套实名上网账号、只需一次学校认证，运营商认证自动绑定（学生无感），保证校园互联网服务“统一出口、统一认证、实名上网”。

2）转变角色定位，提升运营服务质量。明确师生生活网络服务主体为各大运营商，将学校信息化部门由直接服务部门转变为服务监管部门，由“运动员”变为“裁判员”，将工作重心调整为督促各运营商提高服务质量，同时组建网络服务学生运维团队，协助运营商做好网络服务工作，并于每学期对全校学生进行大规模“民意”调查，精准定位学生需求，学校根据反馈情况先后购置 CACHE（高速缓冲存储器），增添视频服务器等设备，强化无线网络精准覆盖，并按需实时整改，全面提升师生满意度。

3）统筹各方资金，建设共享基础设施。在新建校区等区域，统筹银行、运营商及自有资金，由学校统一规划校园网络环境，并主导建设网络基础设施，在统一平台监管的基础上向所有运营商开放共享，运营商提供出口带宽以及出口设备入驻校园，公平有序竞争师生客户资源，并在教学楼、图书馆、办公区域提供免费网络接入服务（图 3-4）；学校依法依规向运营商收取基础网络服务费，并全部“反哺”学校信息化建设，建成了覆盖 2356 个宿舍及所有教室、实训室和办公场所的无线物联网门锁系统，并融入 NFC 通信技术和二维码技术，实现了 NFC 手机（无需开机）、二维码和校园卡“多介质”开门（图 3-5），师生进入便利的无钥匙生活年代，同时解决了寝室频繁变动带来的钥匙安全隐患，又为学校大数据分析决策提供了基础依据。

4）秉持开放众筹，助力 5G 新基建。学校在多年的网络建设探索过程中，

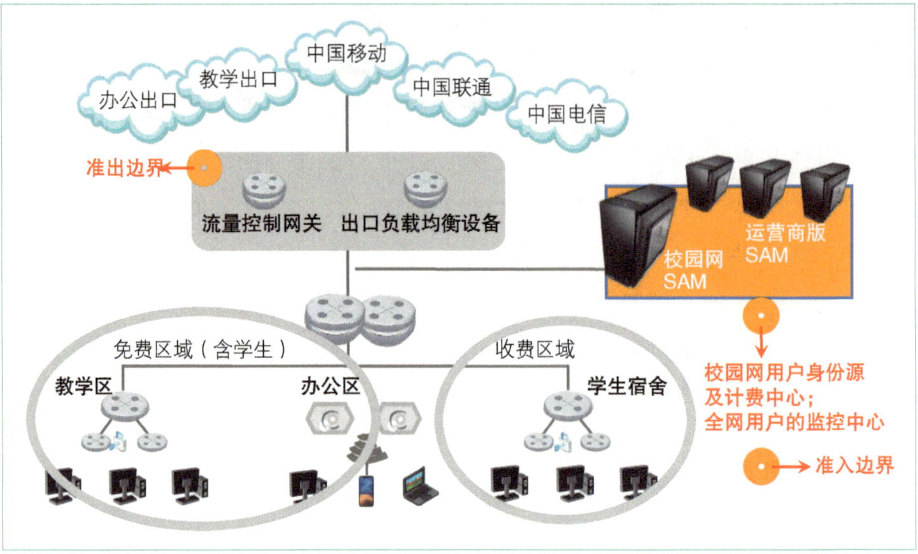

图 3-4　校园出口拓扑图

图 3-5　校内物联网（智能门锁及一卡通）拓扑图

逐步形成了“开放众筹”的校园网络建设运维机制，全院师生根据自身需求每月皆可自由重新选择互联网服务商，这种开放共享、有序竞争的信息化环境，兼顾各方利益，形成了学校、师生、运营商多方共赢的格局（图 3-6）。随着 5G 在全社会的普及推广，学校秉持“开放众筹”的网络运维理念正与运营商共建混合 5G 网络，将民用 5G 网络与学校 5G 专网融为一体，全面推进学校 5G 教学领域

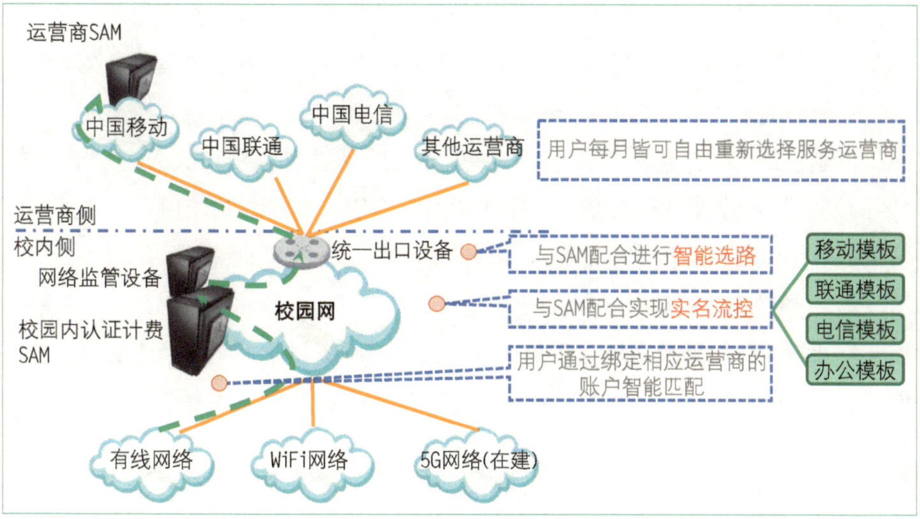

图 3-6　校园运营商运营拓扑图

应用，提升师生用户上网体验，同时实现学生网络安全监管。

3. 典型成效

1）保证了学校在校园网络建设和运维中的绝对主导地位，守护了校园网络安全，经过多年实践，学校没有出现任何重大网络安全事故。

2）避免了校园内基础设施重复建设及信道相互干扰，解决了运营商无序竞争的问题，形成了运营商之间的良性竞争格局。

3）学校节约了购买出口带宽和设备升级的费用，收益部分“反哺”校园信息化建设，根据学生需求有的放矢优化信息化教学与生活环境，在无新增投入的前提下，学校出口带宽由 200 M 升级到 15 G，服务质量也显著提升。

4）贫困学生获得了免费的学习网络服务，师生可自由、无感、按需选择生活网络服务，在实现教育公平的基础上最大限度地满足了师生个性化需求。

（二）西安交通大学“中国西部科技创新港‘四网融合’”①

1. 基本情况

中国西部科技创新港（以下简称“创新港”）是西安交通大学以更加开放的国际视野和发展理念加快“双一流”高校建设，探索 21 世纪大学新形态、学科

① 资料提供：西安交通大学网络信息中心（锁志海，李国栋，徐墨，李虎群，罗军峰，高瞻，杨帆）。

建设新结构、人才培养新模式的全新舞台。创新港智慧学镇的特色之一是“四网融合”，即通过将高速有线、WiFi6 无线、物联网、5G 网络相融合，实现人、事、物随时随地接入，为智慧园区建设提供无处不在、无所不能、按需使用的信息化基础设施保障。创新港集学校、企业、社区等多种需求和服务场景于一体，“四网融合”能够满足多维度、多层次的用户需求，提升终端使用者、企业、运营商的使用体验和运营效率，最终实现业务、数据、运营的深度融合。

2. 主要做法

创新港“四网融合”设备系统主要包括有线网络建设、无线网络建设、物联网建设、“三网合一”平台及四网融合运营平台建设。图 3-7 为创新港已建成的“四网融合”设备系统拓扑图。

1）建成网络资源灵活可调配的有线网络。有线网络系统是实现园区信息流转和数据共享的核心系统。有线网络从功能覆盖区域可以分为科研办公网络和学生宿舍网络两类。对于科研办公网络，主要是服务教学终端及办公设施，满

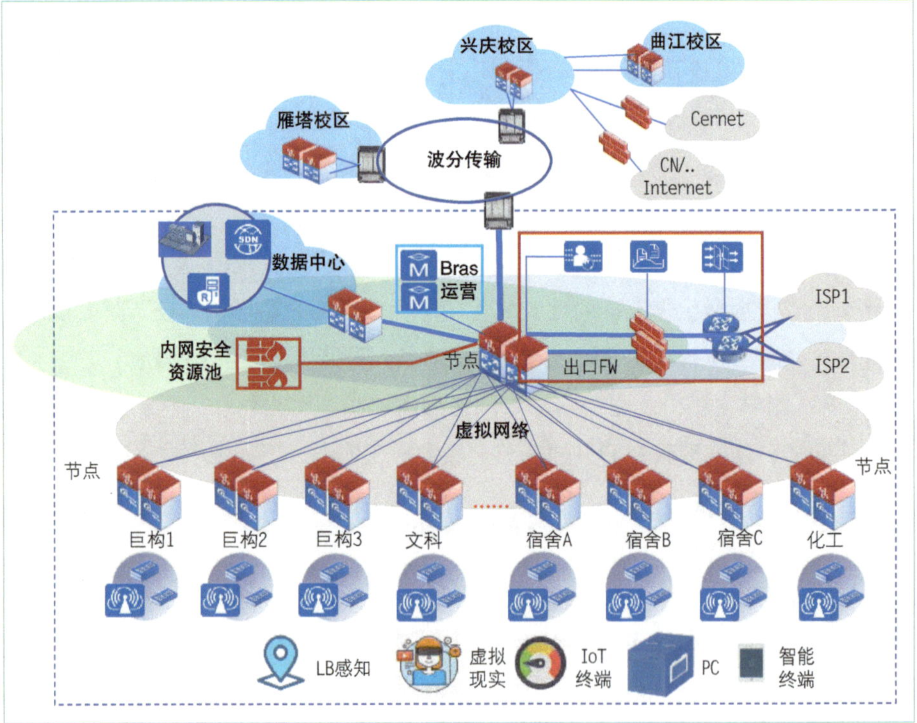

图 3-7　创新港“四网融合”设备系统拓扑图

足桌面千兆接入。对于学生宿舍网络，预留有线端口，按需开通。校园基础园区网络采用核心、汇聚和接入架构模型，各板块汇聚于园区核心构建一个虚拟网络，实现多业务承载；各汇聚与接入之间二层互联，通过 SDN 控制器对园区网 VXLAN 业务实现自动化部署。

2）建成有线无线深度融合的无线网络。无线接入网支持有线无线深度融合，有线无线流量统一转发，同时无线业务流量基于无线控制器集中转发，保证有线和无线用户策略权限统一、安全可控。通过网规工具，提供在线网规，保障创新港无线网络全覆盖效果，实现通过手机一键生成当前无线网络体检报告。目前创新港主要业务地区室内室外均已达到要求的覆盖率及信号强度。图 3-8 为创新港无线网络拓扑图。

3）建成弹性接入、随需应变、智慧服务的物联网。构建“三网合一”的校园物联网网络基础设施，实现“各智能化专项系统”的物联集成与横向贯通；建成创新港校园物联网连接管理及物联资源平台，实现基于物联网的创新港各业务应用。图 3-9 为创新港物联网整体架构图。

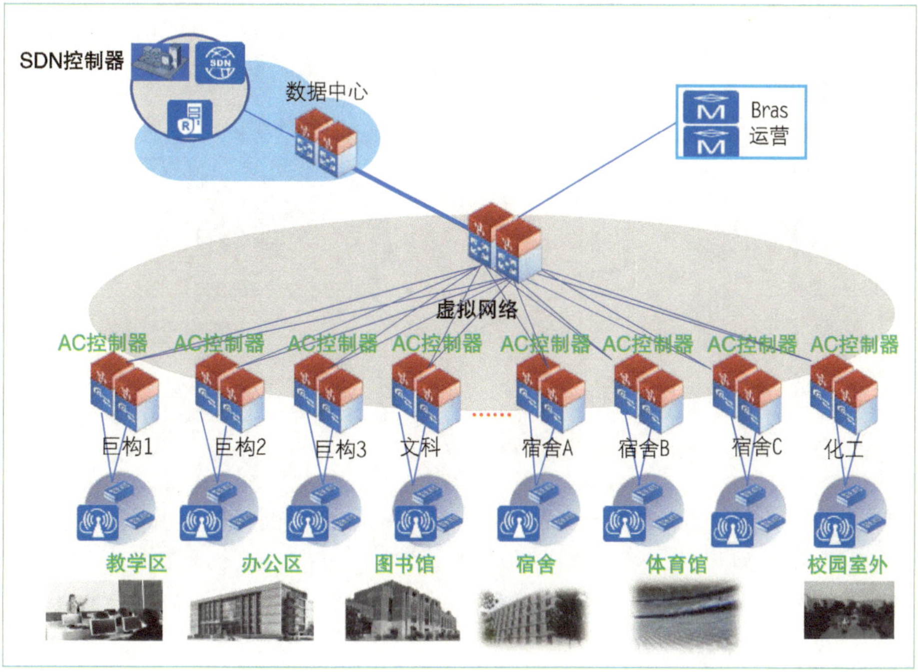

图 3-8　创新港无线网络拓扑图

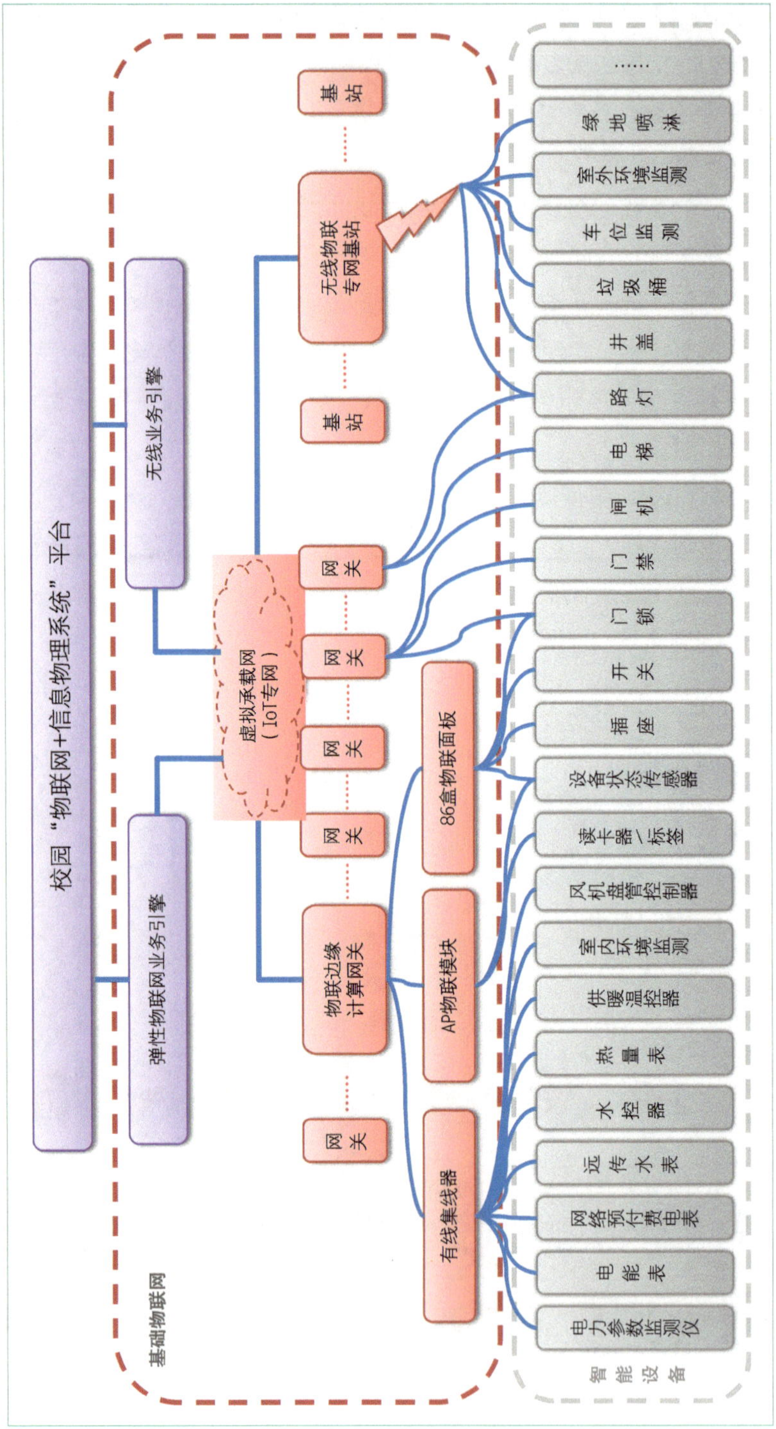

图3-9 创新港物联网整体架构图

4）建成“三网合一”平台及“四网融合”运营平台。建成全新的基于有线网、无线网、物联网“三网合一”网管平台，对园区内 2 万余台网络设备进行统一管理、运维和服务，并通过大数据分析技术实现网络异常预测和常见网络问题分析，快速定位问题根源。

“四网融合”运营平台通过对接创新港有线、无线、物联网、4G/5G 移动网络，建成基于“四网融合”的运营平台。平台从业务办理、网络管理、数据分析等维度实现各网络场景的融合，实现综合的业务办理、网络使用、数据融合、联合运营等，提供高效、便捷的一站式用网体验，实现“四网融合”的目标，打造学校、企业、社区等多场景融合的网络管理运营模式典范。

3. 典型成效

1）基础网络。包括有线网络核心、汇聚和接入等有线设备，室内、外无线 AP 设备等。各汇聚与园区核心 100 G 骨干互联，建成高速、稳定、可靠的核心网络，构建了一个虚拟网络从而实现多业务承载；各汇聚与楼层接入之间 10 G 二层互联，通过 SDN 控制器对园区网实现自动化部署，实现全网实时监控、按需扩展；无线网络室内外覆盖，满足教学、会议等的高密接入和办公便捷快速接入等不同场景的使用需求。

2）物联网。包括物联网设备平台及应用建设，主要为物联网网关、物联网平台和基于物联网的各类应用。物联网的建成实现创新港现有各类物联设备连接和物联资源管理，提供能源管理、物业管理、饮食管理、资产管理等多个相关的物联应用，准确及时地反映相关设备的运行状况。截至 2021 年 8 月，平台已接入物联网终端约 1.43 万个，数据量约 0.5 亿条 / 天，感知强度 572 条 / 秒，峰值 1.1 万条 / 秒，保障了师生教学、科研、生活、后勤管理等工作正常有序开展。

3）“三网合一”控制平台。平台包含了管理、运维和服务等功能，实现了有线网络、无线网络和物联网的统一管控，使得园区网络能够满足园区内各种数据终端及传感设备在任意位置的灵活接入、快速上线、业务延续，平台管控和服务解决传统物理网络的难扩展、难调整、难运维的问题，通过网络的“硬件资源池化”，实现“统一承载，按需定义，弹性扩展”。

4）“四网融合”运营平台。实现网络使用全业务自助服务，保障校园网统一运营管理。主要包括用户服务、管理运营、接入控制等模块，对外提供开放能力接口，支持其他业务系统对接。其中，融合运营服务和接入控制系统除具备本地能力之外，还与运营商的业务和控制实现对接。

5）IOC（intelligent operations center，智能运营中心）运营中心。IOC 以物联网、人工智能、三维可视化等新型技术为基础，依托“四网融合”（有线 / 无线 / 物联网 /5G）及基础设施智能化建设（已布设点位 10 万余个），对四校区的人、房产、设备、系统等资源进行统一管理指挥，达到系统间数据融合、运行状态全可视、关键业务可监督、紧急事件可管控，全面支撑“能源”“安防”“教室 / 会议室”“人流物流”四大智能化建设目标，并最终实现“综合展示”“智能运营”“决策支持”闭环式运转，使学校的教育更高效、管理更智能、生活更舒适、环境更安全。

第4章

构建“新平台”：提升“互联网+教育”平台服务能力

“十三五”期间，我国教育信息化完成了以“三通两平台”为代表的教育公共平台体系的建设，建设了覆盖全国的省级教育数据中心，建立了面向各级各类学校的教育资源公共服务平台、教育管理公共服务平台，实现了“优质资源班班通”和“网络学习空间人人通”。2018 年，《教育信息化 2.0 行动计划》进一步提出“构建一体化的‘互联网 + 教育’大平台”，构建“互联网 +”条件下的人才培养新模式、发展基于互联网的教育服务新模式、探索信息时代教育治理新模式。

本轮教育新基建将以这些前期工作为基础，通过融合、升级、增建等方式，完善教育公共信息服务所需的基础平台环境，支撑“互联网 + 教育”大平台，助力教育新生态的形成。教育平台体系基础设施以教育信息网络基础设施为基础，以教育数据中心和“互联网 + 教育”大平台为主要建设内容。教育平台体系基础设施的层次如图 4-1 所示。

在平台层，升级和改造现有的教育数据中心，通过整合教育行业内外的存储、算力资源，构建新型数据中心体系。一方面，现有的教育数据中心需要通过技术升级，提升在大数据、云计算等基础环境方面的承载能力，支撑各类教育教学数据的汇聚与存储，保障教育管理应用的安全稳定运行。另外一方面，省级教育数据中心还需考虑今后教育应用系统的技术发展需求，重视存储和算力资源的建设，通过教育专网整合教育系统内的相关资源，构建新型的数据中心运行体系。新型教育数据中心作为网络化信息应用的重要基础设施，既是教育行业当前信息化需求的必要基础，也将为人工智能等新技术在教育行业的创新应用提供支撑环境。

在应用层，充分整合现有的教育资源公共平台、管理公共平台，面向管理者、教师和学生提供以下三个重点方向的公共服务。①促进教育数据应用。面向教育宏观决策的需求，挖掘教育数据的潜力，推动教育宏观治理水平的提升。②推动平台开放协同。面向教育教学管理与服务的需求，建立开放协同云化应用体系，支撑教学管理与组织的创新。③升级网络学习空间。面向学习者终身学习的需求，通过大数据、人工智能等技术支撑个性化学习，助力构建人人皆学、处处能学、时时可学的学习型社会。“互联网 + 教育”大平台的各个应用方向维护各自的数据库，而在平台层共享教育基础数据库，从而保证各种业务的互联互通；通过开放接口体系推动和促进各类通用教育应用的开发与更新，满足各级各

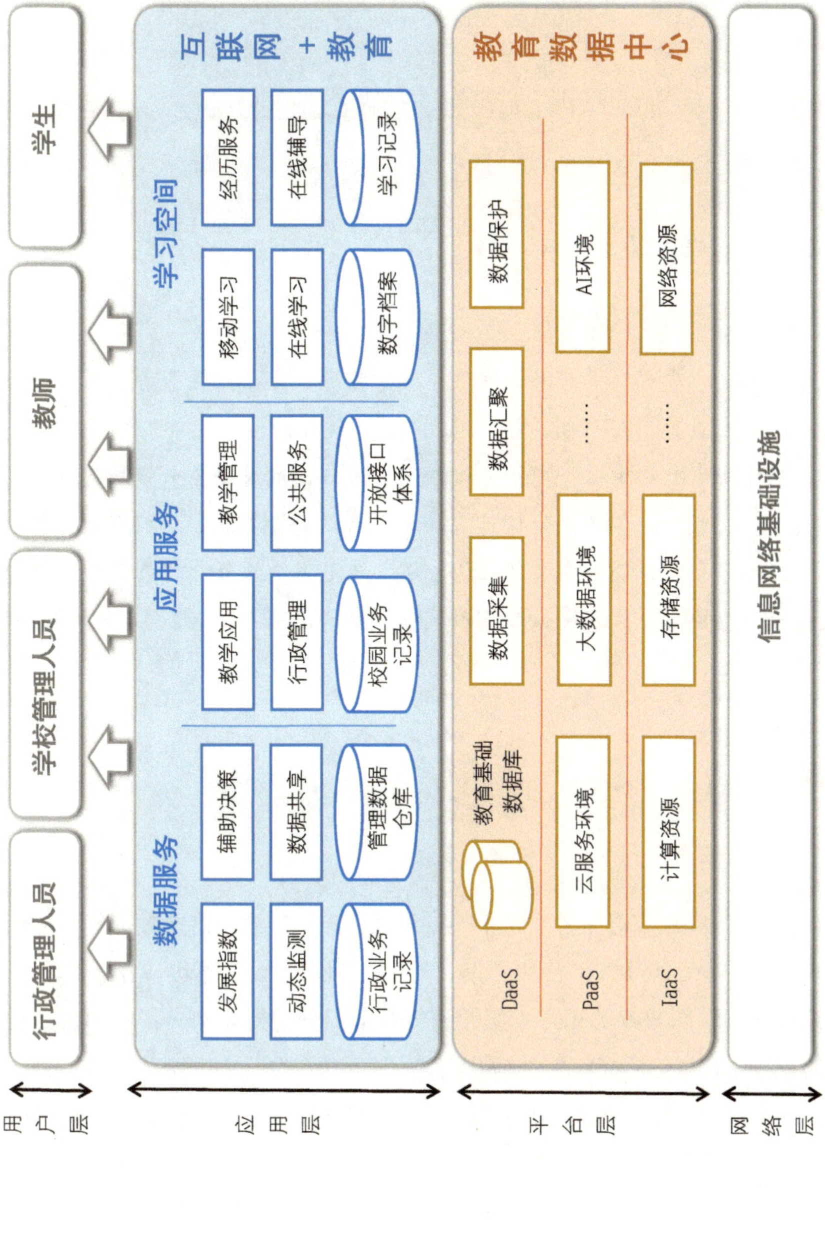

图 4-1　教育平台体系基础设施层次示意图

类学校的差异化需求，实现应用齐备的“工具箱”；通过教育经历共享体系的建立，推动社会机构参与构建终身学习体系，构建全社会参与的协同服务的教育新生态。

第 1 节　构建新型数据中心

《指导意见》在“重点方向”中列明：

（二）平台体系新型基础设施

推动各级各类教育平台融合发展，构建互联互通、应用齐备、协同服务的“互联网 + 教育”大平台。

3. 构建新型数据中心。支持省级教育行政部门通过混合云模式建设教育云，为本地区教育机构提供便捷可靠的计算存储和灾备服务。规划整合教育行政部门和学校“低小散旧”的数据中心，不鼓励县级教育行政部门和中小学校建设数据中心。鼓励区域和高校共享超算资源和人工智能算力资源，提供基础算力工具。

一、任务重点

（一）教育数据中心的建设背景

目前我国已经建成覆盖各省区市的省级教育数据中心。这些数据中心的建设由国家教育管理公共服务平台所驱动，遵循“两级建设、五级应用”体系。其中，“两级建设”即教育部和各省级教育行政部门分别建立中央和省两级数据中心，建设数据集中、系统集成的应用环境；“五级应用”即同步建设中央、省、地市、县、学校五级系统，其中中央级系统部署在中央级数据中心，省、地市、县、学校级系统下发并部署在省级数据中心，供中央、各地和学校使用。

根据 2013 年《国家教育管理公共服务平台省级数据中心建设指南》，省级数据中心的建设包括机房、网络、计算、存储等基础环境和设施；为本省教育行政部门和学校提供计算、存储等基础设施云服务；为本省业务系统和数据中心运行维护和管理提供基础软件支撑平台。省级数据中心还提供重要系统和业务数据容灾备份；维护与教育部数据中心之间的数据交换平台与安全网络通道，保障部、省两级数据中心间的数据传输安全。通过“教育信息化三通两平台网络保障工程”，目前已经实现教育部数据中心节点万兆接入，各省区市教育厅数据中心节点 1—10 G 专用带宽接入。

与教育管理信息系统严格部署于省级教育数据中心有所不同，教育教学、资源服务等各类教育信息系统的部署环境并未统一。随着教育信息化应用的深入发展和在线教育的普及，各类教育公共服务平台、教育资源平台、学校应用系统的上云步伐加快，但不同类型学校、不同地区采用的云服务模式不尽相同。

（1）公有云平台

目前国内为“教育资源公共服务平台”提供支撑的大型云服务商包括百度云、阿里云、腾讯云和华为云等，主要支撑用户量大、覆盖面广的教育资源公共服务。例如，面向高等教育的中国大学 MOOC，面向基础教育的国家中小学网络云平台等，都承载在公有云上，利用云服务商构建的数据中心提供跨校跨地域的数据服务。

（2）私有云平台

基于学校自建的数据中心，根据学校自身的应用场景，主要采用“应用服务器 + 数据库”的技术实现方案，为本校师生提供教育资源的存储、访问及共享服务。目前高校以校内专有云为主。

（3）混合云平台

大多数教育机构（特别是中小学）不具备自建私有云的能力和条件。部分学校的教育资源和管理平台既有独立维护的部分，也有与通信运营商、云服务商提供的公共云计算设施相结合的部分。目前，全国各地不同程度地建有面向基础教育的教育混合云平台，部分职业学校的数据服务设施也选用混合云平台模式。

《教育信息化 2.0 行动计划》提出构建一体化的“互联网 + 教育”大平台，整合各级各类教育资源公共服务平台和支持系统。为了支撑教育管理、教学管理、学习活动等数据与业务的整合，教育数据中心的建设不但包括机房、网络、计算、存储等基础环境的升级和改造，还包括对这些应用的公共运行支撑环境的建设。

（二）教育数据中心的任务解读

1. 完善数据中心布局

根据国家有关数据中心的发展规划，数据中心的建设应向绿色集约、布局合理、高速互联的原则。教育数据中心体系坚持“二级建设”的集约原则，即以部级和省级数据中心为主。不鼓励县级教育行政部门和中小学校建设数据中心；允许具备一定技术、资金、队伍保障能力的高校，结合教学和科研的需求，建立本校的数据中心。

省级教育数据中心的建设单位应调研本省内各类教育数据中心的分布、运营情况，整合“低小散旧”（低水平、小规模、分散布局、设备陈旧等情况）的教育数据中心、机房的业务和数据。将分散于其他层级教育行政部门的、运维条件较弱的学校的教育应用、教育数据统一迁移到省级教育数据中心。

2. 构建新型数据中心

省级数据中心应提升数据中心的管理与运维水平，优化数据中心内部的网络、能源等配套资源。加强各级节点的网络互联升级，提升与电信运营商、互联网企业互联互通的质量，优化数据中心跨网、跨地域的数据交互。加快节能和绿色化改造，加强内部能耗数据的检测，应用先进节能技术降低运行能耗。

省级教育数据中心应发挥区域内教育公共存储和计算资源的协调作用，形成教育行业算力服务体系。区分不同业务对于存储和计算的需求，建立分布式算力共享的机制，实现区域内大型超算中心和高校的超算资源、人工智能算力资源的共享，形成绿色集约的教育公共计算环境。

3. 提供灵活高效服务

省级教育数据中心在保障现有教育管理公共服务平台运行的同时，应为本地区各类教育公共平台与应用提供稳定的运行环境支撑，包括计算资源、存储资源、网络资源等。同时，面向各级教育行政部分、中小学的核心教育业务，提供容灾备份等服务。

省级教育数据中心应结合当地基础与条件，搭建灵活高效的云服务。支持省级教育行政部门通过混合云模式建设教育云，在教育可信安全基础设施的保障之下，将教育基础数据、教育行业核心敏感业务放在本省的教育私有云上，将其他非敏感的教学应用服务放在公共云上。通过部署和使用各类云化教育应用，简化教育机构和学校的信息化应用运行和维护的成本。

二、典型案例

（一）国家教育管理大数据中心[①]

1. 基本情况

教育部通过国家教育管理公共服务平台应用，形成了覆盖学前教育、中小学教育、中等职业教育和高等教育的学生、教师、学校资产及办学条件三大类国家教育基础数据库，实现“一人一号”“一校一码”，逐步建立教育管理大数据中心。教育管理大数据中心充分利用教育数据面向社会提供了跨省转学等一批便民服务，在支撑教育管理和业务服务等方面发挥了重要作用，截至 2020 年底，服务范围覆盖各级教育行政部门以及 62 万多所学校、1700 多万名教职工和约 2.78 亿名学生。

2. 主要做法

教育管理大数据中心注重顶层规划，已基本形成教育管理信息化标准体系，并加强系统整合共享，确保基础数据同数同源，各类数据共享共用；坚守安全底线，不断建章立制，规范数据采集、使用、共享等相关流程和操作，建立了一整套全面的保障体系，确保数据安全；服务核心业务，紧紧围绕部内业务，形成从国家到省、地市、县和学校的布局合理、权责清晰、运行顺畅、层次化与集中式相结合的数据采集方式，有效保障了教育数据的真实性、准确性和有效性；创新数据应用，深度挖掘数据价值，以用促管，利用人工智能、可视化等技术提供基础教育数据、数据分析报告等各类应用资源，在“互联网 +”、大数据、精准扶贫等国家重大战略中发挥作用，有效提升管理公共服务平台支撑教育业务管理、决策支持等方面的水平。

教育管理大数据中心践行服务为先理念，为教育部本级、教育战线、外部委及其他机构、人民群众提供多种多样的数据服务，在脱贫攻坚、疫情防控等方面均发挥了重大作用。教育管理大数据中心服务于人民群众（如提供网上转学服务，基于可信学生信息简化转学手续；支撑留学回国就业报到等跨部门公共服务），优化流程，让数据多跑路、群众少跑腿，大幅提高服务效率。

---

① 资料提供：教育部教育管理信息中心（石凌，于冰）。

3. 典型成效

（1）服务于国家便民政策

教育管理大数据中心助力各地“一网一门一次”改革，为国家政务数据共享交换平台提供教育机构代码查询、学籍查询、学历学位认证、教师资格查询等32项数据服务，截至2021年6月底，累计申请718次。服务于国家个人所得税“子女教育”和“继续教育”教育专项附加扣除政策落地，截至2020年底，为国家税务总局提供个税学生和家长数据核验服务超过2.38亿人次，其中提供学生核验服务超过1.05亿人次，提供家长核验服务超过1.33亿人次。

（2）服务于教育脱贫攻坚

教育管理大数据中心支撑教育扶贫攻坚，累计为各业务司局扶贫攻坚工作提供涉及集中连片贫困县、“三区三州”等贫困地区数据服务超过110余次；撰写贫困地区地/县级教育及相关情况文章/口袋书70余篇/册；支撑精准资助，通过全国学生资助管理信息系统与国务院扶贫办、民政部和中国残联等三部门信息系统建立对接，实现信息共享，精准掌握资助对象信息。到2021年6月底，共比对出1482万名建档立卡学生、约129万名残疾学生、758万名城乡低保类学生、4万多名特困救助供养类学生和约13万名孤儿类学生；助力控辍保学，开发控辍保学监测平台，动态直观展示各地控辍保学工作进展。脱贫攻坚圆满胜利后，继续服务于教育乡村振兴，巩固脱贫攻坚成果，比对出学生家庭易返贫人数44万，易致贫人数64万。

（3）服务于教育部疫情防控

通过汇集教育部新型冠状病毒肺炎疫情填报系统数据、教育外事疫情数据，卫健委发布的我国疫情情况、世界卫生组织发布的全球疫情情况数据、教育部发布的2019年全国教育事业统计数据，以及通过互联网采集的权威机构发布的各地开学时间等多方数据，教育管理大数据中心形成教育系统疫情防控大数据，利用可视化技术定制开发了全国教育系统抗击新型冠状病毒肺炎疫情战役图，通过“首页”“疫情地图”“流动地图”“返校地图”直观展现了全球疫情概况、教育系统疫情发展情况、高校学生教师流动情况和返校情况等。该战役图已部署应用于教育部应对新型冠状病毒感染肺炎疫情工作领导小组办公室，并持续更新，通过运用大数据分析，在支撑服务教育系统疫情态势研判、疫情防控部署，以及对学校复学的疫情监测、精准施策、科学部署等方面发挥重大作用。

（二）苏州工业园区教育大数据平台建设与应用①

1. 基本情况

苏州工业园区（以下简称“园区”）是中新两国政府合作的项目。2012 年，园区正式启动了“智慧教育”建设工程。园区以“用户需求”为导向，以“五 E（易）目标”为追求，优化顶层设计、创新区域推进、探索建设路径、强化应用驱动，历经 9 年三期的项目建设，走出了一条区域智慧教育的创新之路。

园区教育大数据平台于 2016 年成功注册国家级“易加”商标，形成品牌。其以“易加数据”为核心，构建区域智慧教育数据仓，通过提供统一用户认证、单点登录，统一门户空间等服务，集成“学、教、测、评、管”五大类应用，为各类用户提供全维度服务；“易加数据”以五大类应用数据为基础，逐步沉淀结构化和非结构化数据，为各类用户提供多维度多层面的“显性”画像，为“个性学、智慧教、科学测、智能评、精准管”提供“隐性”数据关联驱动，构建教育大数据应用闭环（图 4-2）。依托教育大数据应用技术国家工程实验室专家资源，基于大数据画像、人工智能技术的发展，促进区域智慧教育从 2.0 向 3.0 跨越。

2. 主要做法

（1）顶层设计，分步实施

2012 年，园区教育局利用专项课题研究的方式开展顶层设计探索，完成了“枢纽平台建设可行性研究”软课题，随后按照顶层设计逐步推进智慧教育平台的建设。2013—2015 年完成了一期平台开发，注重基础提升、管理补缺；2016—2017 年完成了二期平台建设，侧重教学创新、评价优化；2018—2021 年进行三期平台开发，关注数据驱动、智慧应用。9 年多的实践证明，科学前瞻的顶层设计让区域教育大数据平台建设有了明确的方向和科学的架构，少走了弯路。

（2）革新理念，创新思维

园区在区域大数据平台架构设计时，就形成了三大思维模式。一是“冰川”理论。平台显性可见，好比冰山一角，平台背后面向各种教育应用形成的数据是海量的，就像是海下冰川、地下工程，虽不可见，却是平台互融互通、应用驱动的核心要素。二是“数据仓”思维。平台用户是数据的消费者和生产者，伴随大量使用，会产生海量数据，数据仓就是汇聚海量数据的仓库，也是数据共享中

① 资料提供：苏州工业园区教育局；华中师范大学国家数字化学习工程技术研究中心（黄涛）。

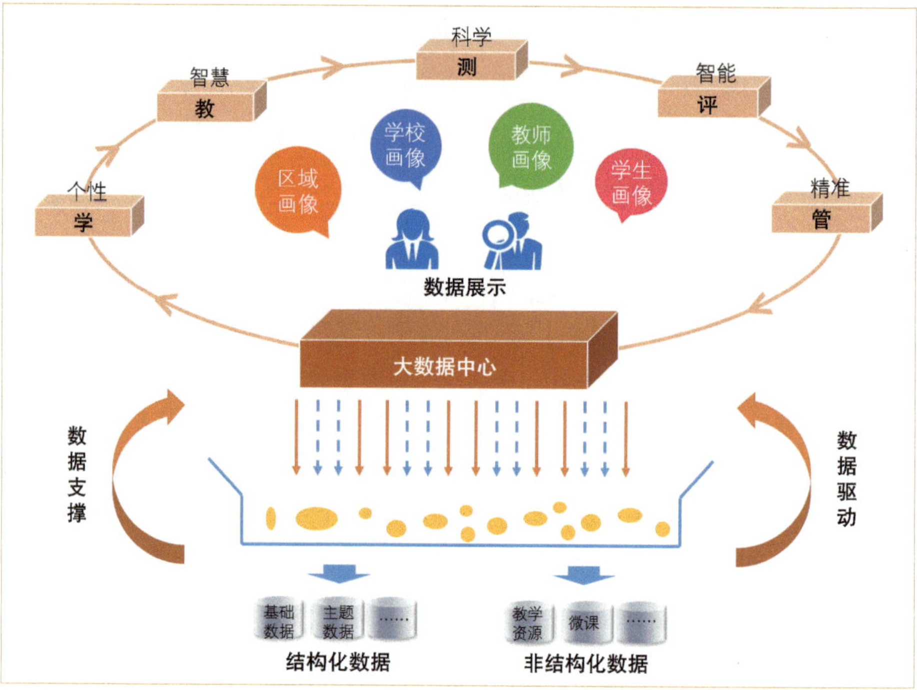

图 4-2 园区教育大数据应用闭环

心，成为教育大数据平台的核心资产所在。三是“驾驶舱”思维。数据驾驶舱是数据可视化仪表盘的总汇，是为教育教学、评价、管理服务的，能帮助教育部门全局掌控区域教育实时状况，更精准地做决策，促进教育业务发展。

（3）科学架构，规范标准

作为园区教育大数据平台数据仓的“易加数据”，遵循区域教育大数据整体架构的基本思想，应业务而生，不仅考虑园区教育大数据平台内部的数据流转逻辑，同时兼顾园区教育大数据平台与外部其他平台的数据共享，以此满足高质量教育发展需求。经过 9 年时间，验证了整个架构的合理性和可行性，在一期、二期的基础上，三期建设根据 2012 年的顶层规划，完善 1113 模式的易加标准体系，即 1 个统一空间入口、1 套数据标准、1 个数据中心、建设 3 类应用，满足五大类用户的业务需求。同时形成一套可复用的区域教育信息化数据标准——“苏州工业园区教育信息化数据标准白皮书”。

（4）构建场域，服务变革

大数据应用主要包括两大层面，一是数据的可视化表达，为显性应用；二是数据的关联性推送。一般而言，数据的可视化表达能够很好地为教育决策服务，而数据的关联性推送能够很好地为个性化教学服务。园区教育大数据中心通过数据采集与汇聚、建模与分析、表达与应用，为学生、教师、学校、行政管理画像，从而为“个性学、智慧教、科学测、智能评、精准管”提供支撑，服务园区教育变革。截至 2021 年 6 月底，园区教育大数据应用实验室先后接待了教育部、江苏省教育厅领导参观以及其他省市县教育信息化人员 100 余次、共计 3500 多人次的来访，其设计思路与展示应用形式受到领导、专家的首肯，为其他区域教育信息化建设提供了很好的借鉴。

3. 典型成效

园区教育大数据易加平台建成以来，通过全员参与、全员培训、全员应用、全员考核实现“四全 JOIN，全员 ENJOY”，让园区的每一个教育人都会用、善用平台，促进了师生、学校、区域发展，达成了“学生 E（易）学习、教师 E（易）教学、行政 E（易）管理、家长 E（易）沟通、社区 E（易）服务”的建设目标，让民众有获得感、幸福感，实现了全方位革新，区域的办学模式从单一的“管、教、学、测、评”线性模式走向了“学、教、测、评、管”的可循环闭环。截至 2021 年 7 月，平台累计登录人数达到 3000 万人次，每天活跃用户保持在 3 万人次左右。易加平台的建成和应用引发了园区师生在学习方式、教学方式、培训方式和管理方式上的根本变革，助力园区教育斩获多项荣誉，如成为苏州市线上教育中心平台内核、跻身两个国家级研究中心（实验室）示范区、成为首批国家公共服务平台试点平台、入选教育部教育管理信息化应用优秀案例、成为教育部“基于教学改革、融合信息技术的新型教与学模式”实验区等。

（1）实现学习资源全覆盖，重构学习路径，让全时空自主学习成为常态

1）支撑个性学。依托“易加互动”平台，建设“资源库”“课程库”“试题库”三大金库，触发优化“导、学、研、测、评”全流程，有效衔接“课前、课中、课后”全学程。截至 2021 年 7 月，园区“易加互动”平台上共有微课 24 467 节，另有精品课 1845 节，假期辅导课程 534 节，教师累计建设课程 150 948 节等。

2）引导精准学。依托“易加分析”平台进行学业质量监测，实施“全对象、全学科、全维度”学习评价，利用雷达图、柱形图呈现学生学习的长短板，实现精准改薄；建立多级别多维度的评价体系，利用学习分析技术，对学生的思想品德、学业水平、身心健康、艺术素养、社会实践等进行分析，及时发现问题、分

析问题、追溯源头，明晰学习通路。

3）推进泛在学。学生可在“易加互动”平台自由选择特色资源学习，并通过“成长记实”记录自己的成长点滴，收获并分享成长的喜悦；在“易加终身”平台，学习面向全民的体系化资源和课程，构建学习圈子。“线上线下整合、校内校外融合”，满足了学生全面发展和个性发展的需求，让学习真正无处不在。

4）实现“线上学”。在全国人民“众志成城、抗击疫情”的关键时期，教育部发出了“离校不离教”“停课不停学”的号召。园区借助易加系列枢纽平台从容应对，各中小学组织学生有序利用枢纽平台开展“在线学习”。仅2020年1月27日至2月17日，学生登录平台达2 379 124人次，参与线上教育学习达2 011 071人次，互动资源使用量达552 833个次，园区中小学线上学习覆盖率达98%以上。

（2）实现教学行为全支撑，变革教学方式，让全流程互动教学成为课堂常规

1）催生了区域教研文化变革。基于“易加分析”学业质量监测反馈的大数据分析，精准诊断教学与教研层面的问题，依托“易加研训”及时调整区级研训方式和研训内容。

2）改进了学校教师教学行为。引导学校对区域智慧教育枢纽平台采集的数据进行分析，评估学生学业发展，为每一位学生的学科核心素养个性定位。

3）创新了课堂新型教学模式。深入研讨“易加互动”平台在未来教室、普通教室环境下的学科教学应用，指导区内教师熟练应用平台，优化“在线备课、课堂互动、课后辅导、作业布置、情况反馈”标准化教学流程，深化“课前、课中、课后”全学程有效指导研究，着力开展技术融合下的新型常态课堂教学模式的探索。2019—2021年，开展平台支撑下的信息技术与学科融合应用教学研讨近3000节次。

（3）实现评价手段更合理，创新评价手段，让全维度科学检测成为标准配置

1）大数据为区域画像，推动科学决策。根据教育部颁布的《中小学教育质量综合评价指标框架（试行）》，出台《苏州工业园区小学生学业质量监测方案》，利用“易加网阅”“易加分析”系统实施了12轮监测，有力地保障素质教育实施和科学发展质量观。

2）大数据为学校画像，创新发展评价。一是研制园区特色的学科核心素养图谱和测评指标，优化学科素养评价，推动“评价知识”向“评价认知”转化；

二是全面推进“五星评价”。“五星评价”从学生发展、教师发展、学校发展、教育内部满意度、教育外部满意度五个维度全面、客观地评价学校的教学管理长短板，采集分析过程性学校数据，全方位了解学校发展的潜力和不足，用数据驱动学校的发展。

3）大数据为学生画像，倡导绿色评价。借助园区“易加分析”“云痕”等平台，建立学生学习数据档案，促进每一位学生发展；从思想品德、学业水平、身心健康、艺术素养、社会实践五个方向，科学构建面向学生综合素质评价的“易加综素”系统，用数据跟踪学生中小学综合素养成长图谱，对学生个人综合素质发展进行未来画像。

（4）实现管理手段更科学，数据循证诊断，让全方位精准管理成为鲜明特征

1）以数据实证驱动科学决策。园区的教育管理者可以快捷地进入自己的管理空间，基于“基础数据库”进行大数据分析与决策；通过“易加办公”，实现信息流转、沟通协作、基础管理；利用“易加评价”，过程性采集学校数据，进行有效的教育治理，实现“历史性数据，过程化记录，校际观差异，学校看发展，问卷全开放，满意百姓言”。

2）以数据流转助力有为管理。一是师资招聘。园区教育利用“易加招聘”实现在线招聘，方便学校与求职者的交流。二是招生入学。园区易加枢纽平台搭建了家校沟通的双通道。一方面，在招生时，家校双方都可以通过“易加招生”系统，查询施教区、实现房产验证。另一方面，管理者通过组织家长参与园区全用户的教育问卷、访谈，对学校教育、区域教育建言献策。三是安全防控。“易加办公”实现学校安全、病情等防控行为的一键上报，这一流程有力助力学校及时发现、及时上报、马上处置相关问题，推进教育教学有序进行。

（三）温州市教育大数据应用体系①

1. 基本信息

温州市教育大数据的长期探索和积淀，为智慧教育发展奠定了技术基础。2018 年温州市教育局印发《温州市教育大数据驱动未来教育发展三年行动计划（2018—2020 年）》，启动实施教育信息化“151”工程（即建设一个教育大数据

① 资料提供：温州市教育技术中心（侯元东，张向东，包向忠，马元福）。

中心、构建五大教育数据应用、打造一个泛在网络环境支撑）。2020年，温州市教育局出台《温州市教育“数字大脑”建设实施方案（2020年—2025年）》，迭代形成“1+3+X”的教育大数据应用体系，即一个中枢（数字中枢）、三大数字服务中心（教育治理服务中心、泛在资源服务中心、未来学校服务中心）、X个教育教学应用场景体系，为加快智慧教育发展和推进教育数字化改革奠定良好基础。2020年，温州市被列入国家“智慧教育示范区”创建名单。

2. 主要做法

温州市充分认识并积极发挥现代信息技术对教育教学的支撑引领作用，借助教育信息化向数字化转型的先发优势，按照“区域统筹、项目推进、适度超前、深化应用”的原则，以大数据驱动未来教育发展，高位提升教育信息化整体水平。温州市采取优选并联合区域网络运营企业合作的建设策略，采取“区域联动、部门协同、分级建设、整体贯通”的推进办法，迭代实施教育信息化“151”工程和教育数字大脑建设工程。着眼未来、立足长远，大力推进以大数据为核心的智慧教育发展，从技术和内容层面完善举措、健全机制，建设全市覆盖、体系完备的教育大数据中心，深化信息技术与教育教学融合应用，促进教育发展优质均衡，引领教育现代化综合改革。

（1）打造“教育大脑”数字中枢

1）构建教育大数据平台。组织研制教育基础数据共享管理办法，建立数据更新交换共享机制和大数据应用服务机制，构架统一标准、统一规范、统一接口的教育大数据中心，将现有系统经过数据清洗、整合、汇聚，整体接入，根植规范标准组织开发新建系统，构建“一库（基本数据库）一码（二维码画像）一屏（可视化决策屏）”的教育应用云平台。平台汇聚全市教育管理与服务相关数据资源，跨部门建立教育大数据共享服务系统，并衔接国家和省级数据，形成覆盖市县校的区域教育大数据应用服务体系。同步建设教育大数据综合分析决策系统，面向教育内部和外部提供数据共享交换服务，开展大数据辅助决策与服务，有效辅助趋势研判、行政决策、应急管理等工作，助力教育数字化改革（图4-3）。

2）规范数据管理制度。建立与国家、省教育信息化标准规范相衔接并符合全市实际的教育信息化规范体系、数据体系和科学规范的管理运行机制。制定全市教育数据体系规范，定义数据标准，确定数据采集、加工、交换、使用及网络运行、网络安全、数据安全等规范，编制各项标准及其实施要求，形成鹿城区教育大数据标准体系。同时制定《教育大数据标准管理办法》《教育大数据平台管理办法》等管理办法，规范教育大数据管理平台、教学评估系统等信息系统实施和运行管理工作，保证各类数据完整合理、有序流动，以及数据安全。

3）打破数据互通壁垒。通过教育大数据平台进行数据过滤、清洗和双向传递，实现任何两个异构应用系统之间的数据交换与融合，以及各类系统的数据的抽取、加载、转换映射，完成从源头目标的数据融合（图 4-4），从而打破信息孤岛，实现门户整合、数据规范、认证互信、应用协同以及流程贯通。在全面整合的基础上，推动区、校、班三级教育数据资源共享交换体系建设，推进各类教学资源和学习工具数据、用户数据与省教育数据中心对接，实现与省教育资源共建共享。

（2）布局“三大中心”数字服务

1）起步五大教育应用。温州市教育信息化“151”工程实施起初，在研究制定教育数据标准和数据交换标准的基础上，采用“以租代建”的方式搭建温州市教育大数据云计算平台，构建形成承载教育管理、教育评价、教学应用、教师发展管理、未来教育生态等五大教育应用体系的微应用超市，并将云图管理系统、云阅卷、学生体质健康、云教研、职教学籍管理系统、教育影院、在线答疑平

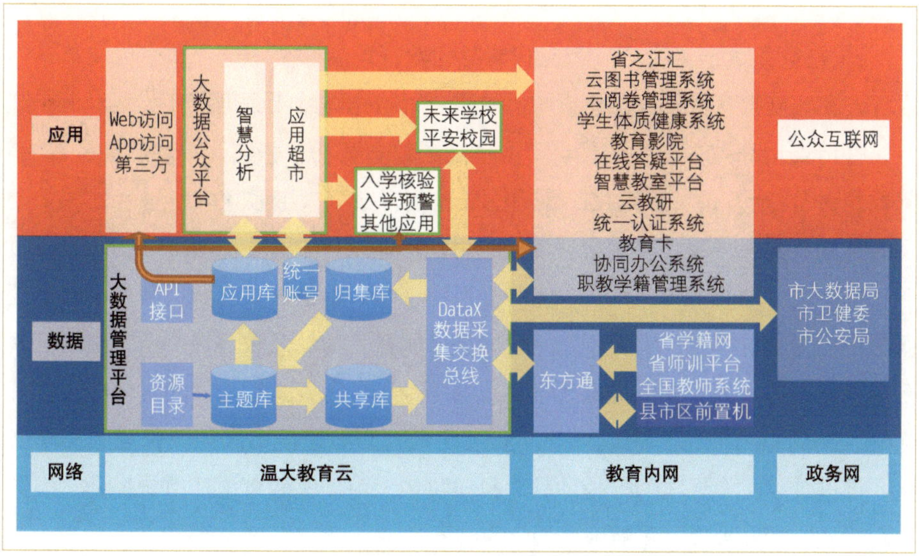

图 4-3　温州市教育大数据平台总体框架图

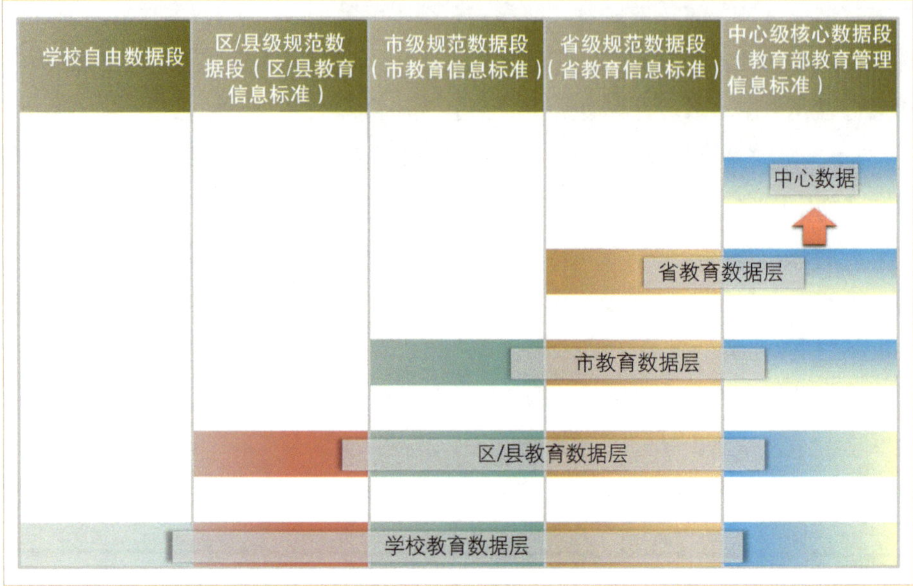

图 4-4　不同应用系统之间数据交换与融合

台、智慧教室平台、之江汇教育广场及未来学校智能化管理系统的多个模块整体纳入，通过大数据可视化呈现，通过数据决策检验，驱动教育围绕整体目标科学发展。

2）赓续三大服务中心。因应智能时代教育发展需要，结合数字化改革总体目标，在实施教育数字大脑建设中，注重过程数据与结果数据有序收集、衔接统一，打造安全高效、孪生迭代、精准决策的教育智治一张图，实现“整体智治，集成服务”。全方位、系统化、重塑性推进教育数字大脑教育教学融合，深化全民教育数字化服务和数字化学习场景应用，治理服务中心支撑协同办公、政务服务；资源服务中心为师生泛在学习和全民泛在学习提供公共资源服务；未来学校服务中心为学校提供“温教钉”平台的基础服务，为幼儿教育提供全方位“三朵云”智能服务，为青少年提供研学实践的“少年行”智慧平台，为学校提供教育教学改革的第三方平台集成服务。应用场景的全面建设，优化教育资源共享配置，推进数字化个性学习，辅助教育科学决策，对促进教育质量有效提升、推进教育优质均衡发展发挥了重大作用。

3）实现数据可视化。建设数据智能分析系统，对各业务数据进行快速、及时和有效的清洗、整合、分析，在数据中心大屏幕、办公室电脑屏幕、手机屏幕等可视化报表查看。基础数据可视化为教育决策者提供学校、教师、学生的基本信息，并且针对需求做可视化呈现；综合业务可视化为教育行政工作提供关系数据统计分析；综合数据可视化，结合云阅卷、云图书、教育卡、体质健康评价系统等接入系统的信息，分析饮食、阅读、运动跟学业成绩之间的关系；系统调用使用情况可视化，展示各对接的应用系统调取、使用数据的情况（图 4-5）。

3. 典型成效

1）区域教育大数据中心整体建成。截至 2021 年 7 月，数据仓库中已有 3087 所各级各类学校、13 万名教师、151.6 万名学生、6606 个数据字段、4 亿多条行为数据，并与市公安局、民政局、人力社保局、住房和城乡建设局共享了户籍、婚姻、外来人口居住证、社保、不动产、测绘地图等相关数据，较好地应用于入学报名资料审核、教育“最多跑一次”等工作，特别是新冠肺炎疫情防控期间，依托大数据平台搭建师生健康信息管理和“三返”工作信息登记系统，全面及时、精确精准的数据为打赢疫情防控阻击战提供坚实技术保障（图 4-6）。

2）教育教学数字化应用逐步覆盖。加快推进教育大数据应用场景建设，11 个系统获得浙江省、温州市数字化改革之数字社会应用建设及创新试点，并全面接入教育数字大脑。“入学入园报名综合服务”成功入选浙江省数字社会第二轮揭榜挂帅项目；“区域民办教育智治”“区域幼教学段三朵云系统”“学问通名师在线系统”等 7 个项目入选浙江省教育领域数字化改革第一批创新试点；“学问通名师在线系统”“学生发展智治一张图”“慧德育学生数字画像”三个项目入选温州市数字化改革重点任务。尤其是“入学入园报名综合服务”项目，以“智教一张图、报名一键查、治理一键达”为目标，集成前几年的各独立系统并迭代升级，打造入学入园报名综合服务，2021 年完成幼儿园线上报名和招生 24 万人次。

3）教育大数据建设机制不断创新。在加快推动教育大数据建设方面，温州坚持并发展了加强组织领导、建立专业队伍、市县校联动等教育信息化实施策略，积极创新“政府统筹、教育主导、部门协作、整体推进”的建设机制，建立“横合纵联侧并”的云端管理平台打造机制，加强顶层设计，鼓励大胆探索，支持率先突破，聚力协同创新。比如由温州市教育局牵头，鹿城区、瓯海区、平阳县作为教育试点，实施“入学入园综合报名服务”场景建设；温州市教育局、民政局、监管局、大数据局等部门协同开发“温州民办教育智慧服务管理”应用场

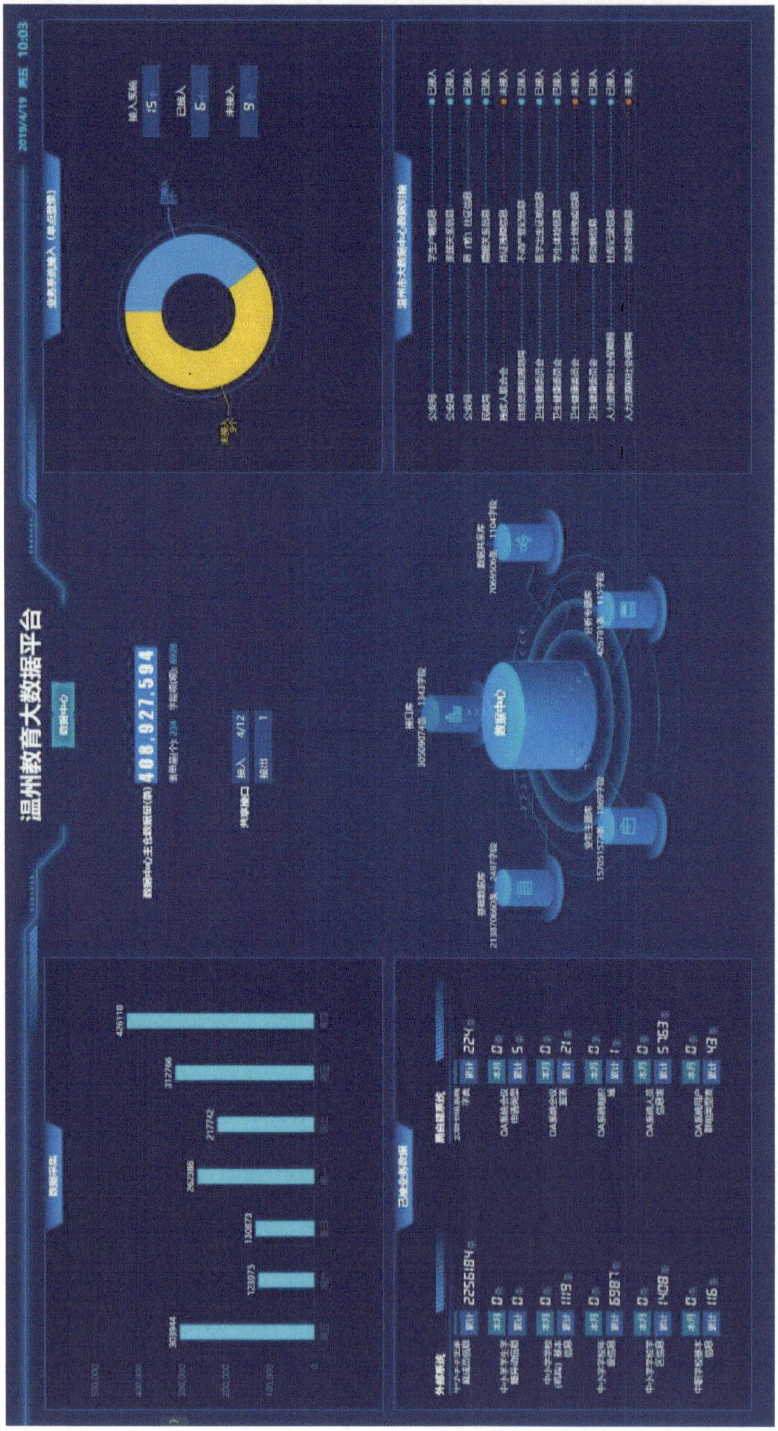

图 4-5　温州市大数据平台接口调用情况示意（截图）

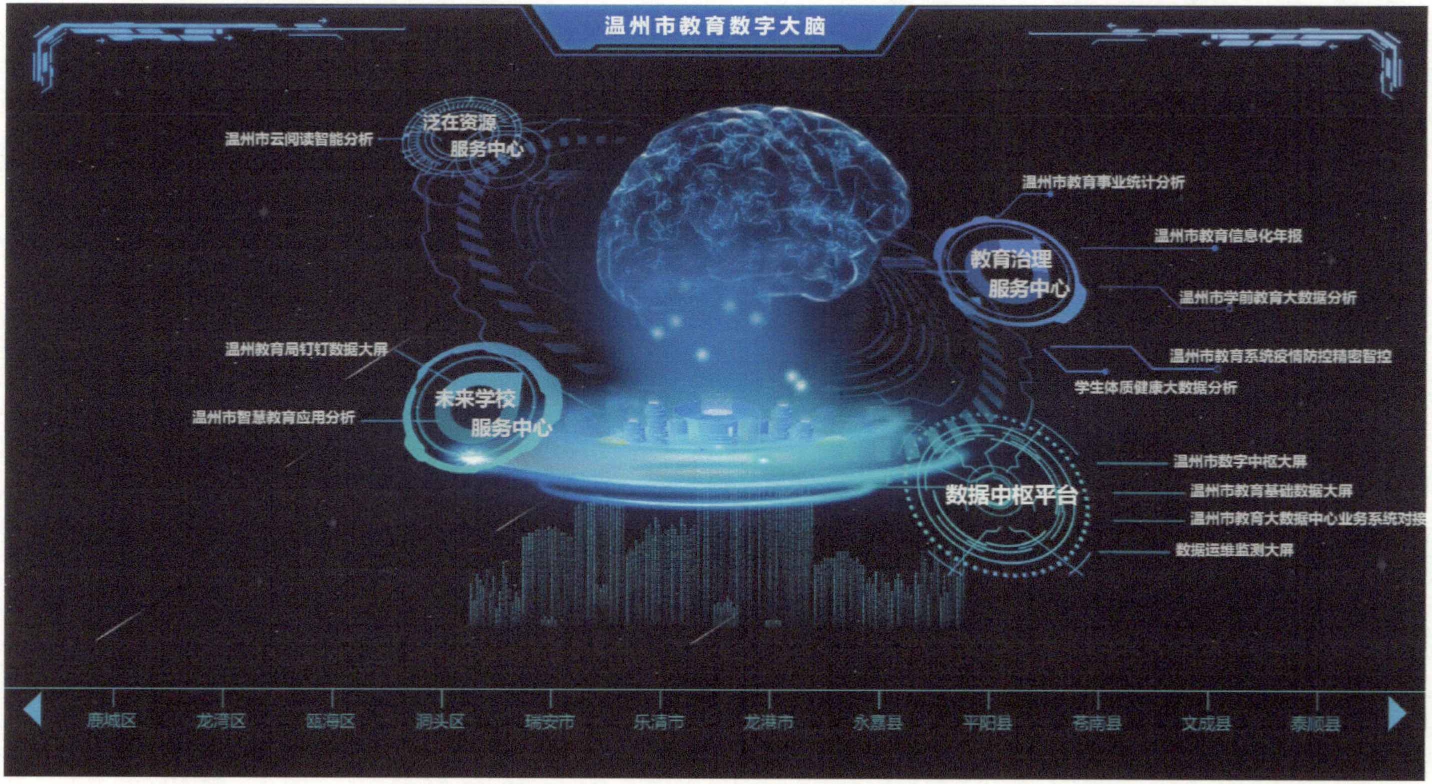

图 4-6　温州市教育数字大脑集成治理端示意（截图）

景；瓯海区教育局牵头，协同温州市文化旅游局、民政局、公安局等部门，共同实施慧德育学生成长“美好评价”场景探索等，积累了成功经验，也为整体集成应用、智慧提升和区域覆盖推广奠定了基础。

第 2 节　促进教育数据应用

《指导意见》在“重点方向”中列明：

（二）平台体系新型基础设施

推动各级各类教育平台融合发展，构建互联互通、应用齐备、协同服务的“互联网 + 教育”大平台。

4. 促进教育数据应用。升级教育基础数据库，形成教师、学生、学校组织机构等权威数据源，为推动“一数一源”提供支撑。依托一体化政务服务平台，推进跨部门、跨地域、跨层级的数据流动。提升教育发展动态监测能力，提升数据的时效性和准确性，强化精准趋势分析能力。升级教育科学决策服务系统，建立教育发展指数，汇聚教育和经济社会发展的宏观数据，支撑科学决策。

一、任务重点

（一）教育数据应用的现状

“十三五”期间全国教育管理信息化建设任务基本完成，数据应用广泛开展。建成全国学生、教师、学校三大基础数据，实现全国学生和教师“一人一号”、学校“一校一码”，服务范围覆盖各级教育行政部门和 50 多万所学校、1600 多万名教职工和 2.78 亿学生。[①] 教育管理数据应用服务能力日益增强，在“互联网 +”、

① 教育部教育信息化战略研究基地（华中）. 中国教育信息化发展报告（2019）. 北京：人民教育出版社，2020.

大数据、精准扶贫等国家重大战略中发挥了作用。但是，教育管理数据应用的整体水平还有待提高，突出表现为教育行业数据缺乏统筹规划、数据采集和业务系统整合力度偏弱、数据共享连通尚不充分。

数据是国家基础性战略资源，而教育数据更是关系国家民族发展的重要基础资源。本轮教育新基建将教育数据应用作为一项重要的建设内容，旨在通过教育大数据的深入建设与应用推广，显著提升教育数据资源的共享程度与应用水平，推动建立教育大数据的应用支撑体系，实现“用数据说话、用数据决策、用数据管理、用数据创新”的教育治理新格局。

（二）教育数据应用的任务解读

1. 升级教育基础数据库

在前期建设的基础上，进一步升级和强化全国教育基础数据库的建设。完善教育数据标准规范，推动教学数据和管理数据的融合，形成教师、学生、学校组织机构等权威数据源，并逐步扩展权威教育数据源范围。完善教育数据质量保证体系和配套管理制度，保证全国教育数据完整准确、及时汇聚，实现教育数据的“一数一源”。

2. 推动数据有序共享

基于现有的教育数据交换平台、教育数据中心，完善国家教育管理大数据，制定教育数据资源目录。依托一体化政务服务平台，建立健全政务数据共享责任清单机制，拓展数据共享范围。加快建设完善数据共享标准体系，解决跨部门、跨地区、跨层级数据标准不一、数据理解难、机器可读性差、语义分歧等问题，打破数据壁垒。

3. 提供数据决策服务

充分挖掘各类教育数据、综合利用各类教育信息资源，以教育决策需求为核心，以教育热点和难点问题为导向，升级教育科学决策服务系统。汇聚教育和经济社会发展的宏观数据，建立区域教育发展指数，提供政策决策分析、政策落地跟踪、政策执行效果等方面的研究分析服务，辅助支撑教育政策制定和科学决策。

二、典型案例

（一）武汉市教育大数据体系及应用建设①

1. 基本情况

为持续推动武汉市的国家智慧教育示范区建设，打造具有创新引领作用的教育大数据深度应用的国家级标杆示范区，武汉市通过制定统一的数据采集、管理、监测标准，搭建教育大数据智能应用的数据体系、技术体系和应用体系，实现了各类教育业务系统数据共享共治，为教育管理者、教师、学生和家长等提供个性化支持和精准化服务。

2. 主要做法

（1）注重顶层设计，构建统筹推进的有效机制

武汉市政府组织专家进行论证，根据武汉市国家“智慧教育示范区”的总任务，发布《武汉市创建国家“智慧教育示范区”实施方案》，明确示范区建设需要实施智慧教育环境提升行动、信息素养全面提升行动、中小学校课堂革命行动、资源供给模式创新行动、数据驱动评价实践行动和教育治理能力优化行动等六大行动计划，在此基础上进一步细化构建武汉市教育大数据体系的建设及应用规划设计方案，就市级教育大数据中心建设的目标体系（图 4-7）及教育大数据标准规范编制、建设内容、服务支撑体系进行总体设计（图 4-8）；与此同时，在保障体系方面，分别从市区校各级组建行政专班、技术组和专家组，明确各自职责，形成对重点项目的月报、季报机制以及项目实施的绩效评估机制。

（2）挂图作战，明确市区校一体化建设的任务进度

出台武汉市智慧教育示范区施工图、教育大数据中心建设施工图，明确市区校各级建设的任务清单、关键时间节点及长效推进的保障机制，确保市区校一体化协同建成智慧教育示范区。

（3）标准先行，打造体系建设的基石

参照国家相关行业大数据标准规范，结合武汉市的实际情况，通过调研及业务系统数据梳理，编制教育大数据共享基础数据、数据管理规范、资源建设与使用评价规范、教育主体数据刻画规范、行为数据采集与可信共享交换等技术规范，为市区校三级大数据建设、数据归集提供统一指导。

① 资料提供：华中师范大学国家数字化学习工程技术研究中心（易宝林）。

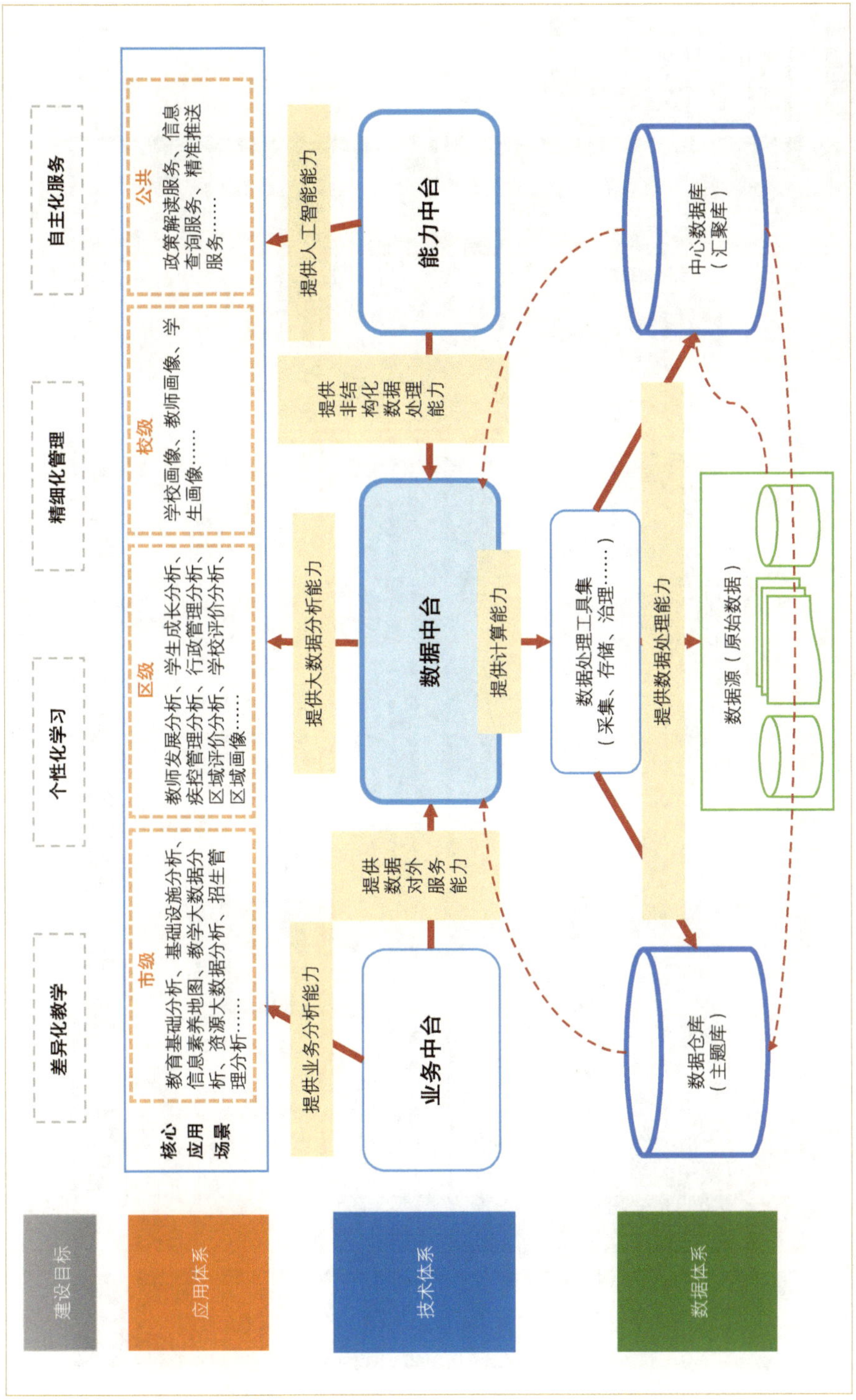

图 4-7　武汉市教育大数据建设的目标体系

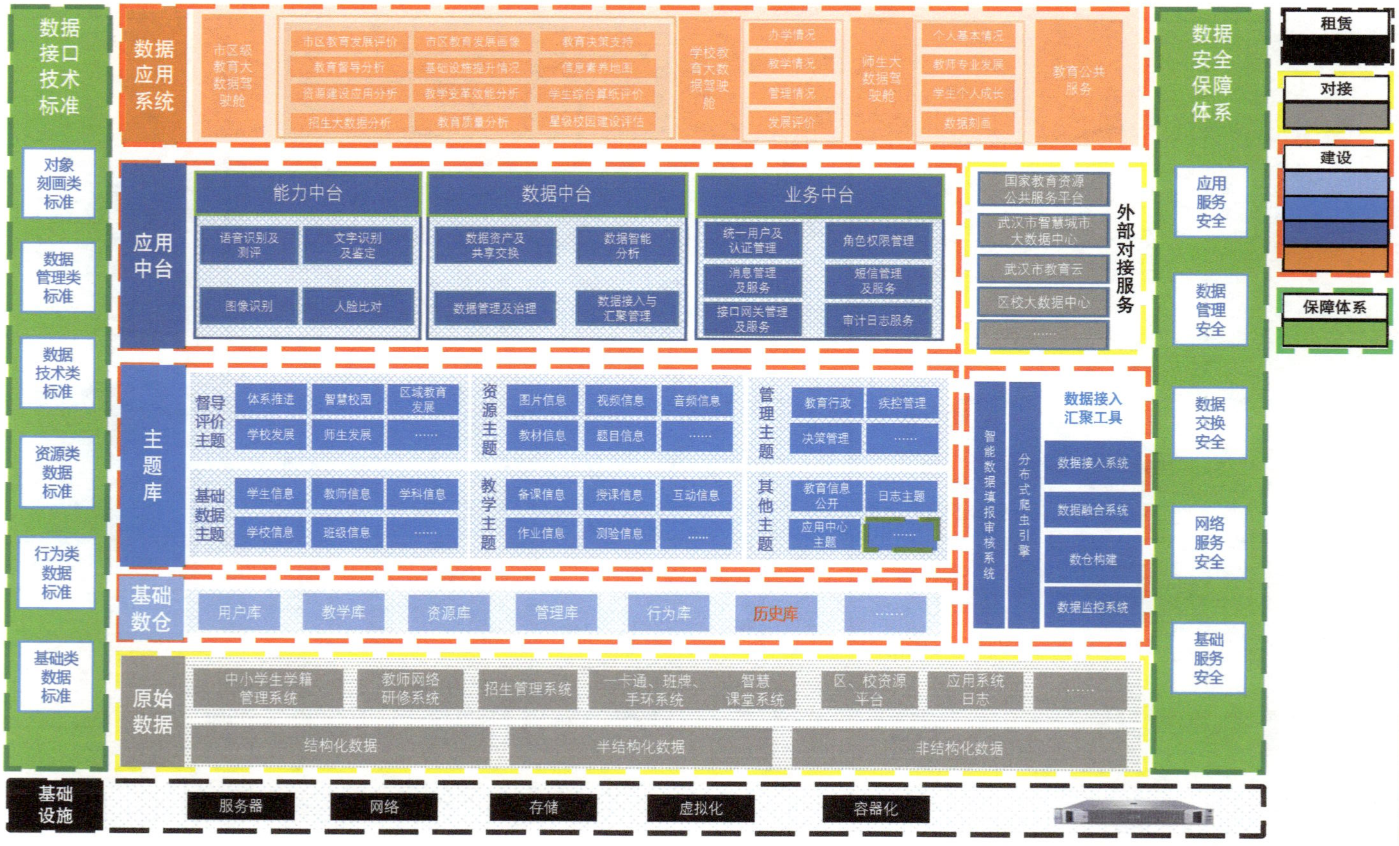

图 4-8　武汉市教育大数据体系建设总体框架

（4）应用驱动，实践创新

按照规模化、常态化和深层次的应用推进原则，一方面鼓励学校、教师积极利用已有应用服务探索创新教学模式，另一方面通过技术手段不断强化数据资产意识，构建数据驱动的应用创新机制。

（5）强化培训，打造高素养人才队伍

按照《教育信息化 2.0 行动计划》要求，积极落实区校首席信息官（chief information officer，CIO）制度，提出 CIO 的职责要求、能力要求；开展专职 CIO 培训和学校骨干教师培训，努力提升信息化领导力、教师信息素养，开展教师信息化素养测评。

3. 典型成效

（1）初步探索形成了教育大数据建设与应用支撑体系

目前，武汉市的国家智慧教育示范区建设尚处于探索实践阶段，在示范区创建过程中，分别建立了星级智慧校园标准、大数据共享与交换标准，推出了武汉教育数字密码身份，实现全市统一身份安全应用；完成市级教育基础仓库建设，积极推进区校应用中台建设和数据汇聚；通过探索智慧课堂实践活动、探索人工智能教学试点、学生综合素质评价以及中考机考等招考制度变革；制定信息素养标准，建立信息素养地图；发挥区校教师、教研机构优势，逐步构建学科知识图谱，促进优质资源个性服务。

（2）初步形成了较为明显的数据资源集聚效应

截至 2020 年底，全市所有中小学校、教师、学生全部接入统一的武汉市教育云平台（图 4-9），建设有 82 个市级名师工作室，平台年均新增资源 4.54 TB；开通各级各类学校空间 5114 个，班级空间 28 680 个，教师空间 120 258 个，学生空间 1 110 951 个，家长空间 604 612 个；累计汇聚资源总数 18 581 983 个；网络学习空间日活跃用户数 15 万多人次（峰值 70 余万人次），移动端 App 日活跃用户数 14.3 万余人次。平台业务与资源数据总存储量近 45 TB。

（3）初步培养一批教育大数据人才队伍

为了切实做好“智慧教育示范区”创建工作，武汉市教育局在全市中小学、幼儿园探索推行 CIO 制度，以全面统筹教育信息化的规划和发展，提高教育信息化领导力、执行力。目前中小学、幼儿园 CIO 规模达到 1175 人，同时市局和 15 个行政区均配置了区域 CIO，组织进行了多场 CIO 专题培训。

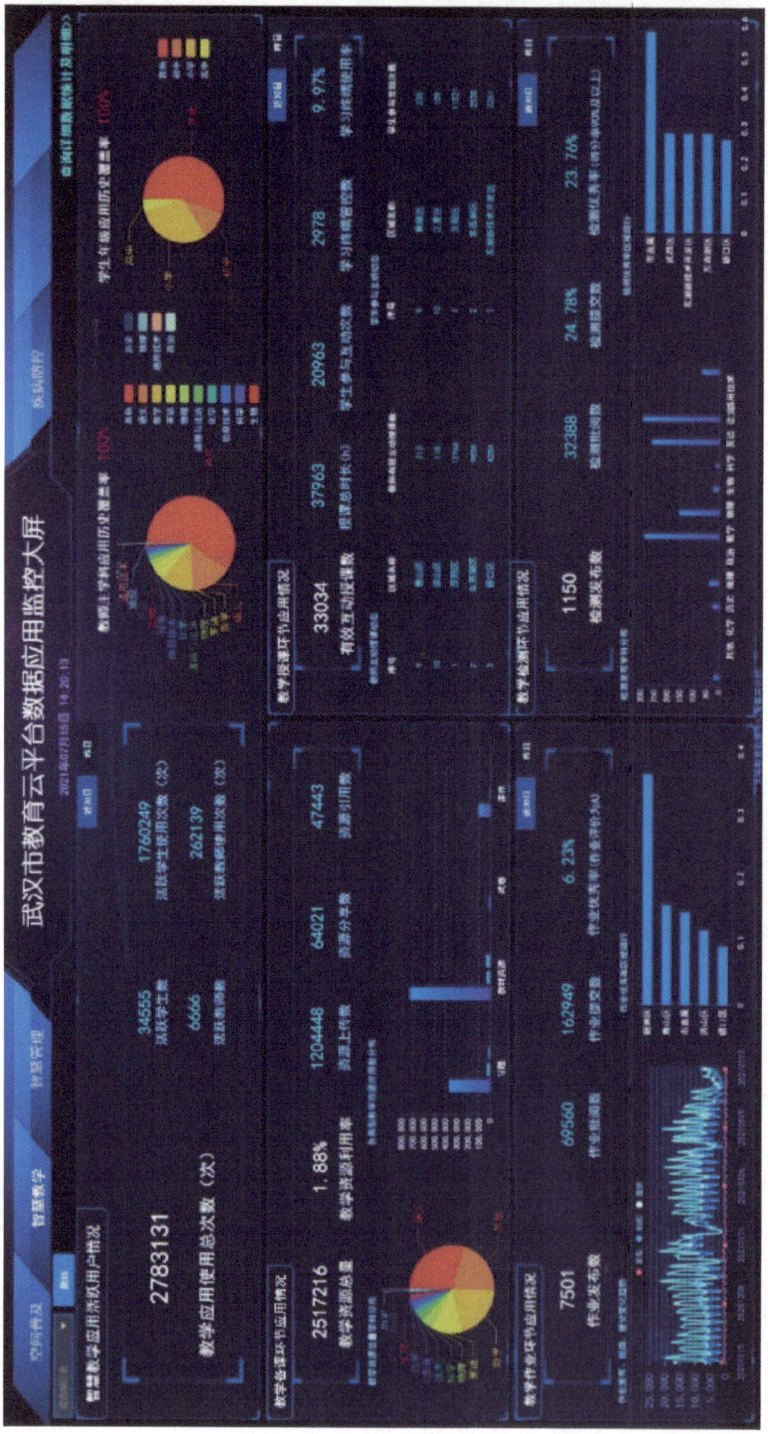

图 4-9　武汉市教育云平台大数据应用情况示意（截图）

（二）西安电子科技大学教育数据应用①

1. 基本情况

西安电子科技大学以大数据、物联网、区块链等技术为支撑，加速数据采集、存储、分析、挖掘、应用五个环节的全链条融合，以数据驱动为核心，面向师生勾勒个人成长画像，为师生个人发展提供引导路径；面向部门、学院、学科、专业的监测预警、查漏补缺、精准施策提供支撑；面向学校决策建立事业地貌图、效能分析图、计划推进表和监测预警仪，全面提升学校的态势感知能力、综合管理能力和形势预判能力，以数“智”教，以数“治”校。

2. 主要做法

（1）从“治数”到“数治”

1）建立统一数据平台为“治数”提供技术支撑。学校建立统一数据中台（图 4-10）和物联中台，为实现跨部门、跨系统、跨层级的数据统一溯源、规范标准、授权使用提供技术支撑。

2）数据制度和标准为“治数”提供政策保障。学校出台《西安电子科技大学数据资源管理办法（试行）》《西安电子科技大学数据资源目录（2021 版）》，通过制度建设加强学校数据资源的规范管理、互通互联和共享应用，提升学校数据资源质量，推动学校数据资源科学配置和有效利用。设置数据资源动态目录，

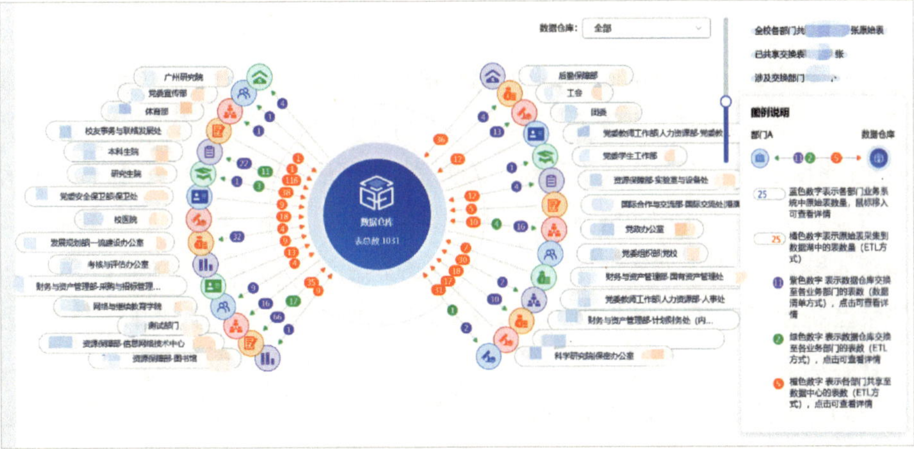

图 4-10　西安电子科技大学统一数据中台（截图）

① 资料提供：西安电子科技大学信息化推进办公室（赵静）。

以目录形式巩固各部门数据责任，规范数据标准。学校定期召开数据治理工作会，针对数据治理过程中需要协调的问题和遇到的困难定期开展推进会，已初步形成了分管副校长每周主持网信领导小组周推进会、校长每月主持网信领导小组月推进会的工作机制。

3）精准的数据为“数治”打下坚实的根基。建设物联中台，实现了信息化基础设施、教室、体育场、图书馆、研学空间、书院、食堂异地研究院等环境空间，安防、消防、实验室安全、学生安全管理、资产盘点、水电气暖等多场景的资源汇聚和共享使用，提升了数据的时效性和准确性。构建决策分析平台、监管监督平台、监测预警平台、评估评价平台等四大平台，以数据驱动精准教育和以数据驱动精准管理。

（2）基于数据全面提升学校的态势感知能力

1）以信息技术勾勒教师成长轨迹和个人画像。学校探索建立教师“一张表”，搭建教师绩效评估体系库，大数据建模生成个人画像，全面综合透明化教师个人发展。通过授课教师组成、教学工作量分布、教学成效展示各教师群体教学现状，从职称、学位、入校时间等不同维度分析教师组成、教学投入、教学成效，精准跟踪教师评价结果、分类提升。加强教师教学外数据分析，推动教师信用数据体系建设。对教师成果信息、评教信息等基本指标进行画像，勾勒教师成长年轮，促进教师职业发展。

2）打造标准化监督监管平台。建立公房、大型仪器设备效能分析图，为公共资源集约使用提供手段；实现校园能耗分析和统计的实时化、智能化监督监管，实时掌握能耗数据，及时监测、处理跑冒滴漏，提高能源监管水平；建立财务执行图，打破7个部门条块分割，实现预算、论证、采购、合同、国资、报销等财务全流程信息化监管机制，完成校内财务信息的搜集、整理、剖析处置、风险预估和评判，改善监管进程中信息散布杂乱的信息孤岛现状，为监管人员合理决策提供全面、准确的数据支撑，提升发展动态监测能力，进而提升学校现代化监管能力。

3）构建数据驱动的评价评估体系。基于学校教育基础数据库，开展数据挖掘，探索建立线上智能化评价工具，开展交互式评价，引入第三方评价。建立专业评估体系、学科投入产出绩效评估体系、学院投入产出绩效评估体系、双一流投入产出绩效评估体系，强化精准趋势分析能力，依据信息化发展态势和学校具体校情分类科学设置对学院、学科、部门的评估指标，对过程进行量化分析、评价、反馈、优化，形成评价流程闭环，建立以数据驱动的评价体系。

（3）驱动升级教育决策服务系统，推动决策过程透明科学

1）利用信息技术提升监测预警能力。建立学生安全管理平台，综合研判学生安全管理问题，及时干预；建立面向教育教学、科学研究、党建思政、后勤管理、财务国资、人事管理、实验室安全等的可视化应用，打造本科审核评估、学科合格评估、财务监管预警平台、安防预警平台、重要事项执行监测、重大工程执行监测、稳定安全预警平台，提升监测预警能力。

2）建立智能决策分析服务系统支撑科学决策。以数据为基础，学校各管理部门让自己从制度的落实者、操作者向更多地关注管理的规划设计、流程优化、模型建立转变，针对学校不同业务，开展数据模型建设，形成学校智能决策分析服务系统（图 4-11）。以数据开展学生助学金隐形资助，以数据开展精细化预算，以数据进行部门考评，全面支撑学校发展规划、教育教学、人事人才、科学研究、管理治理、财务国资、后勤保障等方面。

3. 典型成效

“治数”取得成效，“一数一源”更加巩固。截至 2021 年 7 月 1 日，学校数据中台已对接来自 23 个校内部门的 49 个业务系统的数据，数据量达到 25.71 亿条，累计数据申请次数达到 2272 次，支撑 17 个部门的数据共享应用。

“数治”取得广泛应用。已经初步建成学校智能决策分析平台且辅助于校长办公会决策，共涉及 11 类主题。各类业务决策模型基本覆盖，其中数据分析指标包含 7 个主题域，涉及 12 个部门的 166 项分析指标；预警模型包含 7 个主题域，涉及 10 个部门的 24 个预警模型；决策模型包含 5 个主题域，涉及 7 个部门的 13 个决策模型。

数据典型应用成果显著。“教师一张表”为教师提供全向数据管理，年度考核、职称评审、导师遴选等工作形成机器填表、教师审核的工作机制；基于数据形成电脑端、手机端、自主打印终端、统一服务热线一网四端 24 小时不打烊的师生服务环境；基于数据开展业务流程再造，一网通办面向师生上线 290 个服务，企业号累计上线应用 120 个，实现 17 类服务一次也不用跑，38 类服务最多跑一次，精简 55 项服务流程，形成“让数据多跑路，让师生少跑路”的场景式服务大厅；基于数据，实现财务采购国资一体化，通过数据共享，打破壁垒，实

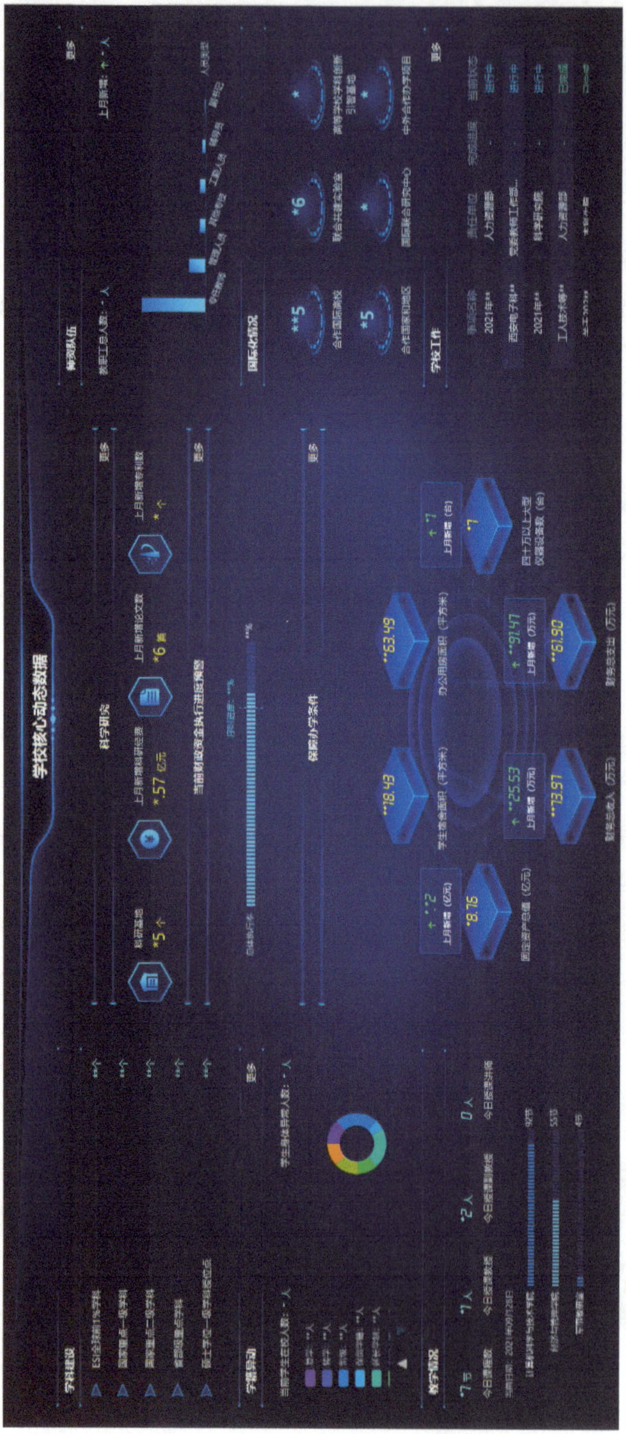

图 4-11　西安电子科技大学智能决策分析平台示意（截图）

现预算校验—国资、工程审核—工程审计—政府采购—合同生成—合同审核—资产建账—财务报销—材料归档跨 6 个部门的业务融合，有效避免财务风险点，提高了采购效率，提升了财务国资管理治理水平；一网通管实现对异地研究院的紧耦合式的辐射管理。

第 3 节　推动平台开放协同

《指导意见》在“重点方向”中列明：

（二）平台体系新型基础设施

推动各级各类教育平台融合发展，构建互联互通、应用齐备、协同服务的“互联网 + 教育”大平台。

5. 推动平台开放协同。聚合各类教育应用，构建面向各级各类学校的开放平台。支持学校根据业务需要推动业务上云，通过提供便捷、优质、可选择的云应用，支持学校开展教育教学、行政管理和公共服务。建设开放应用接口体系，支持各方主体提供通用化的教育云应用，构建多元参与的教育应用新生态。

一、任务重点

（一）校园通用应用的现状

学校信息化建设一直是我国教育信息化的重点。各学段的校园信息化都有各自的通用化业务需求，其应用发展情况各不相同。

1. 中小学学校的信息化应用

在实际建设过程中，大多数中小学的信息化建设由基层教育主管部门统一组织，目前的覆盖重点还是教育管理公共服务平台、教育资源公共服务平台、网络学习空间等应用。2017 年以来区县一级部委局网站取消，中小学普遍缺少自己的信息网站。虽然少数地区开始由教育部门统筹组织开展基于网络的教务管理、行政管理、人事管理以及学生管理等，但是从整体上看，面向中小学的校园管理和公共服务的集成化信息平台较为缺乏。

2. 职业院校的信息化应用

大多数职业院校都建立了自己的网站，但是中等职业学校普遍缺乏基本的管理和服务信息化平台。总体上职业学校管理信息系统“服务师生”的功能不强，技术水平需要提升，数据孤岛现象比较普遍。

3. 高等学校的信息化应用

全国所有高校都建立了自己的网站，校园卡、校园安防监控等系统被广泛部署。但是，从整体上看，高等学校的管理和服务（物理空间）与信息化体系（网络空间）的缺乏深度融合，总体上网络应用还不能与学校法规、制度、流程全面融合。部分学校的信息化体系还不能完整实现学校管理和服务的需要，线上线下不对应；校内外数据共享存在障碍；跨业务部门的管理服务流程优化存在困难。

综上，我国目前的学校信息化应用发展水平很不均衡，建设模式多为独立自行建设，所采用的软件在系统架构、人机交互、数据接口等方面尚不统一，信息系统大多采用定制化开发模式，软件维护更新的成本较高，数据汇聚整合的难度较大。

随着云计算技术的日益普及，通过云服务的方式部署软件应用已经成为目前软件应用部署的主流方式。面向各学段的学校推广云化的校园应用，可以提高 IT 资源的利用率，实现迅速部署。本轮教育新基建将面向校园的云化应用作为建设内容，旨在通过教育云应用的方式，逐步实现通用校园业务的标准化和规范化，消除校园信息化发展洼地，减少低水平重复建设，简化教育信息系统的升级与维护，全面提升各级各类学校的信息化应用水平。

（二）平台开放协同的任务

1. 构建教育应用开放平台

在不同学段的数字校园建设规范的指导下，依托教育云环境开发面向各级各类学校的软件应用，完善这些应用的发布、更新和维护的平台环境。开发面向不同类型校园应用需求的一站式公共服务平台，发布便捷、优质、可选择的通用教育云应用服务。循序渐进推动学校应用云化的教育应用，推动教育教学、行政管理、公共服务等方面云应用服务的规模化、常态化应用。

2. 建设开放应用接口体系

持续增强“互联网 + 平台”的基础支撑能力，建设开放应用接口体系，对接教育管理、教育资源等公共平台，为企业参与云化校园应用开发提供必要的技术支撑，建立安全可信的访问通道，实现教育数据的采集与共享。支持各方主体提供通用化的教育云应用，鼓励社会力量参与开发新型的教育教学应用、学习分析应用等新型教育服务，培育多元参与的教育应用开发与维护的新生态。

二、典型案例

武汉市汉阳区搭建区校一体化平台①

1. 基本情况

为全面推进智慧教育发展，汉阳区教育局以“重构智慧教育生态，建设品质教育强区”为奋斗目标，提质智慧教育基础设施，搭建区校一体化智慧教育平台，打造了一批具备智慧教学、智慧管理、智慧评价、智慧生活、智慧文化、智慧环境、智慧服务等功能的智慧校园，初步形成了基于大数据的可感知、可诊断、可分析、可自愈的区校一体化智慧教育生态。

2. 主要做法

（1）建成一张“网”，通往智慧教育的“高速路”

汉阳区教育局 2018 年、2019 年连续两年加大投入与运营商合作，完成了全区中小学校园网“万兆骨干、千兆桌面、WiFi 全覆盖”的升级改造工作（图 4-12）。全区统一将互联网带宽提升到 5G，中小学实现无线网络统一管理，实现全区 WiFi 无线漫游。在全市教育领域，汉阳区率先完成《教育信息化 2.0 行动计划》网络提速工作，极大地满足了全区教育教学应用的需要。

（2）搭好一座“台”，承载智慧教育的“极速车”

汉阳区积极与平台服务商合作，依托武汉市教育云平台，率先延伸定制“汉阳区校一体化智慧教育平台”（图 4-13）。区级平台一方面延续了武汉教育云的优质资源共享、智慧课堂教学、教育空间互通、家校管理沟通等功能，同时实现了区域第三方应用接入、特色优质教育资源汇聚共享和区域综合管理的功能。信息发布门户、空间数据上下联通、智慧校园、智慧德育、智慧评价和“人人通空

① 资料提供：武汉市汉阳区教育局（刘平华，蔡葵，谭婷，张宝军）。

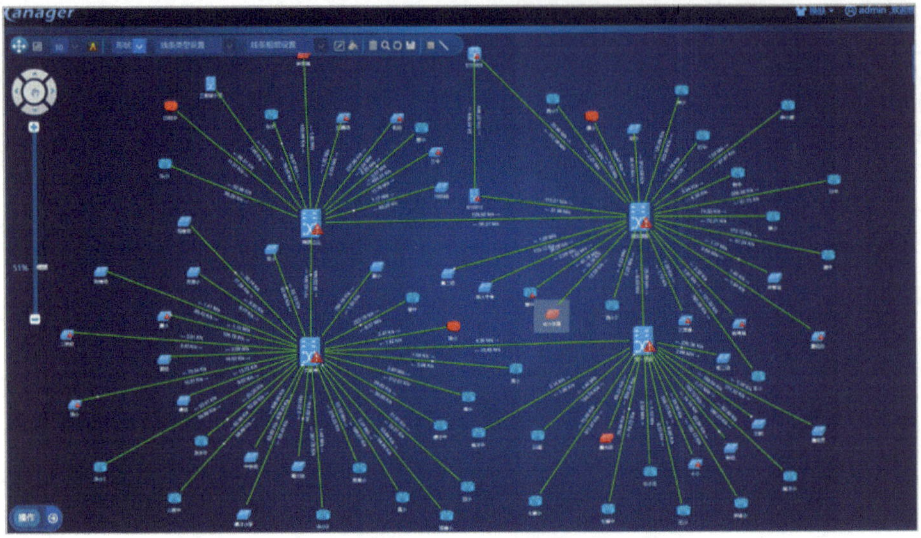

图 4-12　汉阳区可视化教育专网界面（截图）

间”移动端应用等功能，能够支撑服务区域教育治理、学校智能考勤、一卡通、智能管理与控制、智能阅卷、智慧综合评价等各方面数据的生成、汇聚和处理。实现了基础平台区校一体化、共性应用区校一体化、大数据区校一体化、服务保障区校一体化。这种基于区校一体化的大数据高效管理、优质共享机制为全区所有学校实现智慧教育提供了基本保障。

（3）打造一批“校”，引领智慧教育的“动车头”

遵循四大流程，扎实推进智慧校园建设，推进汉阳区智慧校园建设（图 4-14）。按照评估认定、持续投入、特色打造、成果推广的流程逐年逐级打造智慧校园。根据各校信息化基础建设、应用成效、校长信息化领导力等逐年评估认定智慧校园建设学校。帮助建设校对照《武汉市中小学智慧校园创建评估标准（试行）》从基础设施、数字资源、应用服务、师生能力、保障体系等五个方面明确学校智慧校园建设的特色和需求，按照满足应用、适度超前、体现智能、围绕特色的原则帮助学校确定应用特色和建设项目，由教育局和学校共同筹集资金持续投入建设。

（4）创新管理机制，探索智慧教育新常态

一是建立平台数据治理机制（平台数据的监控大屏见图 4-15）。设立数字学生证，全区实现统一 ID 实名认证，并相应地拓展了基于一卡通的智慧考勤、图

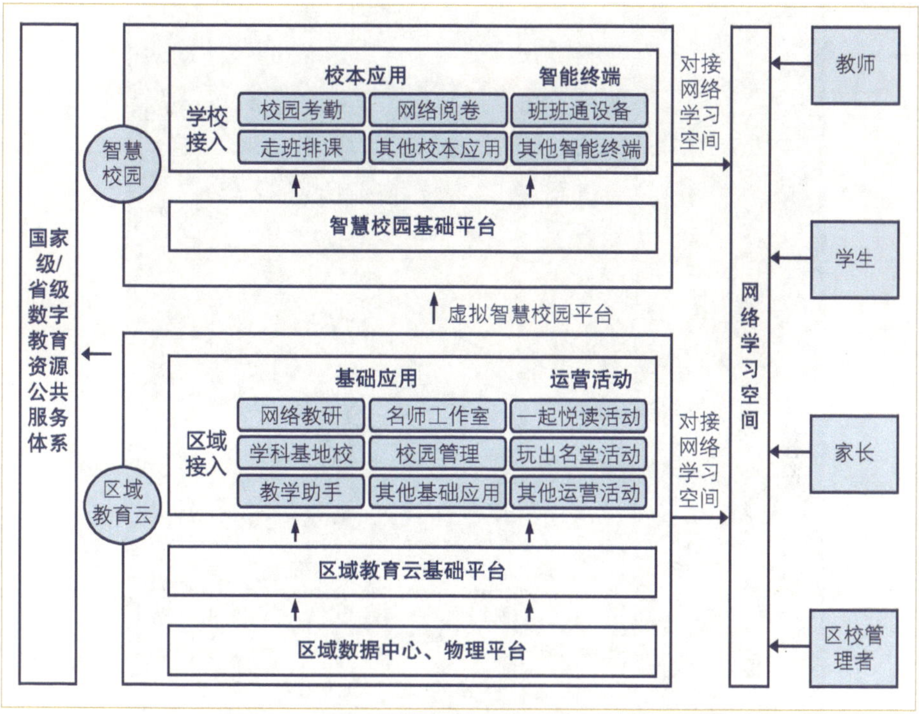

图 4-13　汉阳区区校一体化平台结构图

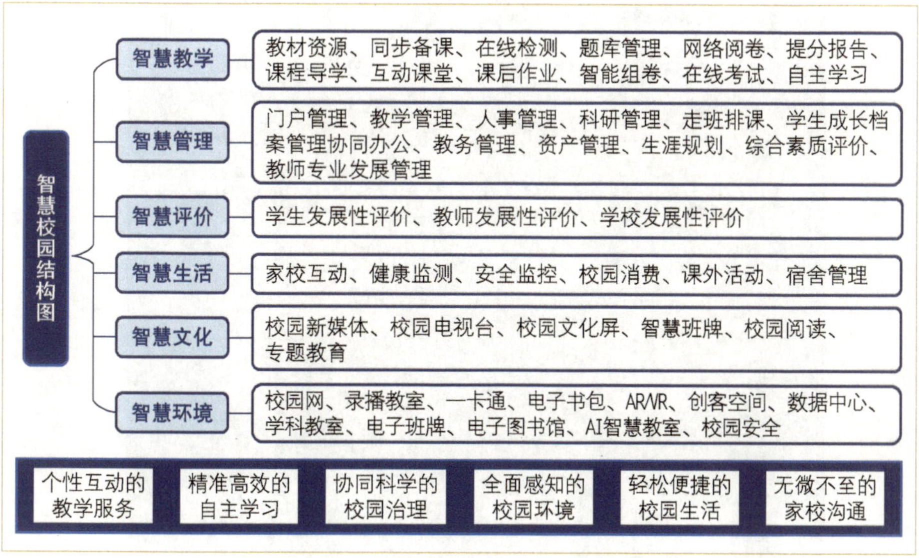

图 4-14　汉阳区智慧校园建设结构图

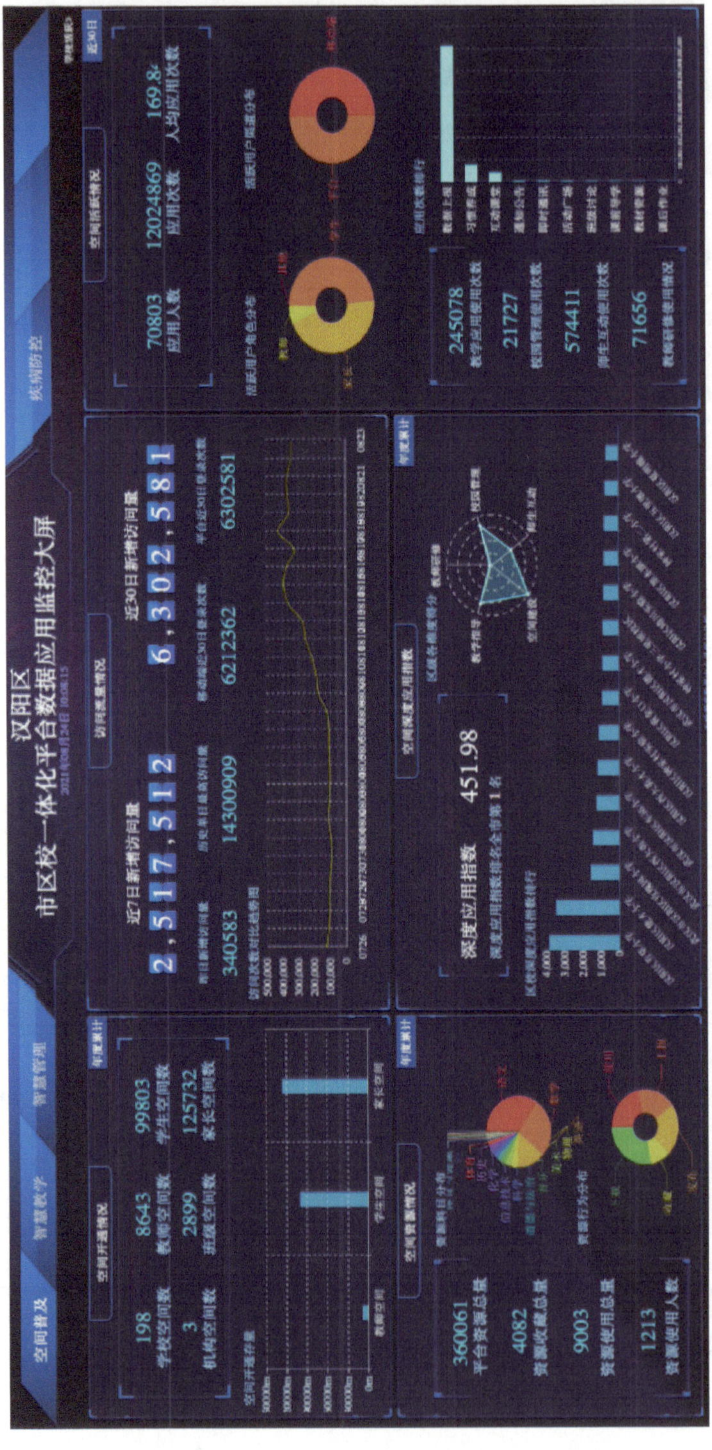

图 4-15 汉阳区市区校一体化平台数据应用监控大屏（截图，截至 2021 年 8 月）

书借阅等多项功能，成为全区学生一卡通数据采集的终端，通过规模化应用实现了学生一人一证一码的数据综合管理。二是发挥干部引领作用。区内学校普遍施行校领导担任 CIO 的制度，遴选了 1 名区教育局 CIO 和 55 名中小学 CIO，全面统筹区校信息化的规划与发展。三是探索科研创新机制。汉阳区智慧教育研究室选拔智慧教育名师负责教育人和技术开发人员之间的信息化需求沟通，共同推进应用研发。

（5）引领三大行动，全面推广智慧校园成果

一是智慧教学示范引领行动。全区大力推进智慧教学，把电子书包智慧教学系统作为智慧校园创建的必要条件，为学校配备了大量的移动学习终端和智慧教学系统。目前已经实现各校至少一个班，最多全校覆盖的电子书包智慧教学系统。每年开展智慧教学示范活动，召开经验交流现场会，邀请全区中小学校长、分管主任、教师代表参观学习，取长补短。二是智慧教师素养提升行动。坚持每年举办“汉阳区教育教学信息化大赛”，以赛代训、以赛促研、以赛促用，提高广大教师的智慧教育融合能力和信息化应用素养，促进智慧教育可持续的发展。三是智慧教育创新研究行动。要求智慧校园建设校选择创新特色项目作为课题开展研究，探索经验和策略，进行全区复制推广。

3. 典型成效

（1）规模化支撑智慧教育均衡发展

汉阳区市区校一体化平台实现了基础平台、共性应用、OA 管理、大数据、服务保障的五维市区校一体化。这种模式为全区所有学校虚拟开通智慧校园、规模化推进智慧教育提供了强有力保障。全区 100% 的学校通过该平台建立了自己的网络门户，所有学生、家长、教师、教育机关工作人员统一 ID 并进行了实名认证。截止到 2021 年 2 月 28 日，区内 93.4% 的教师经常使用市区校一体化智慧教育云平台。95.7% 的教师应用该平台获取教学资源以满足教学需要。

（2）全方位保障教育大数据真正形成

全区近几年根据市教育局统一规划，逐年加大教育信息化投入。整合市区校三级经费，统筹建设各项智慧教育的基础设施设备及配套软件平台，如全区新建各类第三方应用能够全部接入市区校一体化平台，并同步建成区级应用数据平台，从而避免各个学校各自为政、平台繁多，智慧教育基建重复浪费、信息孤岛。目前全区所有学校实现一个大平台支撑，保证了教育大数据的真正形成。

（3）深层次保证优质教育资源精准覆盖

武汉市教育云平台集中购进了与中小学现行教材配套的教学资源，免费提供给全市中小学教师使用；每年开展“三优”评比活动，不断丰富优质教学资源；汉阳区市区校一体化平台汇聚本区内的特色教学资源，作为武汉市教育云平台教学资源的补充，为教师提供了丰富的教学资源。区内教师通过市级平台的教学助手、互动课堂、移动讲台等应用可以方便地调用市和区各种教学资源。

（4）常态化保证智慧教学教研活动开展

汉阳区市区校一体化平台集成了在线教学研究应用，可以帮助教研员和学校教师方便地开展线上教研活动。教研员和教师可以使用平台的小程序开展听课过程记录、标记、点评、评价、交流研讨等活动，应用“课程社区”组织常态化的网络教研、集体备课。这样的教研活动不受空间、时间限制，可以便捷地实现共同提升教学能力的目的。经过问卷调查，还发现平台中的课程讲授、家校互动、网络阅读、智能组卷、学业评价是教师最常用的教学应用。

（5）一体化平台推动汉阳教育创新加速

在汉阳区市区校一体化平台的支撑下，汉阳区智慧教育先后打造出 1 所全国翻转课堂名校、2 所湖北省数字校园示范校、3 所武汉市第一批四星级智慧校园、6 所武汉市翻转课堂 2.0 实验学校。据武汉市教育云平台统计，截至 2021 年 8 月，汉阳区市区校一体化平台应用积分在空间建设、教学应用、师生互动、教师研修、校园管理五个维度的数据连续三年位居全市第一。

第 4 节　升级网络学习空间

《指导意见》在“重点方向”中列明：

（二）平台体系新型基础设施

推动各级各类教育平台融合发展，构建互联互通、应用齐备、协同服务的“互联网 + 教育”大平台。

6. 升级网络学习空间。升级面向广大师生的网络学习空间，兼容各类平台终端，支持开发网络学习空间的移动应用，支撑泛在学习和掌上服务。依托空间汇聚各类终端、应用和服务产生的数据，为教育教学改革提供支撑，促进规模化教育与个性化培养有机结合。构建教育经历服务体系，建立师生数字档案，记录存储学习经历与成果。

一、任务重点

（一）网络学习空间的现状

网络学习空间的建设是实现“人人通”的基础。2018 年，教育部发布《网络学习空间建设与应用指南》，指出网络学习空间是由教育主管部门或学校认定的，融资源、服务、数据为一体，支持共享、交互、创新的实名制网络学习场所，它分为个人空间和机构空间，其中个人空间包括教师空间、学生空间、家长空间和管理者空间等，机构空间包括班级空间、学校空间和区域空间等①。从技术与空间融合的视角来看，网络学习空间可分为知识存储与共享学习空间、交互与知识生成学习空间、个性化学习空间、智能化学习空间四个层次②；从空间用途的视角来看，网络学习空间可分为教学资源型空间、直播教学型空间、学习社区型空间、角色扮演型空间和课程服务型空间五种类型③。

目前网络学习空间的技术实现由各地方的教育资源公共服务平台、教育云平台等完成，全国各级各类学校、师生网络学习空间开通数量超过 1 亿个，将近半数的教师应用网络学习空间开展教学和科研。网络学习空间作为承载教师、学生的日常学习、教研等活动的数字化载体，同时也可以发挥个人学习、工作数据汇聚的作用，为后续基于人工智能等新技术提供的个性化学习辅助、教研辅助提供了数据基础。

本轮教育新基建将网络学习空间作为建设内容，旨在深化网络学习空间的应

① 教育部. 网络学习空间建设与应用指南[EB/OL]. (2018-04-17)[2021-04-21]. http://www.moe.gov.cn/srcsite/A16/s3342/201805/t20180502_334758.html.

② 郭绍青，贺相春，张进良，等. 关键技术驱动的信息技术交叉融合——网络学习空间内涵与学校教育发展研究之一 [J]. 电化教育研究，2017, 38 (5): 28-35.

③ 胡永斌，黄如民，刘东英. 网络学习空间的分类：框架与启示[J]. 中国电化教育，2016, (4): 37-42.

用，进一步扩大网络学习空间的接入途径和手段，发挥网络学习空间采集过程性学习数据的优势，为个性化人才培养提供支撑。

（二）网络学习空间的任务解读

1. 升级网络学习空间

持续建设和拓展网络学习空间，对接线上线下的各种资源平台和教学系统、工具，发挥网络学习空间作为信息化教与学的主阵地作用。完善用户接入认证体系，拓展网络学习空间的接入途径和方式，推动网络学习空间的各类终端应用开发。适配学习终端、平板电脑、电视等不同类型的终端，支撑泛在学习和掌上服务，实现基于网络空间的时时学、处处学。

2. 提供新型空间服务

依托网络学习空间汇聚各类终端、应用和服务产生的数据，应用数据分析、数据挖掘、数据可视化等方面的技术，面向师生提供多样化、个性化的学习数据服务。推动各类人工智能辅助教学工具、辅助学习工具的应用，减少教师重复劳动，提高学生学习效率，促进规模化教育下的个性化培养，实现以学生为中心的新型教育模式。

3. 建立经历服务体系

依托网络学习空间的数据记录，逐步建立立体化、全方位、广覆盖的终身学习经历服务体系，为每一位学习者建立唯一的学习经历档案，记录存储学习经历与成果。建立学习经历档案相关的标准体系与服务机制，实现终身学习经历档案全生命周期的智能可信安全管理。探索实现跨学校、跨地区、跨教育阶段的学习经历的可信共享，支撑社会力量参与终身学习服务的开发与应用，支撑学习型社会建设。

二、典型案例

（一）浙江之江汇教育广场[①]

1. 基本情况

之江汇教育广场是国家数字教育资源公共服务体系首个省级试点，是浙江省

---

① 资料提供：浙江省教育技术中心（莫世荣，赵川，陈鑫源）。

教育厅面向全省师生、家长、市民提供教育资源公共服务的平台。截至 2020 年底，平台总访问量突破 35 亿人次，成为全国应用最活跃、影响力最大的省域教育资源公共服务平台。

之江汇教育广场 2018 年成为省政府“8+13”数字化转型首批重大项目，入选教育部教育政务新媒体年度案例和全国基础教育改革创新工作案例，2019 年入选全国基础教育工作优秀案例、全国网络扶贫典型案例、浙江省政府部门改革创新案例前 20 强。2020 年，之江汇教育广场纳入《浙江省新型基础设施建设三年行动计划（2020—2022 年）》《深化数字浙江建设 2020 年工作要点》《2020 年浙江省教育领域深化“最多跑一次”改革推进教育治理数字化转型工作要点》。在教育部 2018—2020 年度网络学习空间应用普及活动中，浙江省的优秀区域和优秀学校数量均位居全国第一。之江汇教育广场实现数字资源供给结构性改革，为全国提供了浙江经验和样本。

2. 主要做法

（1）资源汇聚：分级建设实现各级协同与特色发展

通过平台对接，引入国家教育资源公共服务平台优质资源和备课授课等应用，作为省级教育资源公共服务平台的基础资源和基础应用，避免重复投入与低水平开发。全省数字资源公共服务体系按照异构对接、同构互联和映射服务三种模式实现省—市—县全网融通，融通比率达到 97.06%；按照“省级建设基础资源与精品资源，提供基础服务和示范引领；各级建设紧缺资源和特色资源，实现上下联动与特色发展”的思路，整体推进全省教育资源建设与应用工作。

（2）空间普及：“名师引领 + 社群互助 + 草根原创”三位一体

网络学习空间是构成教育资源公共服务体系的核心要素，空间的活跃度决定了教育资源公共服务体系的活跃度。浙江采用“名师引领 + 社群互助 + 草根原创”三位一体、分层推进的模式，推动形成“名师空间重引领、社群空间促交流、个人空间有特色”的空间应用格局。

名师引领。按照“1+10+100”的模式，创建名师网络工作室，充分发挥信息技术优势，每位名师在全省范围内招收 10 位学科带头人组成核心团队，通过“线上 + 线下”的模式共同开展基于线上和线下的学科研究、教改探索和教学磨炼。

社群互助。以学科为基础，由省级教研员牵头，组织全省各学科骨干教师组建网络团队，依托网络研修社群组织全省同一学科的教师开展协作备课、课题研究、在线研讨等网络教研活动，并提供集学科信息、资源内容和网络教研的一体化服务。

草根原创。通过鼓励原创，让草根力量爆发，真正推动网络空间在教学中的普遍用、常态用和深度用。目前，浙江每年开展特色空间创建和评比活动，超过25万名教师参与空间活动和资源共建共享，超过2000名优秀骨干教师通过网络学习空间跨校跨区域开展在线同步课程教学服务。

（3）应用推广：大数据＋互联网思维

基于数据的精准服务。教育资源公共服务平台庞大的资源数据给用户带来选择的困扰，大量的用户、资源和应用数据仍处于“沉睡”状态，其真实价值与能量仍未得到有效发掘和释放。截至2021年6月底，浙江教育资源公共服务平台动态采集应用行为数据287亿条。2016年起，在中央电化教育馆指导下，联合高校和企业力量共同开展“基于教育资源公共服务平台的大数据分析研究”。截至2021年6月底，研究并设计基于近期应用资源关联规则模型等四种算法模型及用户画像、资源画像对数据进行聚类筛选，分两阶段开展资源推荐服务，形成了一套有弹性、可根据情况灵活使用的推荐系统，实现资源的智能检索、网络订阅和精准推送，完成智能推送服务2.74亿次，推动教育服务从面向平均走向面向个体。

开放众筹的互联网思维。截至2021年6月底，整合部门和社会力量，汇聚各类优质资源超过550万件，联合博物馆、出版社、广电系统、科研机构等推出寒暑假“公益课堂”，单期访问量超过5000万人次。联合省妇联建成全国首个家校共育的“浙江家长学校”全媒体平台，面向全省家长宣传普及先进的家庭教育理念和科学的育人方法，创新家校共育模式，入选教育部教育政务新媒体年度案例和全国基础教育改革创新工作案例。汇聚名师名校力量，截至2021年6月底，开通732个名师网络工作室、200余个学科数字资源建设基地校，实现建用一体化。组建省级数字资源公共服务体系“之江汇”讲师团，充分发挥一线教师的亲身经验与教学优势，变技术培训为教学应用培训，实现手把手、口传口的指数级推广效应，首批18位讲师仅半年时间就培训超过4万名教师，取得显著成效，截至2021年6月底，全省各级平台讲师团成员数已经超过1000人。

（4）运行机制：按用付费提升应用绩效

自 2017 年以来，浙江省建立数字教育资源按用付费机制，根据学校（或教师）提供数字资源的使用绩效支付数字资源建设经费。按用付费将对资源优劣的评判从管理者和专家的手中交到使用者手中，实现了数字教育资源建设供给侧改革，有效利用互联网对优质数字资源调配的功能，促进了课程改革，扩大了优质教育资源的覆盖面；提升了原有数字教育资源平台（提供和共享课件、教案、试卷等资源）的作用，拓展了数字教育资源服务能力，通过平台开展教研、评测、辅导、沟通等研训、教学服务逐步兴起，体现了网络教育教学的本质。

3. 典型成效

（1）深化教育大资源共享

建成之江汇教育广场互联网学校、教师发展网络学校和家长网络学校。截至 2021 年 6 月底，汇聚共享 550 余万条优质资源、1436 门普通高中选修课网络课程、5.2 余万个微课资源、694 个省级家庭教育资源、500 个主题学习社区。每年推出“寒暑假公益课堂”，形成“精品课程 + 特色应用 + 学习社区”的覆盖全学科全学段的优质资源体系，实现了学生分层分类和选择性学习，促进了学生多样化发展。全省超过 7430 名学科带头人和多达 36.7 万名学科教师活跃在之江汇教育广场，共享教学理念、网络课程资源，并跨校、跨区域开展同步课程教学。2020 年疫情期间，之江汇教育广场上线延期开学服务专栏，实现全方位、全时段覆盖，并向河南、武汉等省市开放，为“停课不停学”提供强有力支撑。

（2）提升师生信息素养

截至 2021 年 6 月底，之江汇教育广场开通了 65 余万个教师空间、827 余万个学生空间，基本实现了“一校一师一生一人一空间”，培育了 792 个精品教学空间、2908 个特色教学空间、70 个空间应用典型学校、262 个优秀学习空间、1458 个“互联网 +”结对学校空间、230 余个基地校学科（专业）空间、80 个学科教室和创新实验室网络空间，打破了传统课堂的空间限制，促进了师生个性化学习。构建网络研修共同体，采用“1 名名师 +10 名学科带头人 +N 名学科教师”的模式，建成了 732 个省市县三级名师网络工作室，培养了 7430 名学科带头人，招收了 38 万余名学员，开设“名师面对面”“名师带你学”系列直播活动 1606 场，形成“名师引领 + 同伴互助 + 个人实践反思”的网络研修共同体。完成全省中小学教师信息技术应用能力提升工程、全省教育技术部门专业人员和高校教育技术部门专业人员全员培训，广泛开展教育局局长、中小学校长、学科骨干教师等培训，启动实施能力提升2.0工程，提升教育信息化领导力和应用能力。

（二）武汉教育云[①]

武汉作为全国首批试点城市，于2012年11月24日起启动教育云平台建设。教育云平台提供了更加开放、便捷的学习环境和更加丰富有效的数字资源，同时也提升了城市的基础教育信息化水平。

1. 基本情况

武汉市教育云平台被定位为一站式教学平台，为教师提供集备课、教学、测评、进修、交流于一体的一站式办公空间服务；为学生提供集上课、答疑、测评、交流于一体的一站式学习空间服务；为家长提供全方位了解孩子成长的互动空间服务；为学校提供集学校信息发布、教学教务管理、资源管理于一体的综合化管理空间服务。

教师可以利用平台提供的各种服务获得优质数字教育资源，实现网络备课、网络答疑、布置作业，完成教学的各个环节。学生在平台上可以得到名师提供的各种教学资源以及学习辅导，学习中遇到问题时可以向全国的教师请教，可以根据练习的结果选择个性化辅导。对于教师和学生在平台上的各种教与学的活动，学校都能及时得到反馈，并根据学校实际及时跟进和调整，实现教学效果的最优化。平台还向家长提供了及时了解学生学习的行为和动态以及与学校教师及时沟通的便捷通道，实现家长、学校、社会的立体化教学。

2. 主要做法

（1）制定保障机制

为有效推广武汉市教育云平台，保障云空间建设稳步推进，各行政主管单位制定了推进方案保障、推进机制和协调机制保障、队伍建设保障以及建设投入保障等机制。

1）推进方案保障。基于《武汉市网络学习空间应用普及活动实施方案》，武汉市教育局成立了教育云专班，推进方案实施。

2）推进机制和协调机制保障。教育云专班制定了市区校三级统筹调度，负

---

① 资料提供：武汉市教育局（李超，孟晖，夏春胤）。

责定期到区、校检查督导试点工作，通过统筹调度、检查督导、共建共享、激励表彰及协同创新这些过程来整体推进工作。

3）队伍建设保障。队伍建设上做到双向机制。纵向上形成市区校三方管理联动机制：市教育局成立工作专班，统筹全市发展；区级基教处、教研室、电教馆协同，整合与探究本区域信息化技术与教育教学的深度融合；学校建立 CIO 制度，重点将信息化应用融合到学校办学特色上。横向上形成市区校三方协同推进机制：校级建立应用小组；区级设立协同小组；市级成立管理小组。

4）建设投入保障。终端建设由市区财政共担，网络建设以区为主购买服务，平台资源由市统一购买并免费提供给全市中小学应用。按需统筹保障专项资金，2013 年起年均投入教育信息化资金 2 亿元左右。

（2）制定管理维护安全制度

武汉市教育局就武汉市教育云平台网络学习空间建设制定了信息安全管理制度，全市各级教育主管单位进行学习，并且各级建立由单位负责人担任组长的信息安全领导小组，依据“谁主管谁负责，谁使用谁负责”的原则，健全五大安全制度（《武汉市教育网络安全管理规范》《武汉市教育网络安全管理责任制》《武汉市教育网络安全技术保障措施》《武汉市教育信息安全应急预案》《武汉市教育重大信息安全事件应急处置和报告制度》），确保网络空间运行高效、访问快捷、体验良好。

（3）开发资源分配扩展系统

在整个平台系统框架顶层设计上，开发资源弹性分配灵活扩展系统，为网络学习空间提供海量、内容丰富的资源，同时，也为网络、计算和存储的高可靠性提供保障。

3. 典型成效

（1）空间开通率达 100%

经过近几年网络学习空间的大力普及，截至 2021 年 7 月，武汉市开通了 13.1 万个教师空间，教师空间开通率达 100%；开通了 140 万个学生空间，学生空间开通率达 100%。

（2）深化了传统教学与教育信息化的融合

网络学习空间已经深度融合到一线教师传统教学场景中，为教师提供了课前、课中、课后一站式服务（图 4-16）。同时，网络学习空间已经在规模化、常

图 4-16　网络学习空间教学支持场景

态化使用，空间月活跃数量约为 30 万名。

截至 2021 年 7 月，武汉网络学习空间已开通课程社区 1254 个，辐射武汉全市 15 个区，覆盖小初高全学科，已建设 361 门课程配套资源，极大地促进了武汉地区的特色资源建设。

（3）优化了师生交互、师师交互和生生交互，提供网络化泛在学习环境，促进区域教学水平的整体提升

教师通过空间优质的教学应用发布在线学习任务，学生参与学习任务，教师全程监督点评，及时了解学生学习情况，真正做到随时随地为教师和学生提供一个网络化泛在学习环境。截至 2021 年 5 月 21 日，空间教学应用支持了武汉市 23 923 名教师的 99 万节高效课堂。

在线教研活动为广大教师和工作室团队成员之间建立起一个沟通平台，让他们可以随时随地进行交流和讨论，消除时空的限制，扩大了辐射面，使名师先进的教学理念、教学方法和研究成果得到了有效的传播，促进了区域教学水平的整体提升。

网络学习空间网页端和移动端给学生与学生网络泛在化的沟通交流提供了机会，建设了多场景、移动化的家校互动方式，支持了 2110 万余次的家校互动。

第5章

普及“新资源”：推动优质教育资源开发与供给模式改革

数字教育资源作为信息化教育教学创新发展的核心要素，成为教育新基建的重点部署内容之一。深刻认识与理解新基建时代数字教育资源基础设施的内涵与发展方向，是推进教育新基建的必然要求，是加快推进教育现代化、建设教育强国的重要举措。

在广义层面，数字教育资源基础设施指的是以5G、人工智能、大数据、物联网等新一代信息技术为基础构建的各级各类数字教育资源公共服务体系；在狭义层面，数字教育资源基础设施指数字内容要素体系，强调服务于学校育人全过程与全民终身学习，助力实现平等面向每个人、适合每个人的教育。

数字教育资源基础设施具有三个基本特征：一是新形态，强调从单一性的知识载体发展为多样化的“教育智能体”，如智能导学系统、虚拟仿真实验、智能学伴、教育机器人等，使数字教育资源更好地服务于师生的知识建构、技能训练、交流协作、反馈评价等教学活动；二是新体系，强调从教育专用资源向教育大资源转变，汇聚整合社会优质资源，构建高质量数字教育资源体系，满足学习者的多元化与个性化学习需求；三是新供给，强调应用新一代信息技术提升数字教育资源的治理水平，创新数字教育资源供给模式，扩大数字教育资源有效供给，提高数字教育资源供给与服务质量。

第1节　开发新型资源和工具

《指导意见》在“重点方向”中列明：

（三）数字资源新型基础设施

依托国家数字教育资源公共服务体系，推动数字资源的供给侧结构性改革，创新供给模式，提高供给质量。

7. 开发新型资源和工具。利用新一代信息技术开发数字教育资源。加强战略型紧缺人才培养教学资源储备，支持国家电视空中课堂、职业教育专业教学资源库、高等学校线上一流课程、网络思政课程建设。引导研发支持教师备授课、网络教研、在线教学的学科教学软件和满足特殊教育学生学习需求的个性化资源、设备、工具。

一、任务重点

利用新一代信息技术开发数字教育资源的核心是积极鼓励应用各种新兴技术丰富数字教育资源的表现形态，提升数字资源的教学交互与应用体验。借助虚拟现实、增强现实、人工智能、人机接口等技术，能够实现虚实融合教学场景、智能导学系统、智能助教、智能学伴、教育机器人等新型资源开发，让数字教育资源更好地支持师生的知识建构、认知辅助、过程分析等教学活动，而不仅仅是知识承载的媒体（图 5-1）。

实施战略型紧缺人才培养教学资源储备计划的核心是支持研发各种具有自主知识产权、我国当前短缺的理工科教学研究工具，如数学建模工具、知识建模工具、虚拟仿真软件等，打破部分学科教育科研支撑软件的技术封锁。支持国家电视空中课堂资源建设，是为了保障极端情况下开展应急教育的需要，也是为教育薄弱地区访问优质教育资源提供的新途径、新选择。职业教育专业教学资源库、高等学校线上一流课程、网络思政课程建设是当前职业教育和高等教育推进的重要教学改革措施。扩大优质数字教育资源的建设与供给，有利于推动职业教育与高等教育的课程改革，促进学校教育系统的流程再造与结构性变革，不断提高育

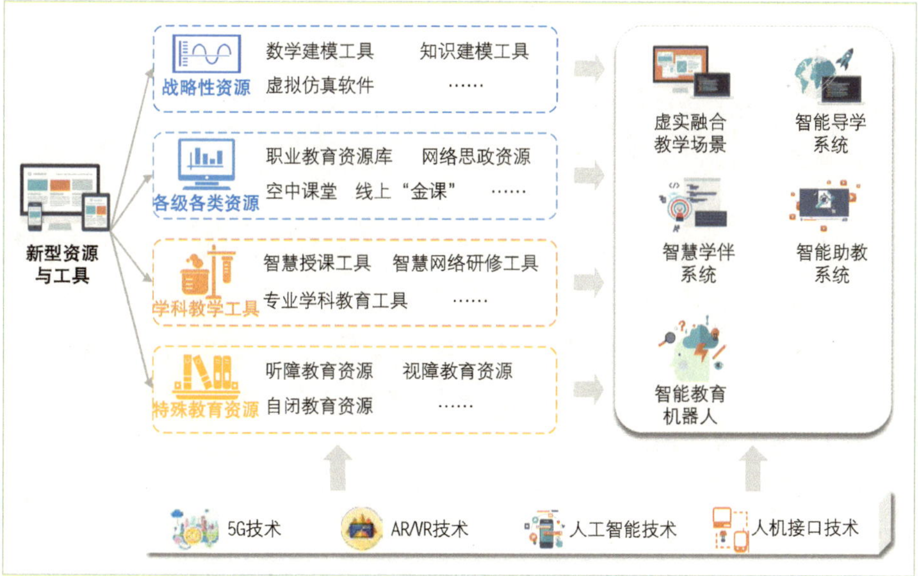

图 5-1　新型数字教育资源与工具

人质量。

为帮助师生适应信息时代知识创新的变化，需要围绕学科教学建设一系列有利于促进智慧式教与学的工具软件，为教师备授课、网络教研、在线教学等提供服务，为师生增效减负，转变师生的知识获取、加工与创新方式，培养师生进行人机协同发展的能力。

二、典型案例

（一）网络画板：数学学科教学智能工具①

1. 基本情况

随着移动互联网时代的到来，平板、电子白板、一体机、手机等各种终端也应用到了教学中，这就要求数学软件要采用新的技术，适应新的环境。1995年以来，张景中院士带领团队，先后研制出软件“数学实验室”、Z+Z智能教育平台“超级画板”。2015年，张院士再次带领团队开始开发新一代动态数学产品——网络画板。网络画板基于动态数学和数学智能推理技术，借鉴互联网产品形态和运营理念，跨平台、适应多终端，搭建全体师生协同共建、开放共享的资源生态和应用生态，为我国中小学数学教与学提供了丰富的交互式、探究式优质资源，方便师生在课前、课中、课后使用，支持教师讲解演示、学生实验探究、课外自主操作学习等多种教与学场景，为促进信息技术与数学教学深度融合、构建新型教与学模式提供了软件工具、资源和平台上的有力支撑。

2. 主要做法

（1）开发国内专业的移动互联网动态数学软件

网络画板在超级画板的技术基础上，开发了基于浏览器部署的2D作图（图5-2）和3D作图（图5-3）、编程、符号计算、几何自动推理等功能，开发了智能画笔等快捷动态作图功能，有丰富的内置函数，支持3D打印。能支持教师三角、代数、平面几何、立体几何、解析几何、统计、概率、微积分等多种动态数学教学的需求。

① 资料提供：成都景中教育软件有限公司（杨承云）；华中师范大学国家数字化学习工程技术研究中心（彭翕成）。

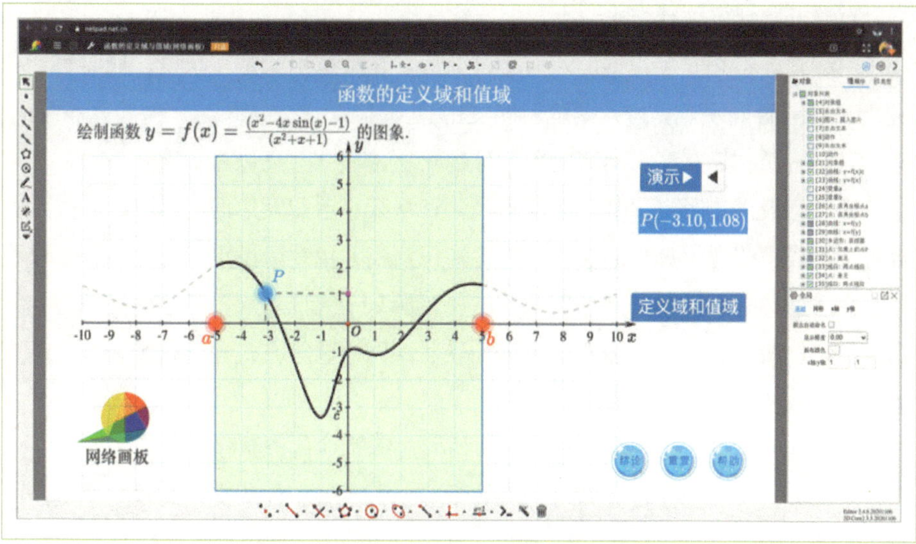

图 5-2 网络画板 2D 作图工具（截图）

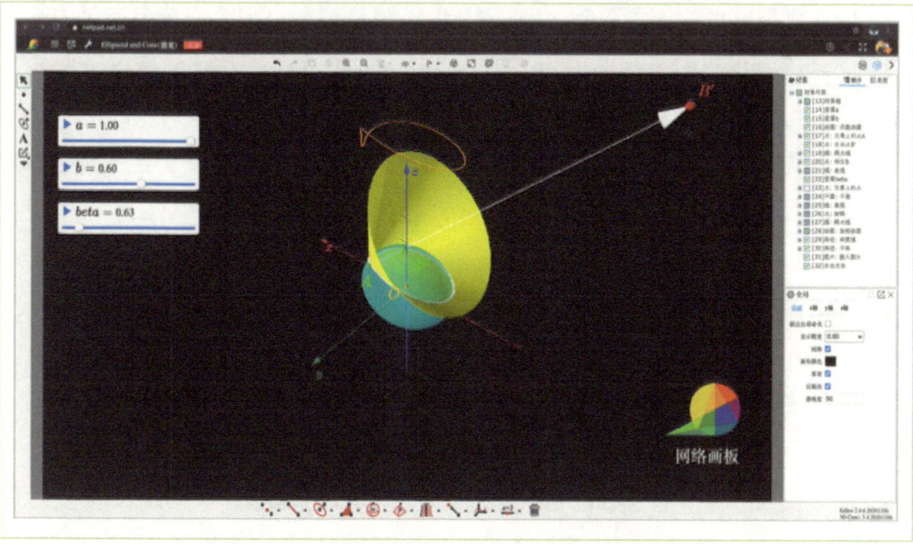

图 5-3 网络画板 3D 作图工具（截图）

（2）跨平台、多终端，操作简单易用

网络画板完美跨平台、支持多终端；所支持平台包括 Windows、Mac、Android、IOS、Linux；所支持的设备包括计算机、平板、手机、一体机、电子白板等。用户可以用手指、触控笔、鼠标等多种交互方式进行操作，简单易用。

可以直接分享到各种社交平台上。

网络画板不必安装，不论课前还是课后，在教室里或是在家里，只要有计算机、iPad 或智能手机，打开网址就能使用。

（3）资源共建共享、丰富优质，符合教学需求

网络画板搭建了资源共建共享平台，利用云平台和大数据汇聚资源，改变教育资源生成、传播、分享的模式。保护知识产权，用户可设置资源为私有、只读和共享。通过互联网聚合海量资源，这些资源从一线课堂来，经过优化完善，将资源按教材版本、知识点体系、应用场景、不同主题等方式进行归类，具有高度的可用性、持续性、时效性。

支持区域、学校、小组建立团队，协同进行本地化资源建设。

教师不需学会创作资源即可开展教学应用，改善了优质交互式教与学资源的供给方式，大大降低了师生开展信息化教与学的门槛，促进优质教育均衡。

（4）适应多样化的教学环境，支持丰富的教学模式

网络画板能适应智慧教室（电子书包）、班班通、电脑教室等多样化的教学环境。网络画板支持灵活的使用方式，支持单页与多页播放，适应电子白板演示。可以无缝嵌入 PPT、Word、WPS、希沃白板等软件，支持离线使用。

网络画板支持教师动态演示讲解、师生课堂交互、小组协作、学生实验探究等丰富的教学模式，还支持导学案、翻转课堂、微课应用、学生自主学习等应用场景。

网络画板支持浏览器部署，任何终端能接入互联网即可用于数学实验探究，真正实现人人皆学、处处能学、时时可学，为构建开放共享的数学实验室提供强大的技术支撑。

（5）开放平台

网络画板提供开放接口，可授权第三方应用进行调用，获取动态数学资源包和作图工具。目前已经与国家平台及四川、广东等地的省级教育资源平台融合，为希沃、科大讯飞、中教云、北京师范大学出版社等机构的平台提供服务。

3. 典型成效

（1）用户与资源大量汇聚，促进师生常态化应用

截至 2021 年 7 月，平台已有 130 万师生用户，覆盖 1 万余所学校。平台拥有近 30 万个资源，其中免费共享资源有 29 万余个。资源覆盖了小初高知识点及

主要的教材版本，为师生在课堂教学、自主探究、数学实验、课外活动等教与学活动中提供服务支持。

（2）促进互联网数学实验室及数学学科信息化的建设与应用

以网络画板平台、工具和资源为核心的互联网数学实验室是师生开展数学实验探究的重要场所，也是师范院校开展职前职后师资培养的重要支撑。截至 2021 年 7 月，网络画板已在江苏、广东、山东、甘肃、海南等地支持建设 40 余间互联网数学实验室。

网络画板开放平台现已被引入国内主流的 30 余家教育资源平台、教学应用平台、一体机、智慧黑板等平台与产品，为这些平台提供专业的动态数学工具、资源支持。

网络画板工具、优质资源和平台以及团队专家还为数十个区域、数百所学校的数学学科信息化建设和应用提供技术支持和专业服务，在全国范围内树立了一批示范区域和学校，通过研讨会、公开课、现场观摩等形式，起到了很好的示范引领作用。

（3）课题引领，为区域学校开展教学研究与探索提供服务

2020 年 9 月以来，网络画板作为教育部教师工作司委托专项课题“中小学数学教师信息化教学能力显著提升的研究与实践”所选用的主要的数学学科专用信息技术，积极支持 20 余个区域 90 余所学校开展子课题研究，并且已经产生了一批优秀的课题成果。

网络画板还积极支持区域、学校和教师申报各级教育研究课题，指导课题研究和成果提炼、论文撰写，并为教师的公开课、研讨课提供技术与资源支持。截至 2021 年 7 月，已经支持全国各级课题 40 余项，发表论文 120 余篇，出版专著 5 部。

网络画板还积极参与《中小学数学教师信息技术应用能力标准（暂行）》的制定，并制定“优质动态数学资源建设规范”企业规范，指导区域和学校有组织地开展优质资源建设。

（4）积极支持和开展教师职前职后培训，参与西部地区教育扶贫

截至 2021 年 7 月，网络画板已成为首都师范大学、广州大学、新疆师范大学、贵州师范学院、成都师范学院等 10 余所院校数学师范生的必修或选修课程，并开展线上线下教师培训数十次，受训人数达到 8000 余人。网络画板还积极参

与贵州、广西、云南等地的教育扶贫工作，培训和辅导扶贫地区教师 1600 余人，捐赠价值约 166 万元的优质资源和服务，覆盖 438 所学校。

（二）智慧书器：汇聚互联网资源支撑外语教学①

1. 基本情况

无锡伊点网络科技有限公司是专门研究教育技术智能化、交互化、自主化和移动化的解决方案提供商。

自 2009 年成立以来，无锡伊点网络科技有限公司与大学及知名教育出版机构合作，基于自然语言处理技术和智能语音识别与文语对齐技术，对海量的互联网语料（包括富媒体的音视频资源、大规模的文本语料及一切可以搜索到的双语文本资源）进行广泛分析和深度挖掘，建立了一套自动分析和智能分拣机制，实现了音视频资源的任意颗粒化检索、快速编辑以及一键合成，提出了通过操作文本内容来操控对应的音视频资源（如选择性复制和拷贝），研发出了一系列从各种特色优质资源库、教学科研工具到平台应用的教育产品。

智慧书器（eBookware™）是一款提供教材数字化、教案立体化、教学内容交互透明化、在线课堂一体化服务，实现翻转课堂混合式教学的轻量级课堂应用和 SPOC（small private online courses，小规模限制性在线课程）透明师生交互孵化平台，手机端的使用展示如图 5-4 所示。通过技术赋能，智慧书器让师生教与学的沟通与连接更高效、智能和人性化，实现传统教育和智能技术的深度融合，智赋新时代新形态下混合式教学方案。

2. 主要做法

智慧书器包括师生移动端、教师 PC 端，为教师和学生提供涵盖教学设计、课授互动、教师辅导、学生练习、在线互动、作业反馈、学习评估、教学反馈、班级管理等环节的全景式应用，以及大量优质可选的富媒体教学资源和全程可关注的教学与学习支持，亦能基于同平台进行英语在内的多语言、多学科的在线与在堂教学。具体功能如下。

（1）探矿互联网资源，深度挖掘加工，方便老师策展式教学

对于互联网上的富媒体资源，比如音视频资源、双语资源、文本资源等，通

---

① 资料提供：无锡伊点网络科技有限公司（黄超）。

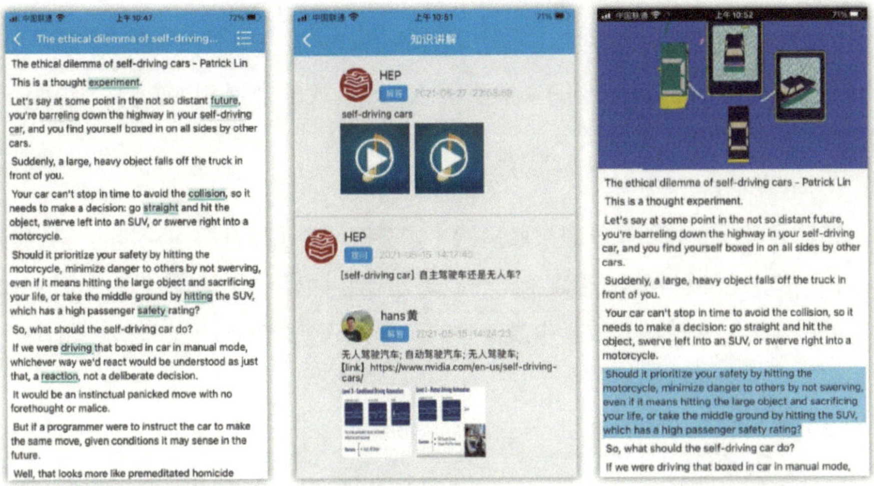

知识点准备与发布　　　　师生多模式的互动　　　　文本与视频的自动同步和即点即放

图 5-4　智慧书器手机端使用展示（截图）

过进行自然语言分析、自动语音文字对齐等技术实现资源的动态标注、查找和颗粒化检索。老师们基于文字（比如单词短语等）可以迅捷检索到大量相关的原汁原味的音视频片段，根据需要，可以极其便利地进行局部裁剪加工，并最终选择若干片段一键合成。老师还可以在海量的资源库里搜索到具有可读性或适合学习的素材作为补充教学材料，以强化学生对传统教材的学习。

（2）对标用户习惯，聚焦学习交互

支持常用格式文件的界面集成和缩放呈现，如 PPT、PDF、音视频等，无需频繁跳转切换，同时支持课文界面的多模态标注式讨论问答，实现聚焦内容的学习交互。

（3）活化教材形态，优化教学流程

变静态课本为动态资源，支持既定课本自定义，如按需添加导学案、课件、视频、教案等课文配套内容，或按需自行导入讲义文本，师生数据即刻同步更新。

（4）回归教学常态，解决实际问题

面向实际教学需求，提供教学各环节的无忧技术支持，如整合备课资料、预埋知识点讲解、教学即点即显、在线辅导监测、可视化绩效评价等。

（5）支持混合学习，创新教学模式

同时支持在堂面授和在线函授，方便混合式教学实践。教师可根据教学实际、学生实际设计自己专属的教学流程，从面授式混合到 SPOC 混合均可轻松实现。

3. 典型成效

智慧书器一方面和国家级出版机构（如高等教育出版社等）深度合作，实现对任何传统纸质教材的快速数字化、新形态化和融媒体化；同时抓住教材、教案、备课、上课、辅导等教学中最核心的元素和环节，为广大老师和学生提供一站式的智能教学支持和服务：

（1）师生的互动更加透明、直接和有温度

实现任意方式的师生交互、生生交互，如即时问答、话题讨论、作业反馈等；支持文字、语音、图片、视频、课件等格式的在线交互。

（2）备教辅一体化让教师专注教学

同一界面可实现备课、教学、辅导等功能，无需转切换。如备课时的知识点标注、课件预埋、问题推送等，教课时的内容展示，辅导的评测反馈等即点即现、缩放自如。在 PC 端使用智慧书器授课时，老师可在同一界面就所讲内容自如地展示 PPT、知识点讲解和其他课件资源（图 5-5）。

（3）标注式共时页面让师生互动更高效直观

实现基于同一工作页面文本的实时交互标注，师生即问即答，数据同步更

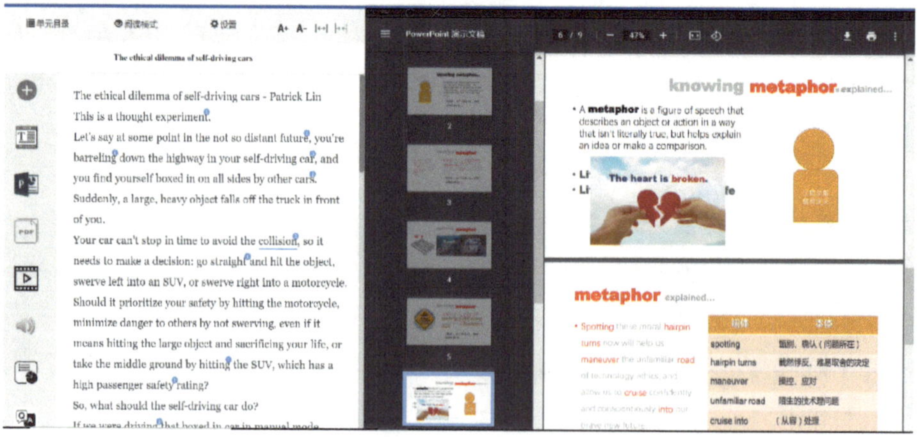

图 5-5　利用智慧书器授课时 PC 端的使用展示（截图）

新；杜绝了“爬楼搜索”的不便利和“离题万里”的无效交互。

（4）教材新形态化更契合教学新生态

教材和教参不仅各自实现数字化、立体化和富媒化，而且完全一体化；全面实现个性化、敏捷化、互动性的教材开发，让教材的编写和使用有机结合起来，实现编、教、学、用全流程可观控与可反馈，从而实现真正意义上的新形态化。

（5）MOOC/SPOC 孵化模式让在线金课的打造融入日常一点一滴的教学中

提供从知识点到课件、从课件到微课、从微课到 SPOC 的框架设计，教师可以根据教学交互中的热点、重点、难点、疑点提炼形成系列课件，从课件讲解中生成系列微课，一旦形成即可成为 SPOC 平台。

（6）课堂轻量级应用让老师轻松上手，无需担心技术门槛和反复的平台切换

教学内容定制化，系统支持教材内容与教学方案的自动导入、自定义导出，教师可在系统或者分享的讲义基础上，结合班级特色，任意配置与建设多种形式的拓展性内容，丰富校本特色课堂，实现轻量级应用。

（三）虚拟实验：中央电化教育馆中小学虚拟实验教学服务系统[①]

1. 基本情况

为贯彻落实教育部《关于加强和改进中小学实验教学的意见》部署要求，使用 AR、VR 等技术手段帮助学校开展实验教学创新，助力提升相关学科教学水平，中央电化教育馆组织研发了中小学虚拟实验教学服务系统（以下简称“系统”）。系统将现代信息技术融入物理、化学、生物、科学等学科的理论知识的教与学和实验操作练与考之中。系统由虚拟实验资源库、虚拟实验教学软件系统和虚拟实验教学支持服务系统构成，全面覆盖中学物理、化学、生物和小学科学等学科，高度还原逼真的实验现象与过程，为教师提供创新的教学方式方法、先进可靠的实验操作技术、稳定安全的实验模拟操作环境，有效拓展实验教学广度和深度，延伸教学空间，科学助力实验教学质量提升；发掘学生实验学习的兴趣与创造力，加强实验操作的动手、探究与思考能力，提升学生在实验学科方面的核心素养。

① 资料提供：中央电化教育馆基础资源部（黄旭光，冯吉兵）。

2. 主要做法

（1）解决实验教学面临的问题

新课改对现有的教学模式提出了新的要求，尤其在实验过程中要求老师彻底转变观念，改变传统教学中只注重实验结果，不重视实验过程和学生实践能力的培养，要努力创造适宜的学习环境，促进学生积极参与、主动探究（《义务教育小学科学课程标准》）；在课堂教学上认真开展验证性实验和探究性实验教学（《国务院办公厅关于新时代推进普通高中育人方式改革的指导意见》）；充分利用大数据、虚拟现实、人工智能等新技术，推进以自主、合作、探究为主要特征的教学方式变革（《教师教育振兴行动计划（2018—2022年）》）。

目前的理化生科目教学中还是采用传统的实验教学模式，主要分为讲实验、做实验和画实验三大部分。其中，“讲实验”大多数是以教师为中心教学，学生听，造成实验知识教学与实验操作教学传递渠道单一，互动性不强，难以提升学生学习效果；“做实验”是实验类教学的重点，提倡学生动手去体验、去操作，但限于实验安全、实验用品等条件的约束，无法满足学生随时多次的实验练习需求；“画实验”是教师在黑板上画实验的相关结构图、原理图等，面对反应抽象的理论及定理，宏观、微观和带有危险性的种种实验，很难全方位动态展示效果以及内部的逻辑关系。

因此，自觉探索、开发、引导、管理和评价实验教学的新思路，以严密的逻辑推理和严肃的求实精神去培养学生的创新素质，是新课改对学校和教师的一种能力要求。

（2）解决实验操作面临的问题

随着实验操作技能的考核纳入相关指标的新考试指标要求，目前实验操作考试练习评测仍然存在以下一些问题。

一是采取纸笔书面方式，忽视实验操作考试练习的重要性。一部分地区实验操作考试练习多采用应试教育形式，主要在纸笔书面中进行，即通过熟读熟背实验操作考题考标的步骤、数据和结论。纸笔考试虽然对理论知识有很好的考核效果，但是无法对学生的实验操作能力做到全方位的考核。

二是教学装备存在差异，实验操作考试练习不足。地区经济发展不均衡，欠发达地区在实验教学仪器、药品等物品采购上资金不足，学校及教师即使能够开展理论知识与基础实验操作，也由于实验物品的短缺而无法进一步多次开展实验操作考试练习。

三是师资配备差异，降低整体实验操作指导水平。目前我国多数地区的专业实验教师数量并未配齐配足，实验老师在辅导学生进行实验操作的时候容易产生“看了这边、误了那边”的情形，导致不能全面了解学生实验操作技能掌握情况。此外，不同区域存在师资力量的差异，由于实验操作考试练习的成绩评定主要由教师通过主观评判，进一步降低了学生实验操作的指导性，无法保证学生在实验操作过程中的规范化、标准化。

（3）满足实验教学师生现实需求

目前实验教学主要是指物理、化学、生物、科学等学科的实验教学，通过实验教学来帮助学生了解实验的现象，掌握实验的规律及事物发展变化的过程。现阶段学校在实验教学上存在着以下需求。

一是实验安全性的需求。实验安全事关广大师生的人身安全，也牵动校园及社会的稳定。有些危险性实验一旦操作疏忽容易对操作者造成危害。考虑到安全红线，学校会放弃组织学生操作具有危险性的实验。

二是实验教学资源的需求。目前实验类课件资源匮乏，学科教师需要花费大量的精力寻找合适的资源；目前现有资源的匹配性较差，且大多数是静态的图片形式，缺乏动态的仿真模式资源，很难吸引学生的注意力，满足常规的教学需求。有些需要理想实验环境才能完成的复杂实验，效果呈现不明显，或者需要很长的反应时间，教师需要生动的实验课件资源辅助其在有限的课堂时间里进行展示或演示。

三是实验教学模式创新的需求。在认真考虑实验教学存在的问题和面临的新课改的时代要求的基础上，融合实验教学方法和新技术，重新设计实验教学结构和要求，形成实验教学创新模式，是学校着眼于时代发展进程和未来人才培养的重要举措。

四是实验教学效率与质量的需求。由于实验教学过程不仅包括理论知识的教学，还包括实验操作的教学，尤其是实验操作所需仪器设备的准备工作，这对学科教师的综合备课与授课能力都提出了较高的要求，如何在有限的教学时间内有效提升实验教学的效率，有效关注学生的实验学情，成为课堂教学成效的关键。

五是实验实操技能提升的需求。随着实验操作成为学业水平考试的重要考核之一，传统的多读多背方式无法保证学生有效将物理、化学、生物、科学等多学科的考核要求记忆下来，尤其是实验操作中的细节关键点。学生不仅需要在课堂中接受实验操作指导与学习，更需要在课后进行反复的实验演练，通过掌握扎实的实验操作技能来面对学业水平考试。

3. 典型成效

系统融合 AI、3D、VR 等前沿科技，全面覆盖中学物理、化学、生物和小学科学等学科，高度还原逼真的实验现象与过程，构建稳定、安全的实验模拟操作环境，经由教育专家指导论证，有效拓展实验教学广度和深度，科学助力实验教学质量提升。

（1）使用 3D 虚拟技术，超越真实实验效果

以主流 3D 引擎 Unity 为基础，提供精致仿真的 3D 元器件模型资源，同时在实验过程中通过虚拟技术，高度还原逼真的实验现象，比如电流、磁感线等；可自由调节空气阻力、重力加速度等实验环境，重现教材中“理想”与“非理想”实验，多维度呈现学习内容，调动多感官参与，让学生感受极强的逼真感，提高教学质量与效果。

（2）使用 VR 技术，提供沉浸式学习体验

将沉浸式 VR 与教学相结合，以优质教学资源为核心，为学生创设接近真实的三维学习环境，将抽象概念具象化，提供身临其境的多感官体验，为学生打造仿真的实验环境，激发学生的求知和探索欲望。

（3）研发实验引擎，实现科学自由

研发化学、电学、磁学、力学、声学、光学、热学七大实验引擎（例见图 5-6），系统内实验用品可以根据教学需求自由组合，帮助师生轻松实现探索式实验教学，提升教学灵活度和教学效果。为充分保证科学性，引入相关领域的专家，在系统研发及验收过程中予以权威专业的指导，确保每一个实验都遵循科学原理。

（4）多场景连接，打造教学闭环

系统连接传统教学、探究教学、练习实操、考试等多个学习场景，形成提升教学效果的正向循环。全程在线的 AI 智能助教能够辅助学生练习，在线实时给予实验分步骤说明、知识讲解、错误提醒纠错等指导，并能采集实验测试与练习过程中的学生操作数据，检验班级及学生个体在实验过程中的难点、易错点等学情。

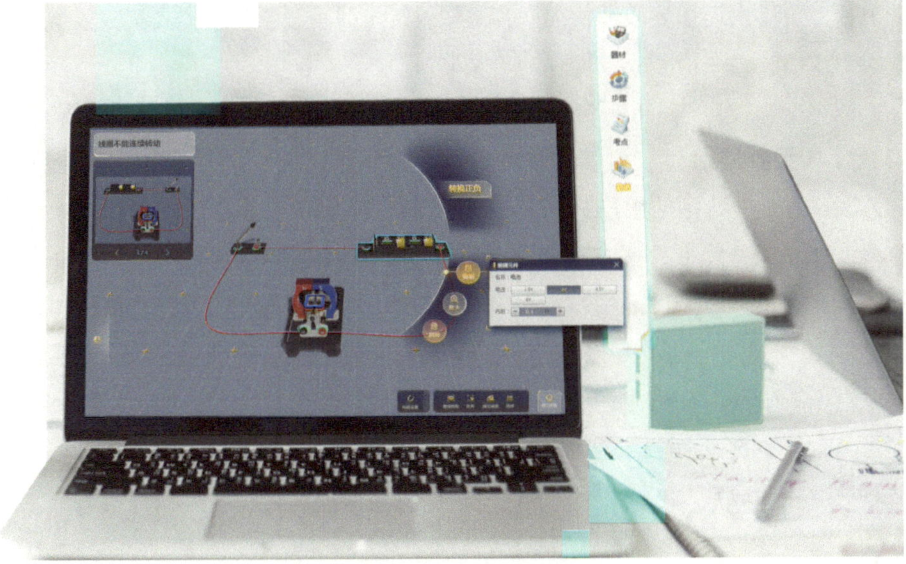

图 5-6　磁学探究引擎示意

（5）节约建设成本，实验安全无忧

系统的目标是打造一套线上 + 线下、教师 + 学生均可使用的虚拟实验教与学的平台，可兼容各个终端，打破传统实验的条件束缚，教师可以随时随地、反复教学使用，不受实验资源限制，零安全顾虑，经济省心；满足学生多次、随时学习、实验的需求，让学生更好、更快地掌握实验技能。

（6）实现课程标准化，知识环节全打通

系统全面覆盖初高中物理、化学、生物和小学科学教学大纲的实验资源，匹配主流教材版本，融合了强大的 3D 可编辑资源，还原逼真的实验现象与过程，为学生提供自主学习的模拟仿真实验环境。

（7）共建共享，普及优质资源

系统提供中小学阶段大量的实验用品和实验场景，并涵盖了课本中的全部操作实验，全平台支持、多终端适配，兼容性好，实现不同教师间的资源共享、开放交流，对接国家教育资源公共服务平台，汇聚虚拟实验资源，轻松实现优质教育资源共建共享。

（8）教师培训服务，快速提升实验教学能力

为帮助广大教师快速掌握系统的使用，提供在线教师培训服务，包括多项培

训课程，可以快速引导教师将虚拟实验融入传统课堂教学中，提高实验教学的实践能力。

截至 2021 年 8 月，平台已经上线运行 1 年 3 个月时间，已经与国家教育资源公共服务平台完成对接，且成为其重要组成部分。实验校累计开通账号 147 306 个，累计激活用户 25 711 个。实验资源已覆盖小学、初中和高中 3 个学段、10 个学科、9 个版本教材，内置超 1500 个虚拟实验器材、超 4300 个实验资源、超 10 000 个自由探究资源。在广州、武汉、福州、成都、银川和邯郸 6 大实验区、68 所实验校开展试点工作。经过试点应用，各实验区校及非实验校师生对系统的平台和资源评价良好，实验取得基本成功，将于 2021 年下半年面向全国有条件的中小学推广应用。

（四）人教数字教材：人民教育出版社基础教育新资源体系[①]

1. 基本情况

人教数字教材是在教育信息化 2.0 时代传统出版战略转型和产业升级大背景下，在《国家中长期教育改革和发展规划纲要（2010—2020 年）》精神指导下，依托人民教育出版社的品牌和强大的课程、教材、教研优势，以服务基础教育信息化和数字化学习为导向，以提高教学和学习效果、发展学生核心素养为目标，面向中小学师生，依据国家课程标准，以传统纸质教材为蓝本，针对信息化环境中教与学的新需求，利用互联网、数字媒体、大数据等技术手段，融教材、数字资源、学科工具、应用数据于一体的立体化教材（图 5-7）。其涵盖基础教育领域全学段（小学、初中、高中）的全学科（道德与法治、语文、历史、数学、英语、地理、物理、化学、生物、音乐、体育、美术），通过专业、科学的内容体系和产品服务体系，为基础教育领域“人人皆学、处处能学、时时可学”提供支持，从而推动和促进信息化教学应用以及课程与教学创新，深入落实国家《教育信息化 2.0 行动计划》。

2. 主要做法

（1）整体规划设计，体现信息化环境下的教材育人价值

数字教材建设紧紧围绕立德树人的根本任务，进行整体设计和构思，在整体

① 资料提供：人民教育出版社（龙正武）。

图 5-7　人教数字教材

规划设计基础上，形成不同学段、不同学科、体现学科学段特点的数字教材具体学科建设方案。数字教材与传统纸质教材一样，不只是传播学科知识的工具，更是育人的载体。因此，在整体设计开发数字教材时，始终贯穿立德树人这一根本要求，弘扬社会主义核心价值观和爱国主义精神，把中华民族传统美德、优秀传统文化和先进文化渗透到学科教学内容中，充分考虑学生的认知规律和特点，自然熏陶、润物无声，在增长学生科学知识的同时，引导他们明大德、守公德、严私德，以培养学生的理想信念、文化自信和责任担当。

（2）把握教材特点，建设精品资源

数字教材与纸质教材都是依据课程标准研发的，但相比纸质教材而言，数字教材的内容资源更加丰富多样，除文字、图片外，还涵盖音频、视频、动画等多媒体资源，以及 VR/AR 资源和交互性资源，能够在信息化环境中以更加丰富的形式呈现教学内容，以更加直观的方式帮助学生体验和探究（例见图 5-8、图 5-9）。

对于数字教材配置资源，要考虑教学目标的实现，同时考虑数字化教学的特

图 5-8　语文数字教材资源示意（截图）

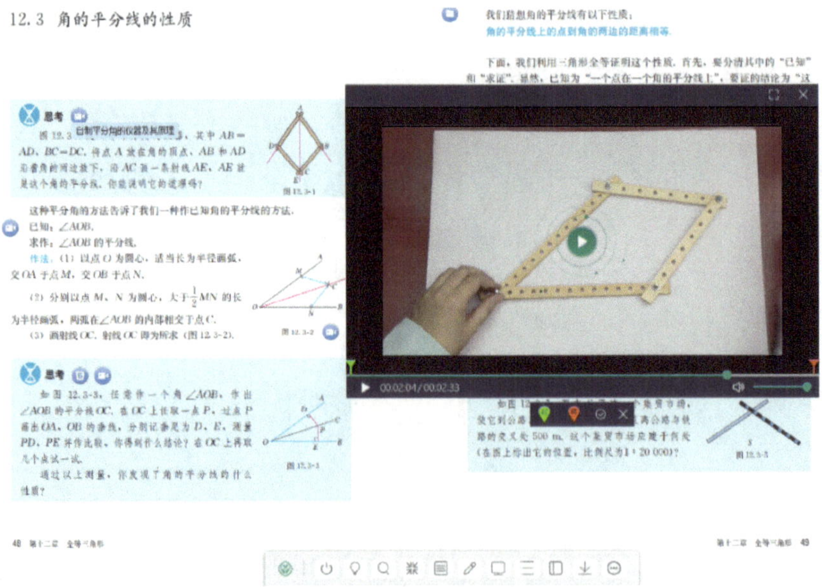

图 5-9　数学数字教材资源示意（截图）

点和需要，更要通过精选多样化的内容资源，将知识学习、素养提升与能力提高相结合。严把质量关，确保价值导向和知识内容的正确性、科学性。

（3）以应用为导向进行功能设计

结合数字化教学需要和应用环境要求，进行功能设计和开发。在功能设计上，数字教材既要考虑教学需要的常规功能和备授课工具，如缩放、笔记、书签、点读、检索、交互等，又必须与具体学科融合开发学科工具，如小学语文的识字卡片、英语学科的语音评测、数学的动态模型工具等，支持师生课前、课中、课后的不同教学需求。

结合实际教学应用环境，数字教材功能设计充分考虑能支持个人电脑、移动终端、电子白板等多种终端载体，适配多系统平台，从而保障教学应用的顺利开展。

（4）以服务推动应用

数字教材产品不同于传统的纸质出版物，数字教材的应用具有信息化技术特点，需要及时动态的服务支持。人教数字教材建设有专业的教学应用服务团队，他们联合各地教研部门积极开展教研、培训、课题、大赛等活动，使数字教材在教与学的多个环节中实现深入应用，在各地应用实践中打造普遍适用的基于数字教材的信息化教学新模式，推进各地教育信息化平台的常态化应用，提升中小学教师和学生的信息素养。

目前，人教数字教材已经在广东、广西、河南、天津、湖北等地区落地应用，注册用户近千万，有效地促进了当地教育信息化发展。

（5）组建专业团队

人教数字教材的研发仅仅依靠纸质教材的编者是不够的，人教数字出版有限公司组织了课程专家、教育技术专家、IT 专家、学科编辑、技术编辑、设计人员、一线教师、教研员、测试工程师、研发工程师、应用服务人员等多方面专业人员，组建高质量的顶层设计团队和专业的开发队伍，并在实践中发现人才、培养人才、锻炼队伍、磨合队伍。

3. 典型成效

（1）促进教育资源均衡，促进教育公平

数字教材作为基础教育信息化的基础和核心资源，通过建设优质产品和资源内容，为各地教育信息化服务，对实现基础教育领域优质教育资源均衡，促进教育公平具有非常重要的价值。目前，数字教材产品已经在广东、广西、河南、天津、湖北等地区落地，对当地基础教育资源应用和信息化水平提升起到了重要作用。

（2）促进教育出版的融合发展与转型升级

人教数字教材研发落实了国家政策要求，尤其是结合《中国教育现代化2035》持续推动信息技术与教育深度融合的要求，对教育出版的融合发展与转型升级具有重要示范作用。人教数字教材的产品研发可以解决当前教育出版的转型升级中普遍存在的产品形态单一、缺少互动、无法满足教育实际需求等问题，充分发挥传统教育出版单位在教学资源开发、课程整合等方面的优势，形成了一个能够满足教学需求的智慧教学整体解决方案，创新形成了数字教育出版的新模式，能够起到教育出版转型升级的带动和示范作用。

人教数字教材研发在内容资源建设、技术、标准、运营模式等各个方面探索基础教育数字化发展的有效途径，为国家教材发展整体规划和顶层设计提供决策支持，促进了教育出版融合发展。人教数字教材的研发工作从 2013 年起被列入教育部教育信息化工作要点。

（3）推动基础教育信息化发展

当前教育信息化已成为我国教育现代化发展的重要推动力量。教育信息化战略实施以来，一直存在着信息化对教育变革的促进作用不足、信息技术在教学应用中的水平不高等问题，推进教育信息化的积极性有待提高，力度有待加大。通过教材、资源和应用的融合创新提升了教育信息化的效能，强化了教育信息化对教学改革，尤其对是课程改革的服务与支撑，将信息技术融入课堂教学和学生个性化学习过程中，在教育服务供给方式、教学和管理模式等方面，积极推动着教育信息化在教学中的深化应用。

在传统的课程体系中，教材是教学资源的核心。纸质教材是课程标准的具体化，是教师进行教学的基本依据，也是学生获取知识、发展能力的基础载体。随着教育信息化的推进，课程体系和教学模式也在发生着潜移默化的变革。但无论如何变革，基础教育阶段的教学都需要体现国家意志的课程知识体系，数字教材在教育信息化环境下，理应起到与纸质教材在传统教学中类似的基础性、示范性作用。它能为教师和学生提供满足教学基本需求的基础资源和基础服务，能有效提升老师备授课、学生自主学习的水平和效率，推动教育信息化常态化发展。

（五）“爱课程”：高校系统化在线教育服务体系[①]

1. 基本情况

爱课程（iCourse）是教育部、财政部“十二五”期间启动实施的“高等学校本科教学质量与教学改革工程”支持建设的高等教育课程资源共享平台。自2011 年开通以来，在运行中国大学视频公开课、中国大学资源共享课的基础上，2014 年与网易合作自主研发推出中国大学 MOOC 等多项标志性成果，荣获第三届中国出版政府奖网络出版物奖，入选全国新闻出版业百强网站、2020 年中国国际服务贸易交易会“中国服务示范案例”。

爱课程秉承开放和创新的理念，不断探索信息技术与教育教学的深度融合，全方位服务高校教学，为促进线上线下教育融合发展、支撑教育高质量发展做贡献。

2. 主要做法

（1）坚持“扎根大学，助推教改，服务学习”发展目标

在“互联网 + 教育”大背景下，高等教育出版社着力打造“爱课程”在线教育平台，致力优质课程资源的传播、共享与应用，探索和构建在线开放课程服务体系。

（2）构建系统化在线教育服务体系

1）集聚优质课程资源

爱课程集聚众多名校、名师、名课，截至 2021 年 7 月底，已开设在线课程1.5 万余门，课程类型丰富，覆盖学科齐全，涵盖基础教育、职业教育、高等教育等不同学历层次人群，可供考研、社会学习人群和教师使用。爱课程结构合理，内容体系完整，可供应用的课程系列有 120 余个，形成了系列化、专业化的在线课程体系。爱课程的课程质量高，选课人次超过 2.5 亿，在教育部认定的首批 1875 门国家级线上一流本科课程中，爱课程（中国大学 MOOC）入选 1333门（占 71%），在职业教育国家级精品在线开放课程中入选 137 门（占 59%）。

2）强化信息技术与教育教学融合

在平台功能设计上，爱课程充分发挥“互联网 + 教育”优势，紧扣教育教学需求，不断提升用户体验，提高平台运行和服务效率。搭建“学校云 +SPOC”

---

① 资料提供：高等教育出版社（韩筠，吴博）。

的在线教学服务模式，为高校建立专属的云空间，高效应用在线课程促进课堂教学改革。为打通线上线下课堂教学，支持老师开展线上课堂、线下课堂、线上线下混合式等多种教学场景，推出智慧教学工具“慕课堂”，提升教学效率。应用大数据技术，动态分析平台积累的海量学习数据，及时为教育主管部门、高校以及教学团队等提供不同维度的数据分析，在精准施策、教学治理以及学情分析等多方面发挥积极作用。

3）形成多场景在线教育服务

爱课程不断进行技术迭代与优化，积极推进在线课程在校内课堂教学的多模式应用，以丰富优质课程为基础，形成以中心站点、学校云、移动端 App、智慧教学工具“慕课堂”等在内的系统化在线课程服务体系，面向教学管理人员和一线教师提供教学研讨与培训服务，有力支撑中国高校的线上线下多模式教学应用与改革创新。

（3）推出爱课程国际平台，为全球学习者提供在线学习服务

爱课程响应教育部号召，于 2020 年 4 月正式发布面向全球的国际课程平台。以国际平台作为探索国际化发展与合作的窗口，积极分享前期开展大规模在线开放课程建设与应用的经验，向全球学习者开放具有中国特色、国际水平的优质课程，提供学习体验服务。目前，平台汇聚了 74 所国内一流高校和特色高校，上线医学和疫情防控、工程技术、生态与农业等八大类高质量特色课程共 389 门，均由国内高校的知名专家、教学名师等讲授。

3. 典型成效

（1）助推教育教学改革

截至 2021 年 7 月底，爱课程为中国 1300 余所高校搭建学校专属的云空间，开设校内在线课程 15.2 万余门，拥有在线开课教师 50 万余人，开设智慧教学工具“慕课堂”应用课堂 16 万余个，全程服务高校线上线下多模式教学应用与改革创新。爱课程平台在线课程从量的积累到质的提升，从资源分享到教学服务分享，清晰地反映了在线课程与高等教育教学改革的紧密联系。

（2）服务学习型社会

爱课程在推动优质资源共享、推进教育公平方面开展了一系列工作，保障了中西部地区对优质课程资源的获取，助力提升我国中西部地区高等教育的质量和公平。

爱课程坚持开展一系列效果显著的公益教育活动。例如，“一起看见更大的

世界”公益计划、“中国大学 MOOC 进校园，名师名课面对面”巡回活动、教师教学能力提升 MOOC 项目等系列活动，参加基于“互联网 +”的宕昌县体育美育教育帮扶工作，帮助中西部欠发达地区的大中小学生获得优质教育资源，提升当地教师的教学能力和信息技术素养。

同时，爱课程平台的在线课程也面向所有社会学习者开放，使“人人可学、处处可学、时时可学”成为可能。先后为中宣部“学习强国”、中央军委“军职在线”、国家体育总局项目平台等输送千余门优质课程，为建设学习型社会、学习型政党、学习型国家发挥了有力支撑作用。

（3）倾力保障疫情期间教学

新冠肺炎疫情期间，爱课程开放 9000 余门优质慕课课程，提供一系列教学工具与服务，举办百余场公益直播培训，平台新增访问量达 72 亿人次，日均学习用户 820 万人次（最高达 1400 余万人次），在线学习学生人数达 900 余万人次，有力地保障了疫情期间高校在线教学的平稳有序运行。UNESCO 发布《缓解新冠肺炎疫情学校停课的远程学习解决方案》，爱课程是中国唯一入选的在线课程平台。

第 2 节　优化资源供给服务

《指导意见》在“重点方向”中列明：

> （三）数字资源新型基础设施
>
> 依托国家数字教育资源公共服务体系，推动数字资源的供给侧结构性改革，创新供给模式，提高供给质量。
>
> 8. 优化资源供给服务。汇聚数字图书馆、数字博物馆、数字科技馆等社会资源，共享社会各方开发的个性化资源，建立教育大资源服务机制。系统梳理各学科知识脉络，明确各知识点间的关系，分步构建国家统一的学科知识图谱。对现有资源进行分类标识，匹配学科知识图谱。升级资源搜索引擎，通过平台模式为师生提供海量的优质资源和精准的资源服务。

一、任务重点

建立教育大资源服务机制的核心是应用互联网促进学校、企业和社会机构等多主体资源供给，汇聚数字图书馆、数字博物馆、数字科技馆等多样化的优质资源，优化数字教育资源的组织应用，提供以大规模优质教育资源共享为基础的个性化教学服务。构建学科知识图谱的目标是针对基础教育各学科，梳理知识脉络，构建国家统一、科学规范的知识图谱，实现领域知识共融，促进基础教育各学科教育资源的智能化组织管理、分类与知识推理，为教育教学资源的智能检索、个性化资源推送、学习路径推荐、自适应学习、智能学伴等提供基础性支持。

通过平台模式为师生提供海量的优质资源和精准的资源服务，核心是依托云计算、大数据、人工智能、物联网、边缘计算等技术，建立教育资源应用的大数据平台。通过采集学习过程中的学习数据，建立学生的认知能力图谱、知识图谱，并借助智能推荐引擎，实现由“人找资源”向“资源找人”转变，为促进规模化教育与个性化培养有机结合提供有效路径，也可为教师提供智能推荐资源应用服务，促进各类优质资源的常态化应用，完善现有的数字教育资源服务体系（图 5-10）。

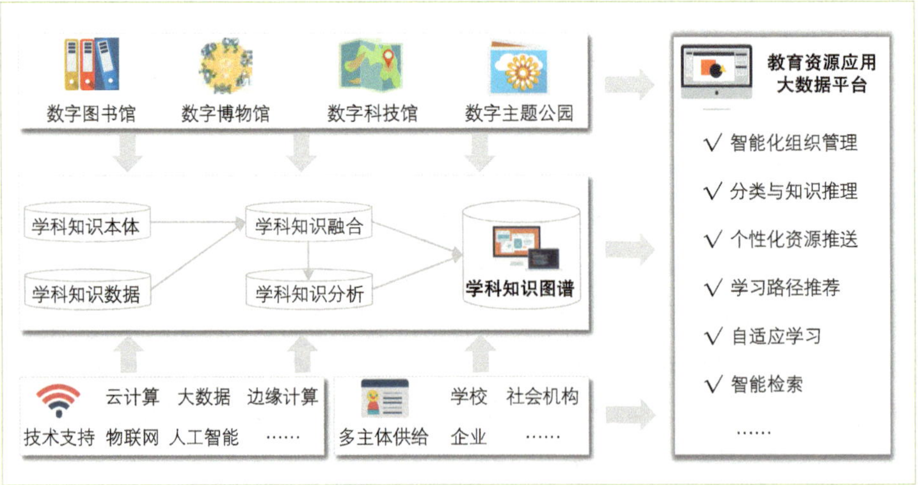

图 5-10　新型数字教育资源服务体系

二、典型案例

（一）国家数字教育资源公共服务体系[①]

1. 基本情况

教育信息化 1.0 时代，我国在硬件和网络基础设施、数字教育资源和服务、教学应用等多个方面都取得了可喜的成绩。但从全国范围看，教育资源的涵盖范围和参与力量还比较小，适应新时代人才培养需要、智能化时代要求的能力不足，支持教育深层次系统变革和发展的内生动力还未形成。

2018 年，《教育信息化 2.0 行动计划》进一步提出构建一体化的“互联网 + 教育”大平台，整合各级各类教育资源公共服务平台和支持系统，建成国家数字教育资源公共服务体系（以下简称“国家体系”）。国家体系充分发挥实名认证、信息汇聚和数据交换的枢纽作用（图 5-11），开放、透明教育资源供给模式和渠道，通过智能导航系统将国家建设的基础公益资源免费推送至各级资源服务平台的用户空间，共覆盖小初高 85 个学科的 873 个版本，实现“国家—省—市—县—校”多级汇聚的资源便捷分发，让“资源信息多跑路，师生网上少跑路”，让学校师生能把精力放到教学应用上来，充分发挥数字教育资源的作用，增强自身素质，探索新型学习模式，提高教育教学质量。

国家教育资源公共服务平台（https://eduyun.cn/，以下简称“国家平台”）

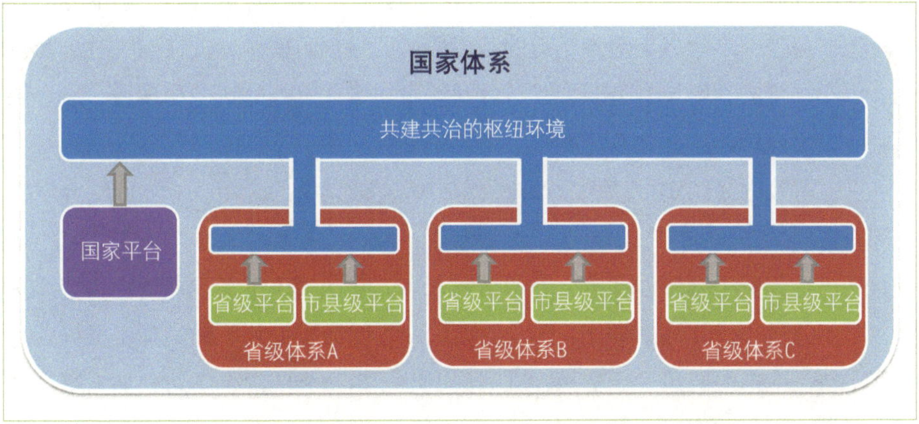

图 5-11　国家数字教育资源公共服务体系枢纽环境

① 资料提供：中央电化教育馆技术部（刘学）。

已上线国家中小学网络云平台、从小学党史、统编三科教学指导建议、E 路护航·E 路平安等 26 个活动。为用户获取所需的资源提供了便捷的入口。截至 2021 年 7 月，国家平台累计浏览次数已达 6.67 亿次，独立访客累计达 9959 万人。

根据《教育信息化 2.0 行动计划》《关于促进在线教育健康发展的指导意见》《2020 年教育信息化和网络安全工作要点》《教育部、国家文物局联合印发关于利用博物馆资源开展中小学教育教学的意见》《加快培育新型消费实施方案》等文件精神，实施教育大资源共享计划，推动专用资源向大资源转变，开展教育大资源共享计划相关政策研究及规范研制工作，研究建成适合新时代教育发展要求的教育大资源及其有效共享和服务的体制机制，研究构建教育资源公益性和市场化结合的数字资源使用机制，研究建立“基础性资源靠政策、个性化资源靠市场”的资源开发机制，研究形成“政府评估准入、企业竞争提供、学校自主选择”的资源供给和消费机制。对教育大资源有效共享和服务进行更深入广泛的探索实践，支持不同区域师生通过国家体系内各级平台的网络学习空间方便获取优质的教育大资源服务，推动教育大资源与学校教学、综合实践有机结合，提高青少年思想道德素质和科学文化素质，提升落实国家战略任务、适应未来社会和教育改革发展要求的能力。

2. 主要做法

依托国家体系联盟共建共享机制，在保证基础性资源服务的同时，广泛开展社会优质资源汇聚，重点汇聚以培育和践行社会主义核心价值观为主题的专题教育资源，覆盖中小学各年级各学科的备授课和自主学习资源，支持探究性、项目化、协作式等的学习场景资源，支持教师教研与专业发展的资源和课程，适合课后服务、协同育人的社会教育大资源。

采取有效方式切实推动优质教育资源在教育教学中的应用。一方面结合学校实际教育教学需求，在教学授课、教师专业发展、家校互动、学生自主学习、学校管理评价等应用领域，找准一到两个发力点，组织师生进行专项研究和持续探索，不断改进和优化教学模式；另一方面采取切实激励措施，鼓励师生根据自身需要有特色地自主应用优质资源，推行线上线下相结合的混合学习，加强基于网络学习空间的家校沟通、互动，共同关注学生学习与成长。

逐步建立应用驱动、用户评价、持续迭代共享的教育资源动态优化机制；发挥市场在资源配置中的作用，探索和完善用户选用政府付费机制，形成供需透明、公平竞争、规范交易的资源供给环境。研究建成适合新时代教育发展要求的教育大资源及其有效共享和服务的体制机制；实现有一定规模的教育大资源共享服务；形成教育大资源与学校教学、综合实践深度融合的应用案例。通过国家体系，一方面汇聚更广泛的社会优质资源，另一方面推动教育发展水平较高地区向贫困偏远地区提供有一定规模的优质资源服务，全面支持不同区域师生通过国家体系网络学习空间方便获取优质教育资源服务，在教与学中广泛深度应用信息技术，推动教育创新发展，提升适合信息时代要求的核心素养，支持全国各地形成基于国家体系的教育大资源服务模式。

3. 典型成效

截至 2021 年 7 月底，参与国家体系资源汇聚的应用服务商有 485 家，累计汇聚上架了 94 家应用服务商的 229 个应用（经上架前检查，相关应用已完成教育移动互联网应用程序备案），应用选用后通过体系内各平台为师生提供教育教学、教育管理服务，内容涉及备课授课、互动课堂、网络课程、网络教研、作业评测服务等。

广泛开展文博、科技、红色教育、安全教育等类型的教育大资源的建设与应用，国家中小学网络云平台（https://ykt.eduyun.cn/）累计制作上线小学、初中、高中各学段主要学科学习资源共 8452 课时，包含春季学期 4649 课时（小学 2250 课时、初中 1079 课时、高中 1291 课时、小初高通用 29 课时），秋季学期 3803 课时（小学 1692 课时、初中 1129 时、高中 982 课时），疫情期间服务用户超 20 亿人次。2021 年上半年更新音乐、美术课程资源 151 课时，整合了防疫教育、品德教育、生命与安全教育、心理健康教育、家庭教育、经典阅读、研学教育、影视教育等 8 个专题教育资源 1300 多条。

“统编三科教学指导建议”专题网站（https://www.eduyun.cn/tbsk/tbskxxywqbwd/）共有小学和初中文档资源 57 个，其中语文学科 54 个，道德与法治学科 3 个。高中视频资源共 100 个，其中语文学科 39 个，历史学科 28 个，思想政治学科 33 个。截至 2021 年 7 月底，网站总浏览次数达 13.7 万余次，独立访客超 7 万人。

“从小学党史”专题网页于 2021 年 4 月初上线，共有 370 条课程资源，其中课程资源外链共 3 条。版块内设“图话百年”“学习新思想，做好接班人”“动听百年”“‘童心向党’班会活动”“寻访红色足迹”“‘全国中小学生电影周’活动”6个栏目。截至2021年7月底，累计吸引独立访客227.9万人访问学习，累计页面浏览次数1128.3万次，累计访问次数为576.6万次。

（二）新疆生产建设兵团教育资源公共服务平台①

1. 基本情况

新疆生产建设兵团（以下简称“兵团”）有中小学幼儿园学校491所，在校学生30多万人，教职工3.18万人。近年来，兵团教育局以兵团教育资源公共服务平台为基础（图5-12），不断汇聚优质数据资源、改善网络接入环境、建设教育行政专网、探索教育创新应用，以数据驱动提升兵团教育资源公共服务能力，推动数字资源供给侧结构性改革，扩展教育资源的辐射范围，提升教育资源的服务质量。

2. 主要做法

（1）加强基础支撑环境建设，实现四个“全覆盖”

坚持以教育信息化引领教育现代化为目标，兵团教育局于2017年确定了5个教育信息化试点师，38所试点校，92个试点班，计划通过5年的时间，“以点带面”实现信息化应用突破性进展，实现四个“全覆盖”。一是实现“宽带网络校校通”全覆盖，截至2019年底，兵团297所中小学校已接入10—100 M互联网带宽，形成了以师为单位的教育城域网；为确保教育应用数据安全，在校园网的基础之上，2019年兵团率先在全国实现了教育应用专用网络学校全覆盖。二是中小学校园信息化装备条件“班班通”设备全覆盖，截至2020年5月底，为中小学校8700个班配备了75寸和86寸的触控一体机班班通设备；256所中小学校建有录播教室，初步实现录播教室校内直播、校校直播、跨师域直播应用；师机比达到1∶1，生机比达到10∶1。三是“优质教育教学资源”全覆盖，建成兵团教育资源公共服务平台，截至2021年7月，教师空间注册开通率100%，资源覆盖了小学、初中、高中的18个学科，资源总量达300万条，另有90余万册数字图书资源，30余万册期刊资源。四是信息技术在学校管理应用全覆盖，通过兵团教育管理公共服务平台，实现学前、中小学、中职、教师、资助、校安等六大业务系统网络互联、数据互通，为辅助教育管理决策提供了大数

① 资料提供：华中师范大学国家数字化学习工程技术研究中心（舒江波）。

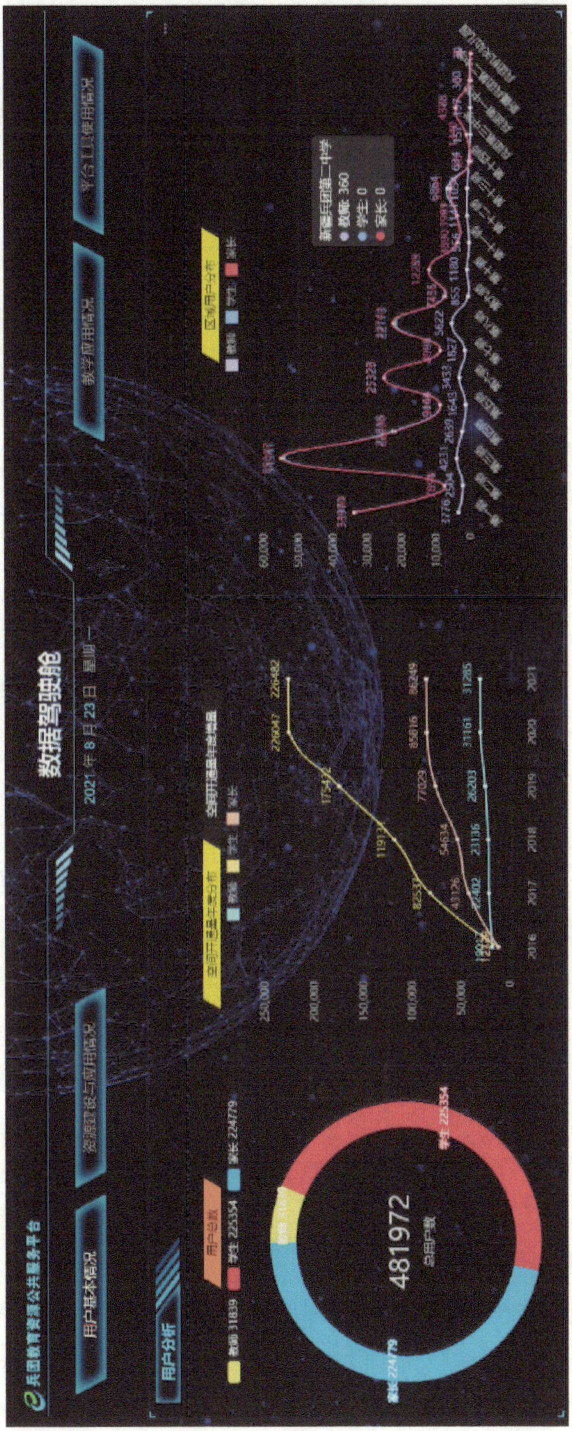

图 5-12　兵团教育资源公共服务平台数据驾驶舱（截图）

据支撑。

（2）构建优质数字资源汇聚机制，推动数字资源供给侧结构性改革

构建了“集中采购 + 共建共享”的优质数字资源汇聚机制。兵团教育局每年投入资金，集中采购优质数字教学资源。在此基础上，兵团中小学电化教育馆和兵团教研室联合组织兵团中小学优质资源评选活动，充分调动兵团教师创作数字教学资源的积极性；通过学校、师和兵团三级评审，遴选出符合兵团教学实际的优质数字资源，实现数字资源的共建共享。

（3）搭建名师工作室，推动网络教研模式创新

依托兵团教育资源公共服务平台，搭建名师工作室应用。利用兵团教育资源公共服务平台的远程视频互动服务能力，兵团各级名师工作室团队可以随时随地开展线上互动教研。互动教研的过程可以通过直播的方式，辐射到全兵团。

名师工作室应用还可以汇聚名师工作室团队线下开展的各类教学教研活动的数字化资料，并可关联至名师工作室建设的考核指标。依托兵团教育资源公共服务平台，兵团教研室实现了对名师工作室的半自动化考核评价，进一步支撑了教育管理的流程再造。

（4）开展普通话教育质量提升行动，提高教育教学质量

针对兵团第三师少数民族学生众多、普通话教师短缺、急需普通话教学的实际情况，为提升义务教育阶段国家通用语言文字教学质量，兵团第三师依托兵团教育资源公共服务平台，开展了普通话教育质量提升行动。行动要点包括：

1）区域教研与集体备课。利用兵团教育资源公共服务平台的教师研训系统，开展区域教研和集体备课活动。为区域教育联盟或备课大组创建对应的工作坊，在工作坊内开展教研和集体备课活动。通过集体备课活动，形成区域统一的电子教案。

2）电子教案发布。由师级管理员设置三师师级教研员角色，并指定负责的老师，将电子教案发布到兵团教育资源公共服务平台，形成三师的区域资源，供三师所有教师下载后进行二次备课。

3）教学监督检查。教师二次备课的教案和课件、教学反思、学生日日清的情况，均上传至兵团教育资源公共服务平台的课程空间。教学督导员可以通过管理界面，检查每一位老师二次备课的教案和课件、教学反思和日日清情况。

4）学习档案。依托平台学业大数据记录学生学习档案。

3. 典型成效

第一，以赛促“用”、以赛促“学”、以赛促“建”的数字资源建设和应用模式初见成效。教师们积极通过兵团教育资源公共服务平台搜索、获取与本学科相关的教学资源和工具，经加工提炼后用于课堂教学，在全国举办的“一师一优课，一课一名师”活动中，共有 2832 节优课获奖，其中，部级优课 364 节，兵团级优课 2468 节，充分体现了兵团中小学教师在“用、学、建”上取得的成效，并形成一批适合于兵团教学的内生优质资源。

第二，依托信息网络基础设施，拓展教学模式，充分发挥了名师名校的辐射作用。兵团一中积极探索远程同步课堂、专递课堂的教学模式，将课堂教学辐射三师图木舒克中学、44 团、49 团、50 团和 51 团等学校，实现了兵团教育向南发展和精准扶智的远程跨校新型教学模式。第二、三、五、八、十、十二、十三师和兵团一中、三中等通过兵团搭建的远程互动教研平台，开展远程跨师域、跨校际互动教研的常态化应用探索。

（三）北京市中学教师开放型在线辅导①

1. 基本情况

为进一步深化教育领域综合改革，以“互联网 +”和大数据促进教育基本公共服务转方式、补短板，提高服务质量，助力学科教学改革和考试招生制度改革，北京市教委、市财政局制发了《北京市中学教师开放型在线辅导计划（2018—2020 年）（试行）》，通过委托北京师范大学未来教育高精尖创新中心研发了开放型在线辅导系统，开展了中学教师开放型在线辅导（以下简称“开放辅导”）。通过动员全市中学教师自主开放教学资源，为学生提供精准化、个性化、多样化的在线教育服务供给。2018 年 3 月至 2021 年 5 月，开放辅导从先行在通州区试点扩展覆盖 8 个远郊区的 187 个学校 9 万余名初中学生。在 2020 年延期开学期间，响应教育部“停课不停学”号召，组织开展了面向全市 16 个区（含燕山）618 所学校 24.3 万余名初三和高中 3 个年级学生的在线答疑工作，为学生居家学习时的个性化需求提供了服务保障。

① 资料提供：北京师范大学未来教育高精尖创新中心（余胜泉，陈玲）。

2. 主要做法

开放辅导创新教师资源均衡配置的模式，实现学生学习问题的个性化解决，促进学生个性化发展，形成了基于网络的个性化教育供给可推广创新解决方案（图 5-13）。以发展在线个性化教育公共服务来破解教育规模化覆盖和个性化需求满足之间的基本矛盾，通过丰富个性化教育供给和提升个性化学习服务的质量来满足个体发展的教育获得感，从而落实教育的属性，增加教育公共服务的社会价值。通过优质师资资源的在线流转，让经济、教育背景相对弱势的远郊区县家庭孩子能够及时获取有质量保障且免费的个性化教育公共服务，提升了基础教育质量，促进了教育公平。

（1）开放辅导情况

辅导方式包括一对一实时在线辅导、一对多实时互动课堂、问答中心、微课辅导、AI 智能学 5 种。截至 2021 年 5 月 31 日，平台共有辅导教师 1.45 万余人（其中 60% 为区级骨干及以上称号教师），累计辅导次数为 200 余万次，累计时长为 30 余万小时；其中一对一辅导累计时长达 25 万余小时，问答中心解答近 42 万个问题，教师开设了 5 万余节互动直播课（一对多辅导），微课浏览达 1000 余万次。

（2）在线答疑实施情况

2020 年上半年，北京市教委及时响应教育部“停课不停学”的决策部署，研制了《2020 年春季北京市中学教师开放型在线答疑实施方案》，组织动员全市区级以上骨干教师和中高考学科教师近 1.4 万名，对全市 618 所学校 24.3 万余

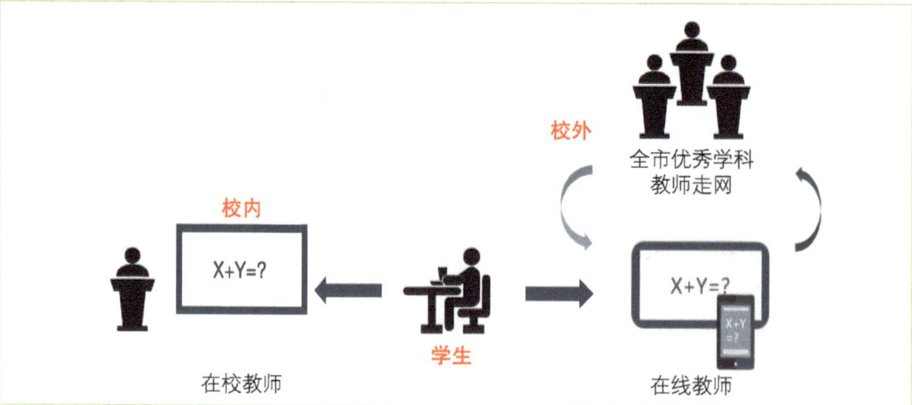

图 5-13　开放辅导模式

名初三和高中年级学生开展在线答疑工作，解决他们在家学习复习中的多样化、个性化问题。实施期间，与歌华有线“空中课堂”联手，学生听课中扫描屏幕二维码即可进入答疑页面。2020 年，在线答疑运行 138 天，累计针对学生提出的 15.8 万个问题给出了 40.9 万个答案，平均每个问题在 20 分钟内即被解决，提升了家长和学生的实际教育获得感。

3. 典型成效

1）通过教师走网实现了优秀教师智力资源的在线流转，促进了师资均衡配置。开放辅导使固化在学校端的师资资源在互联网端均衡配置成为可能，契合了教师交流轮岗的本质内涵，缓解了部分学校教师紧缺或专业水平不平衡的问题。

2）多渠道帮助学生解决个性化的学科问题，促进了教育公平，提升学生学科能力、素养及学习兴趣。通过对学生的诊断测评和在线辅导，为学生提供多渠道、个性化、平等接触优秀教师的机会。及时解决学生遇到的学习问题，提升学习兴趣、改善学习方法。在一定程度上消减了由于教育机会不均等带来的教育不公平问题，降低了家庭的经济压力。

3）汇聚各学科的共性问题，为学校和区域线下精准教学和学科教研提供支撑。通过对学生提问问题的挖掘和分析，提炼出各个学科、各个年级学生提问知识点的分布情况，有助于挖掘出不同区域、学校、班级学生的学科共性问题，为后续精准教学和学科教研提供支撑。

4）为规范校外培训机构提供了一个市场化治理的手段。利用互联网工具，开放体制内的教育服务，发展公立学校教师走网教学服务，突破校园围墙的空间限制、打破课程表的时间约束，把教师的教学服务迁移至互联网，为学生提供更精微的学习辅导，促进了教育服务供给结构和质量的提升，也为校外辅导机构提供参考标准，助力整个行业的健康发展。2019 年，《教育部等六部门关于规范校外线上培训的实施意见》借鉴了“开放辅导”的思路，提出各地教育行政部门要积极探索搭建在线辅导免费服务平台，组织遴选优秀教师发挥自身教育特长和优势，帮助解决学生学习过程中的困难和问题，发展学生兴趣和特长。基于开放辅导提出的政策建议“关于建立农村教育信息化新机制的提案”被纳入全国政协会议正式提案。

5）示范效应逐步显现。2018 年，成果“基于互联网的教育供给侧改革探索‘北京市中学教师开放型在线辅导计划’”荣获第四届中国教育创新成果公益博览会 SERVE 奖。2019 年，开放辅导作为唯一进入决赛的中国作品荣获 IMS 全球学习联盟学习影响铜奖。2020 年 3 月被教育部列为解决重大难题的教育厅厅长“突破项目”，12 月荣获亚洲数字化学习论坛“社区服务”金奖。开放辅导在全社会取得了广泛而积极的影响，得到中央电视台、中国教育电视台、北京电视台、《人民日报》《光明日报》总计约 60 家媒体共计 200 余次报道；“停课不停学”期间对全北京市初三和高中学生的支持得到了中央电视台《焦点访谈》栏目的专题报道。

第 3 节　提高资源监管效率

《指导意见》在“重点方向”中列明：

（三）数字资源新型基础设施

依托国家数字教育资源公共服务体系，推动数字资源的供给侧结构性改革，创新供给模式，提高供给质量。

9. 提高资源监管效率。依托国家数字教育资源公共服务体系，提升数字资源供给监管能力，实现资源备案、流动、评价的全链条管理。把好数字资源准入关，探索人工智能技术支持下的数字教育资源内容审核。利用区块链技术保护知识产权，探索个性化资源购买使用和后付费机制。通过用户评价和第三方评估相结合的方式，推动数字资源迭代更新。

一、任务重点

我国数字教育资源公共服务体系已基本建成，国家平台与省、市、县级平台互联互通的局面正在逐渐形成，数字资源与应用接入数量和形态正在不断丰富，加强对数字教育资源的指导服务、运行监管，实现资源备案、流通、评价的全链条管理，成为保障数字教育资源公共服务生态良性发展的基础性工作。

在一线优秀教师、企业和各种社会机构积极参与数字资源建设背景下，日益剧增的数字教育资源正面临内容审核问题，探索人工智能技术的应用，推动以人工和自动相结合的方式对资源内容进行把关，可以及时发现并处置资源存在的问题，实现资源的实时监看，提升数字教育资源公共服务体系的运行效率。利用区块链等新兴技术完善数字教育资源知识产权保障机制，探索用户自主选择、先使用后付费的交易机制，为学校用户提供资源服务选购指南，帮助用户筛选优质资源，精简中间环节，可实现企业和用户的有效连接，提高优质资源的供给质量和效率。

完善数字教育资源服务绩效评价机制，加强数字教育资源各领域的专家队伍建设，构建科学合理的数字教育资源服务质量等级评估机制，探索基于互联网的评价方式，通过用户评价、第三方评估、网络计量评估等多种方式，可推动基于评价的资源动态更新和升级，实现资源的优化迭代和可持续发展（图 5-14）。

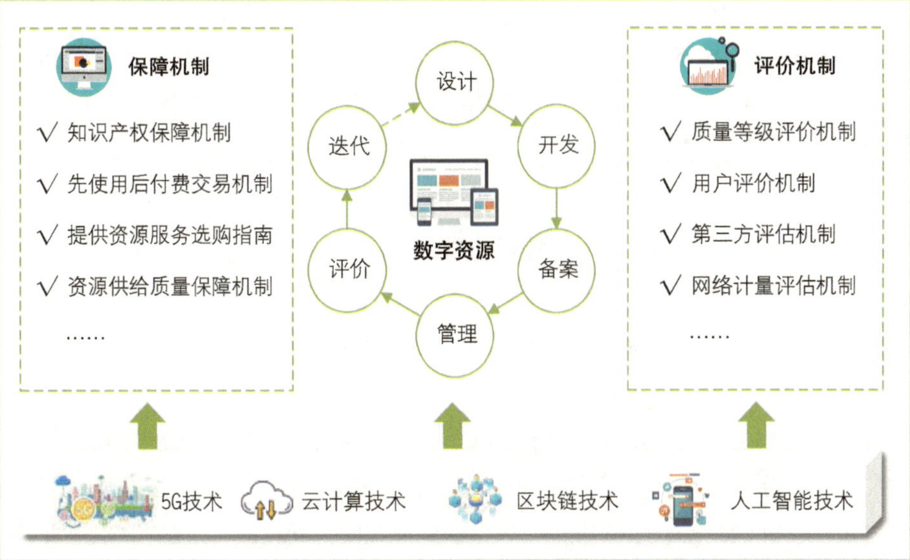

图 5-14 数字教育资源监管体系

二、典型案例

中央电化教育馆 App 监管[①]

1. 基本情况

2018 年，《教育信息化 2.0 行动计划》进一步提出构建一体化的“互联网 +

① 资料提供：中央电化教育馆技术部（赵嫚）。

教育”大平台，整合各级各类教育资源公共服务平台和支持系统，建成国家体系。国家体系的核心能力是“三库三中心”，即以用户信息库为基础的实名制用户认证与校验中心、以资源信息库为基础的资源信息交换中心、以资源应用情况信息库为基础的资源监测与评价中心，研制了一系列标准规范，形成了一个支撑各级平台、资源应用互联互通的体系架构和枢纽。2019 年，按照《教育部等六部门关于规范校外线上培训的实施意见》《教育部等八部门关于引导规范教育移动互联网应用有序健康发展的意见》的相关要求，在国家体系已有能力和数据积累的基础上，搭建了教育移动互联网应用程序备案系统（以下简称“教育 App 备案系统”），逐步形成了资源“备案—汇聚—按需选用”格局。教育 App 备案系统开发完成了门户、提供者备案、使用者备案、备案进展统计、备案查询、投诉举报等功能模块，支持企业、学校、教育部门等提供者和使用者在线开展双备案工作。依托国家体系和教育 App 备案系统，中央电化教育馆进一步利用数字资源超市，探索学校、机构个性化资源购买使用和付费机制，并完善资源的投诉举报评价机制，实现资源备案、流动、评价的全链条管理。

2021 年，中共中央办公厅、国务院办公厅印发的《关于进一步减轻义务教育阶段学生作业负担和校外培训负担的意见》指出，要坚持从严治理，全面规范校外培训行为，要坚持从严审批机构、规范培训服务行为、强化常态运营监管，国家体系及教育 App 备案系统将持续为双减工作的落实提供支撑。

2. 主要做法

（1）建成国家数字教育公共服务体系枢纽，为教育资源监管提供基础环境

国家体系以落实《教育信息化 2.0 行动计划》，建立覆盖全国、互联互通、用户统一、共治共享、协同服务的教育资源公共服务新格局为总体目标，通过各级教育资源公共服务平台网络学习空间实现数字教育资源分发和共享，支撑信息技术支持下的新型教育教学模式，不断提升教育基本公共服务均等化、普惠化、便捷化水平。

1）在平台服务能力方面，已建成的核心能力是“三库三中心”，形成了一个“连接各级平台和资源应用，各级平台通过空间提供各类资源服务师生”的体系架构和枢纽服务能力。

2）在基础设施与运维方面，公有云租用符合国家 A 级标准的 IDC（Internet data center，互联网数据中心）机房，提供弹性计算和存储能力，带宽根据需要

弹性增减，截至 2021 年 3 月，共使用 187 台云主机，1196 核 CPU、3032 G 内存，3G 出口带宽。自建和租用云存储共计保存 6.36 P 教育资源。

3）在人员队伍方面，形成了一支由中央电化教育馆工作人员、部分外聘人员、劳务派遣人员、服务支持人员、客服中心服务人员构成的国家层面运维队伍，依托电教系统形成了多级服务的地方层面运维队伍。

（2）形成国家体系标准规范，建立体系联盟推动国家体系建设

形成数据规范、接口规范、平台接入规范、应用接入规范等标准。定义了国家体系统一的 API 接口文档格式、接口相关命名规范、接口安全标准等，定义了基础数据、资源元数据、数据共享标准等，为平台和应用的技术开发人员提供标准的接口规范，方便平台和应用的快速接入。

成立体系联盟，建立一个多方参与的协作议事机制，共同推动国家体系建设、运行和服务。以协作共商、开放共享、创新机制、促进发展为工作原则，联盟为国家体系内资源的建设者、应用者和服务者提供沟通交流平台，促进形成良好的政策环境，引导体系内成员协同有序发展，不断提高数字教育资源公共服务的均等化、普惠化和便捷化水平。

（3）依托国家体系，建成备案平台，协助教育资源完成备案，把好数字资源准入关

备案平台以探索利用大数据及人工智能等协助监管的技术手段，加强对教育资源的事中事后常态化监管为目标，促成行业自律、社会监督、教育行政部门治理三位一体的监管机制。体系以服务商为主体进行账号注册并提供材料提交备案，注册采用“一机构一账号”形式。其中资源服务商类型分为按照教育部要求需要在备案平台进行备案的培训机构、按照服务商意愿将资源按照标准规范汇聚到国家体系的资源供给机构。资源服务商在完成备案后，获得资源接入国家体系的资质，按照应用接入规范相关要求，服务商资源需要选择接入方式和服务范围，并需要在资源显著位置加入国家体系统一提供的评价和举报链接，供用户监督，以用户使用体验和评价为指标参考，不断优化资源供给质量。

（4）基于国家体系，建成数字资源超市，探索个性化资源购买使用和付费机制

国家教育资源公共服务平台 2017 年开展了数字资源用户自主选择后付费机制的探索，其中的资源超市系统面向个人用户和机构用户，提供资源 / 应用导

航、检索、搜索、排序、预览、试用、购买、评价等服务；同时支持对超市的推荐位管理、超市新闻资讯管理。并且在“一师一课”活动中，使用国家财政资金做了资源购买使用和付费机制的探索，在技术和采购机制上进行了验证，这种方式得到了参与教师和企业的支持。

根据国家教育资源公共服务平台相关经验，国家体系已经实现了汇聚资源到体系枢纽资源库，并通过体系枢纽环境推送至各级区域平台的网络学习空间中，供全国学校师生按需选择。同时，国家体系已具备支持资源购买使用和付费的能力，待各地相关采购政策配套即可落地实施。

3. 典型成效

（1）基础服务框架初步形成

经过多年的建设与应用，国家体系已经形成了稳定的整体技术架构和统一的标准规范，初步构建了以网络学习空间为载体，国家和区域协同的数字教育资源服务新格局。

截至 2021 年上半年，体系已接入上线各级平台 221 个，其中包括国家级平台 1 个，省级平台 32 个，市级平台 81 个，区县级平台 107 个。2021 年 6 月体系活跃用户共计 3738 万人；同时在线人数最高时有 15.6 万人。2017 年 7 月以来，接入国家体系的各级平台在体系内已进行实名认证的用户累计达 2545 万人，其中教师用户 900 万，学生用户 1369 万，家长用户 269 万；同时在线人数最高时有 16.8 万人。国家体系建设云图如图 5-15 所示。

国家体系不断提升服务能力，在体系联盟机制下，基于国家体系标准规范，开展了校级数据监测项目，选择腾冲等 4 个试点区域，通过多端面向学校采集测量类、指标类、状态类、调查类四大类、70 多项电子白板布设和应用相关数据。项目开发了电子白板监测系统（图 5-16），制定数据指标规范，初步建立采集机制，为教学应用监测提供了可视化的展示，为区域、学校信息化应用数据分析及管理提供了有力支撑。

（2）教育 App 备案初见成效

1）提供者备案。截至 2021 年初，App 备案系统备案核验通过并向社会公布了 1918 个应用提供者的 4605 个应用，其中 IOS 版本 1703 个，Android 版本 2902 个；功能类型涉及教育教学 3225 个，教育管理 1208 个，家校互动 831 个（有的应用涉及多个功能）；服务对象涉及学前 1369 个，中小学 2561 个，高等

图 5-15 国家数字教育资源公共服务体系建设云图

图 5-16　电子白板检测系统（截图）

教育 888 个（有的应用涉及多个服务对象）。4436 个应用已完成 ICP 备案（占已备案公布教育 App 的 96.33%），3918 个应用已完成等保定级备案（占已备案公布教育 App 的 85.08%）。

2）使用者备案。截至 2021 年初，全国 337 557 所学校（不含学前）中，307 919 所学校完成使用者备案，全国学校使用者备案率从 5 月份的 63.58% 升至 91.2%，其中 21 个省份的使用者备案率超过 90%。

3）投诉举报。2021 年 1 月 1 日起接受社会对教育 App 提供者、使用者的监督，已接收并处理一段时间的投诉举报信息，内容涉及未获得备案和许可、存在不良信息、违反校外线上培训要求等，截至 7 月底，累计受理投诉举报 475 起。

第 6 章

普及“新校园”：打造更加智能化的新型学校环境

在校园推进新型基础设施建设，提升学校信息化和数字化水平，目的在于打造更加智能化的新型学校环境——数字校园。数字校园作为利用信息化手段、智能技术和数字教育理念改造和升级传统校园的产物，是推动育人为本的校园教学与管理新实践、推进教育信息化教育发展的重要支撑。随着数字原住民和信息化教育理念的不断涌现，数字校园建设成为驱动教育变革与创新发展的新方向，是实现智慧校园、智慧学习乃至智慧教育的重要途径，在支撑在线教学资源平台建设、在线教学活动开展、在线教学设计开发、在线教学管理与评价、信息化操作技能、教师在线教研和学生在线学习等方面发挥着重要作用。

加强对数字校园教育资源的指导服务、运行监管，实现教学、科研与公共服务的全链条管理，成为保障数字校园教育资源公共服务生态良性发展的基础性工作。在信息技术与教育深度融合的背景下，与日俱增的数字教育资源进入校园需要各种软硬件支撑条件。探索教学软件和智能硬件设备如何构建智能化的技术环境，能够推动智慧教学设施的应用，有效提升数字教育资源的运行效率。利用人工智能等新兴技术推动科研实验的改革与创新，能够帮助科研工作者构建优质研究资源，精简程序化、复杂化中间环节，为实现数字科研创新、提高优质资源的质量和效率提供平台；能够完善智慧公共设施，构建健康、安全与绿色校园，加强大数据分析在师生衣食住行等健康校园建设等方面的工作，提升校园公共安全视频网络水平，构建平安校园，结合物联网支撑的智能校园管理系统，打造绿色校园。

第 1 节　完善智慧教学设施

《指导意见》在“重点方向”中列明：

（四）智慧校园新型基础设施

支持有条件的学校利用信息技术升级教学设施、科研设施和公共设施，促进学校物理空间与网络空间一体化建设。

10. 完善智慧教学设施。提升通用教室多媒体教学装备水平，支持互动反馈、高清直播录播等教学方式。部署学科专用教室、教学实验室，依托感知交互、仿真实验等装备，打造生动直观形象的新课堂。有条件的地方普及符合技术标准和学习需要的个人学习终端，支撑网络条件下个性化的教与学。支持建设满足教学和管理需求的视频交互系统，支撑居家学习和家校互动。

一、任务重点

20 世纪 50 年代末，心理学家斯金纳曾指出，当时教室的机械化水平连家庭的厨房都不如。历史发展到了今天，伴随着新一代教育信息技术基础设施建设发展与完善，教室的技术含量已经并将继续发生革命性变化，极大地提升学校的信息化水平，并以此为基础把教育教学从一个传统的劳动密集型行业转型为现代的技术密集型行业。

新一代教育信息技术基础设施作为一个综合性的工程系统，其中的一个重要方面就是利用新一代信息技术构建与发展智能化的教学设施，全面提升教育、教学、学习、管理、服务等各项业务的技术装备水平。教学设施不仅是教育教学基础环境的重要组成部分，而且是技术含量与集成水平最强的一部分，直接体现了一个教育系统的信息化和现代化水平。就像工厂里面的机器是工业文明和工业生产力的象征一样，教室里面的教学设施是教育文明和教育生产力的象征，直接反映了一个教育系统所处的发展阶段，具有鲜明的时代性。

以人工智能为代表的新一代信息技术在教育教学中的深度融入有三个基本层次（图 6-1）。第一个层面是利用各种智能硬件设备构建智能化的技术环境。这些智能装备能够对特定环境以及发生在其中的教育教学等各项活动进行主动感知和动态调控。教育新基建中智慧教学设施的建设在这一层面上主要表现为对教室这一基本空间物理环境的数字化改造。教室是教育教学活动的基本场所，教室的技术装备水平在很大程度上决定了教育的技术装备水平。伴随着信息技术的快速进步和日益广泛的应用，传统教室配备的多媒体教学设施的智能化程度持续提升，在各种智能硬件装备的支持下，诸如互动反馈、高清直播录播等新的教学方式不断涌现，为教学模式的变革与创新注入了新的动力。比如通过 AI 摄像头在

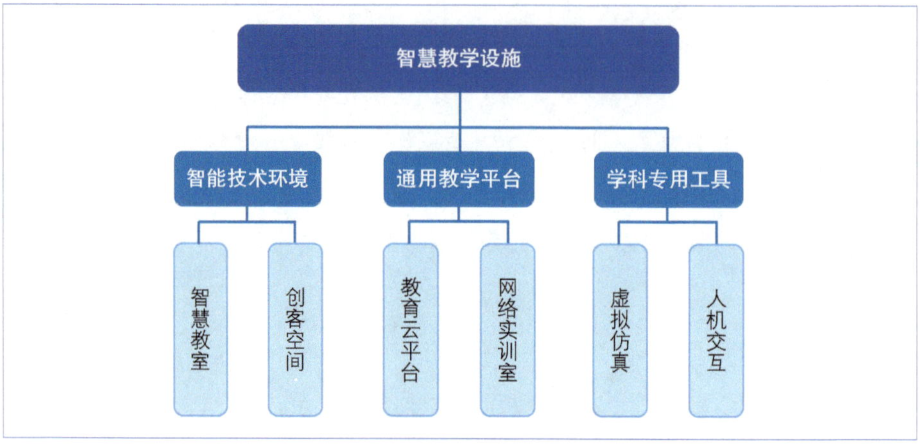

图 6-1　智慧教学设施的体系架构图

多媒体教室中的普及应用，学生在听课过程中的表情、动作、神态等都能被迅速捕捉和准确识别，借助与之匹配的教育数据挖掘和学习分析系统，可以迅速生成分析报告，帮助教师了解学情，提升教学的精准化水平。

第二个层面是以自适应学习引擎为核心的各种通用的智能化教学与学习平台。这些具有通用性质的智能化教学与学习平台为各种新型教学模式与学习方式提供了基础的技术工具支撑，并与智能硬件设备构建的智能化技术环境整合在一起，构成了可以与物理空间环境深度融合的新型数字化学习共享空间。正是基于智能化的数字教室，以通用的智能化教学与学习平台为支撑，伴随着各种符合技术标准和学习需要的个人学习终端的普及应用，网络条件下精准化的教学与个性化的学习、居家学习和家校互动等才能够成为现实。

第三个层面是面向特定学科教学的学科专用工具。教育新基建在建设智慧教学设施的过程中，很重要的一个方面就是基于对各种学科专用工具的集成应用，系统部署各种具有鲜明学科特色的学科专用教室、教学实验室，以及依托感知交互、虚拟沉浸、仿真实验等装备，打造生动、直观、形象的新课堂。虚拟现实、增强现实、混合现实、全息技术等技术助力课堂教学向智慧化方向转型。比如，集成虚拟现实技术和相应的虚拟仿真的技术装备就可以构建一个具有多种感知交互能力的沉浸式虚拟仿真教学实验环境。学习者可以使用各种感知交互设备进行虚拟仿真教学、虚拟仿真实验和虚拟仿真实训，增强学习的临场感与交互性，提升学习质量。

二、典型案例

（一）华中师范大学：大规模建设智能化课堂教学环境[①]

1. 基本情况

近年来，华中师范大学将“教师教育领先的世界一流大学”列为学校发展战略，贯彻以教育信息化带动教育现代化的总体思路，坚持全面推进信息技术与教育教学深度融合，开展了持续的探索实践，构建了信息时代以学生为中心的连接、共享、自主、开放、适切的新型人才培养体系，建设了百余间云端一体化的智慧教室（图 6-2），无缝融合物理空间与虚拟空间，通过感知、汇聚和分析各类教育情境数据，深度洞察学习者的状态，全面支撑各类教学活动的实施、教学资源的便捷获取、知识的可视化呈现、教育主体间的良好互动、教学流程的重组和教学模式的创新，促进规模化和个性化的统一，助力信息时代创新人才的培养和发展。

2. 主要做法

（1）以云端一体化为核心构建新型智慧教学环境，赋能个性化学习服务

围绕如何构建新型教学环境、如何理解学习主体、如何供给个性化学习服务

图 6-2　华中师范大学智慧教室实景图

① 资料提供：华中师范大学国家数字化学习工程技术研究中心（戴志诚）。

等主要问题，系统地提出了学习空间理论，突破了学习环境智能构建、学习过程感知与量化、个性化学习服务定制等多项关键技术，形成了技术专利簇群。全面定义了云端一体化学习环境的集成标准与规范体系，研制了智能云端一体化教学平台和面向端的专用云盒，解决了混合异构学习空间中资源、数据与应用难打通，平台间互联互通困难，端的智能化水平不高等基础性难题。

建设智慧教室百余间，深化应用高校云端一体化教学平台（师大云课堂），构建云网端融合的泛在式智慧教学环境。其中，在南湖校区综合楼（1—3层）建成包括多屏互动教室、远程互动教室、智慧阶梯教室、智慧围合教室等多种类型智慧教室60间，与学校大数据中心全面对接，实现智慧教室中感知与互动反馈、智能化控制、智能化管理、数据智能分析和智能视窗等一体化的系统集成，通过对教学活动中产生的大数据进行汇聚、挖掘、存储和分析，为教学装备的有效配置、教学活动的有效开展、教学资源的有效共享和技术服务的有效支撑等提供智慧支持。

建立"众筹众创"的资源汇聚机制和科学高效的资源审核、评估和筛选机制。完成必修课和选修课数字化，在智能云端一体化教学平台上面向全校共享所有课程；牵头组建湖北教师教育网络联盟，输出优质课程服务地方高校发展；开通师范生毕业后两年网上教育硕士学习通道，提供更加持续、开放的教育。

（2）以物理空间和网络空间融合教学为主体，创新教学模式与方法，实现规模化大众教育与个性化教师培养的有机结合

通过物理空间和网络空间融合构建智能云端一体化教学平台，学习以线上线下相结合的方式开展，学生可以选择和获取喜欢的学习资源，通过实名制社区开展交流共享活动，获得思维能力、知识技能的提升和专业发展。学生不仅从教师和教材中获取知识，更多的是从学习内容、学习伙伴、学习网络、智能助手等教学环境中学习，更多地在参与、探究、合作和展示交流中，提高学习能力和创新精神。教师在先进教育理念引领下，运用信息技术优化教育教学过程，强化育人功能，实现教育既能规模化培养，又能兼顾学生的个性化需求，助力学生全面成长。

充分发挥学校信息技术与教育教学深度融合的教育教学特色优势，推行信息技术在教学中的智能化应用，利用教育大数据技术探索出破解规模化下的个性化教学难题的有效路径。通过伴随式、全景化的教学数据采集和大数据分析工具，

更有针对性地发现教与学中的优势与不足，按照适合学生的方法、路径，运用适切资源，取长补短，为终身学习发展打下良好基础。

3. 典型成效

（1）学生学习效果显著提升

利用信息技术有效获取、分析和利用信息的能力普遍提高。将信息技术与课程整合，让信息素养的培养融入学习过程，开展自主学习、协作学习和研究性学习的能力显著提升。

例如，教师代晋军基于华中师范大学智慧课堂（线性代数 1+7 课堂）实践了大班下的部分翻转课堂教学，学生学习积极性、学生学习成绩都得到有效提高。这里选择了按照传统教学方法进行授课的“线性代数 B”两个班 A、B 与“线性代数 1+7”班进行了对照比较，期末卷面成绩对比见图 6-3，前两个是 A、B 班成绩分布，后面是“1+7”班的成绩分布。可以看到，后者的成绩明显高于前者，说明这种新型课堂教学方式能够使学生学习成绩得到有效提高。

（2）教师的信息技术融合教学创新的能力普遍提高

教师的信息化教学能力不断提升，信息技术与教育教学融合创新案例显著增多。依托智能云端一体化教学平台完成所有必修课网上开课，汇聚大量外部优质

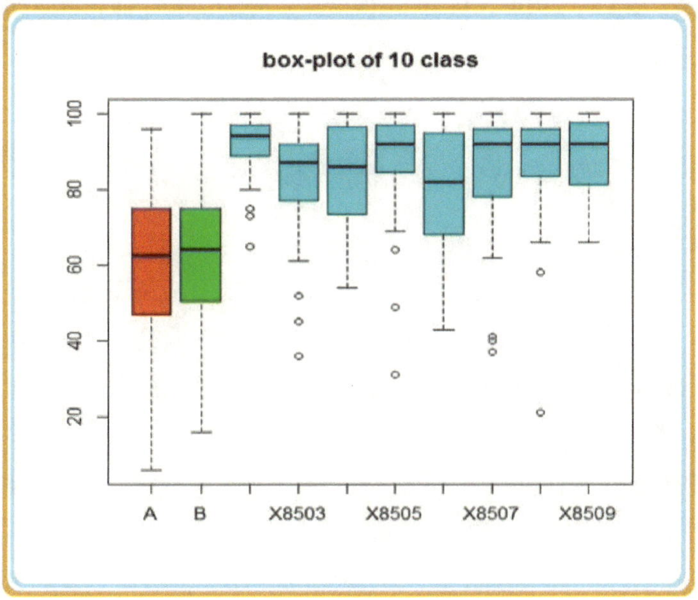

图 6-3　期末卷面成绩对比图（截图）

资源，师生一人一空间，全面开展线上线下打通、课内课外结合、实体虚拟一体的混合课堂教学。学校一大批优秀教师积极开展卓有成效的信息化教学创新实践，积累了一批优秀的信息技术融合教学创新成果。

（3）智能一体化学习平台市场前景广阔

相关成果先后获得2015年湖北省科技进步奖一等奖、2018年国家级教学成果奖特等奖、2019年教育部科技进步奖一等奖。以智能云端一体化教学平台为核心的智慧教室已经在全国多所高校推广，如北京邮电大学、中国矿业大学、西安空军工程大学、广西师范大学、肇庆学院、华中科技大学、湖北师范大学等。

（4）成果受到社会各界好评

2018年，学校被认定为教育部第一批教育信息化试点优秀单位，教育部专家组认为，学校教育信息化试点工作形成了可借鉴、可推广的应用模式，已成为全国高校信息化建设的领跑者和中国教育信息化创新发展的引擎，有力地推动了我国教育信息化发展。学校迎接大量教育管理部门、兄弟院校和教育信息化企业来访交流，如教育部、国家教育行政学院、北京师范大学、东北师范大学、西安交通大学、西南财经大学、海军工程大学、中国联通、阿里巴巴达摩院等，年均100余次。截至2021年7月，有关学校信息化教学改革和人才培养媒体报道有100余篇，多次以头版头条或专版在新华网、《人民日报》、教育部官网、中国教育电视台、《中国教师报》、《中国青年报》和《中国教育报》等媒体发布，产生良好的社会反响。

（二）山东科技职业学院：打造智能制造特色双高院校①

1. 基本情况

山东科技职业学院是国家示范性高职院校、国家优质高职院校和教育部“双高计划”建设单位。学院基于信息化实施的“职场化＋信息化”人才培养模式和“线上、线下，职场化”混合式教学模式在人才培养质量提升上效果显著，是职业院校数字校园样板校、山东省智慧教育示范校。2019年，学院为培养高水平智能制造专业技术人才，借助新基建对制造类专业转型升级，高标准建设了山东省智能制造实训基地，为区域智能制造领域提供实践教学、认证培训、师资培训

① 资料提供：清华大学教育研究院（韩锡斌）。

和技术推广等综合性公共服务。

2. 主要做法

（1）党建引领，确定学院智能制造特色鲜明的办学方向

学院基于国家发展战略方向和专业建设实际，2020 年在中国共产党山东科技职业学院第一次代表大会上确立了“建设国内领先、国际知名，智能制造特色鲜明的职业技术大学”的奋斗目标。这一目标的确定使新基建在学院重点专业的建设和应用有了明确方向，相关配套建设也围绕这一目标开展，为学院教育新基建的建设和落实提供了政策环境。

（2）人才为重，新基建服务制造类高水平专业群建设

学院以立德树人为根本，注重利用新一代信息技术培养高素质技术技能型人才，在立足区域产业需求的基础上，2020 年，学院在实现 5G 室外全覆盖的基础上，对智能制造实训基地实施了 5G+WiFi6 室内分布建设，为智能制造项目实训和学习搭建了理想环境。2021 年，学院投资 2400 万元将新一代信息技术融入软件技术、服装设计与工艺和机械制造与自动化重点专业群建设中，分别建设纺织服装智能制造工业互联网平台、人工智能综合性实验室、省级制造业创新中心三个信息化与专业融合项目，以更好地培养适应智能化时代的复合型技术技能人才。

（3）提升服务，深化建设校园智慧教育环境

为推进信息化教学和管理改革、提高人才培养质量和现代化治理能力，学院创新信息化基础设施和平台建设，服务教学与管理的融合发展。

一是建设了拥有 10 个节点 400 T 存储的校园超融合服务平台，搭建校园私有云，为教学平台和管理系统提供了可靠的硬件支撑，解决了大规模同时在线学习并发量支撑不足等问题。

二是实施 5G 网络建设工程，支撑基于移动互联网的新型教学。将智能产线引入教学，利用虚拟仿真技术，开发虚实结合的新型实训项目（例见图 6-4），激发了学生动手参与的兴趣，增强了学生的操作能力。

三是基于人工智能、大数据技术，改造和新建教学、实训场所，实现教学过程伴随式数据采集；基于物联网和自动控制技术，建设绿色节能、平安和谐的智慧校园。

（4）互联互通，利用大数据构建校园智慧大脑

通过数据的互联互通，构建校园数据平台，消除校园信息孤岛，利用统一大

图 6-4　新基建服务专业建设——工业网络实训室

数据，构建校园智慧大脑。

建立校级数据标准。以国家教育数据标准为基础，结合学院特色需求，在数据治理平台基础上，根据学校信息系统建设，经过论证、评审等环节，建成了一套符合学校实际的数据标准。

搭建校园大数据平台与数据可视化系统。搭建校园大数据平台，利用开源 Hadoop 大数据架构，形成了全校的大数据业务库。利用 BI 分析技术，对全校业务进行分析展示，形成业务分析展板，实现数据可视化。

设立业务预警机制。通过对业务数据分析结果设定警戒阈值，实现学业预警、管理预警、服务预警、心理预警和舆情预警。预警信息通过校园消息中心及时通知相关人员，实现业务的动态实时监控。

建成智能问答系统。利用大数据及语音识别技术，对校园学习和生活中经常出现、关心较为集中的问题等进行智能答复，为教学和管理减负。

（5）注重实效，提升师生信息素养能力保障新基建成效

新基建的建设使学院的信息化软硬件条件显著提升，这对师生的教与学理念和技术提出了新的要求，学院通过理念提升和技术培训，加强师生信息素养能力的培养，更好地发挥新基建的作用和潜能。一方面注重提升理念。自实施信息化教学改革以来，以学期为单元持续开展信息化教学研讨，不断迭代提升教师的信

息化教学理念。另一方面开展技术培训。针对新设备和新平台进行有针对性的培训，使教师消除对新设备的技术恐惧，更好地将设备新功能融入信息化教学。

3. 典型成效

（1）学院育人质量不断提升

利用新一代信息技术，学院深化以“职场化 + 信息化”为主要特色的人才培养模式，持续推进“三教改革”，依托产学研集群育人平台、山东省智能制造公共实训基地以及校内外实践教学基地，高质量地培养技术技能型人才。通过问卷调查分析，将学院 2020 届毕业生与其他同类院校毕业生进行比较，学院毕业生在综合素质、实际工作能力、专业水平等方面明显高于其他同类院校的毕业生（图 6-5）。

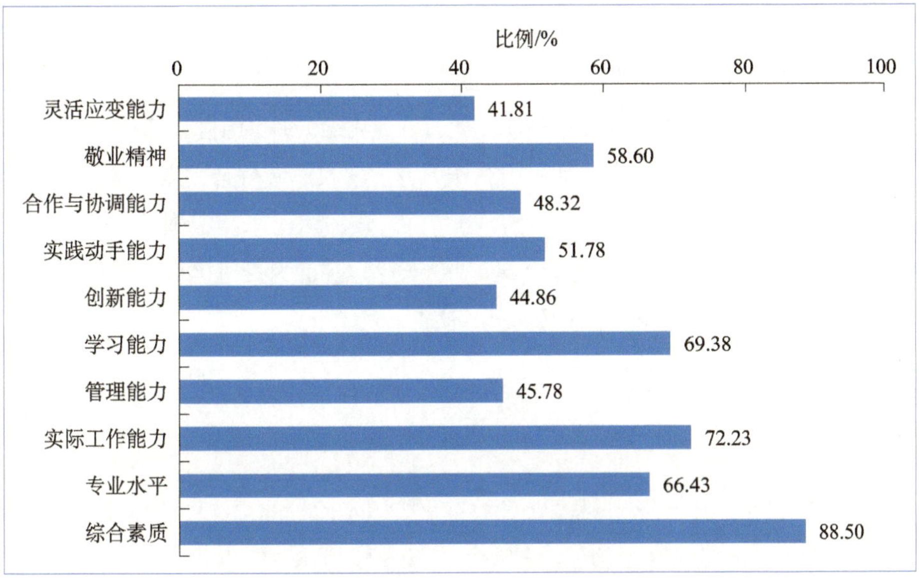

图 6-5　用人单位对学院毕业生评价

（2）校园管理效能大幅提升，智能化水平循序渐进

系统数据的互联互通使流程代替业务成为可能，截至 2021 年 7 月底，校园所有线上业务统一认证入口开发了 100 多项业务流程，累计完成了 53 528 条业务线上审批、4679 条通知公告发布、726 条公文发布。建成 13 个主题数据库，校园大数据平台数据量超 7 亿条，每日数据更新约 500 万条，为下一步业务精准预警和校园智能化管理奠定了基础（例见图 6-6）。

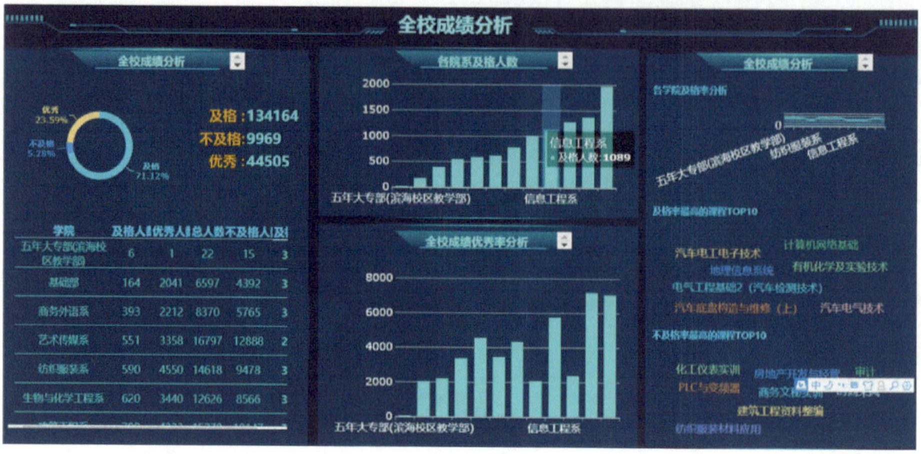

图 6-6　全校大数据平台的成绩分析页面（截图）

（3）学院服务区域制造业的能力不断提升

学院积极推动现代信息技术与职业教育深度融合。作为山东省智能制造职业教育集团牵头单位，学院充分利用山东作为首批国家产教融合试点省份的利好政策，与烟台万华、潍柴动力、华为、一汽 - 大众、西门子（中国）、歌尔股份、鲁泰纺织、上海三菱电梯等企业合建 13 个产业学院，为推进区域经济发展所需的高素质技术技能人才培养探新路、开新局。

（三）武汉市第十一中学：智慧校园建设①

1. 基本情况

武汉市第十一中学是首批湖北省数字化校园示范校的重点中学，于 2020 年 11 月通过武汉市普通高中领航学校考核。学校以创建“信息化、现代化、国际化、科技特色领航校”为办学愿景，以中国教育学会“十三五”规划课题“基于信息化的学校治理体系和治理能力现代化的研究”为驱动，对标湖北省数字化示范校建设方案，不断探索“管理环节痛点、核心素养培育、教师专业发展”这三个维度，初步形成了包含智慧管理、智慧教学、智慧学习三大系统的智慧校园总体架构（图 6-7）。

---

① 资料提供：武汉市第十一中学（陶勇）；讯飞华中（武汉）有限公司（蔡晴，代怀丽）。

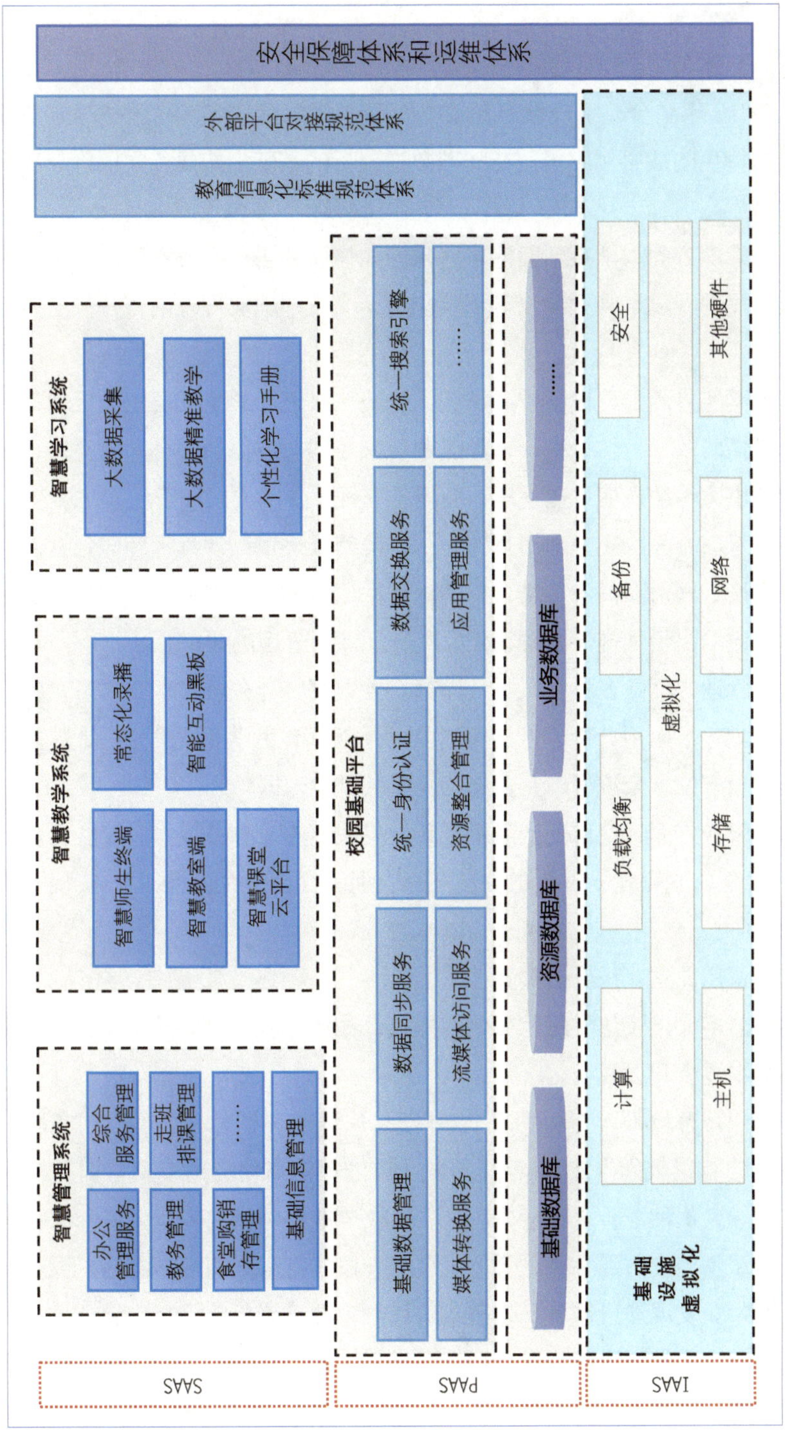

图 6-7　武汉市第十一中学智慧校园总体架构

2. 主要做法

（1）整体布局，稳步推进智慧管理

从2016年至今，学校重点在校务管理、常规落实、后勤服务等方面开展了符合校本特色的数字化应用，在精准数据分析的基础上构建科学评价与决策的智慧管理新生态。

校务管理方面，从点到面逐步展开诸如校园公告、会务签到、考勤管理、请假申报、民呼我应、视频会议等场景应用，高效率地实现校内校外、上传下达的沟通交流。

常规落实方面，建设学校、年级、班级、家庭、学生五层立体架构，将学生考勤、疫情防控、卫生检查、课堂巡查、家校通知、视频会、心理咨询、常规问卷、专题讲座等纳入信息化管理，拓展了常规工作的方式和阵地。

课程管理方面，充分利用资源平台，统筹推进三级课程管理与开发，不断完善课程建设；面对新高考，结合校情，选用讯飞的高考选科和自动同步智能排课系统，一键输出最优排课方案，大大提升了课程管理的效率。

教学管理方面，在科大讯飞云计算、大数据统计分析技术支撑下，各部门适时获取课堂教学应用分析、考试测验应用分析、学生学业质量分析等数据，为教学管理的全方位、全流程、专业化监控提供科学依据。

后勤服务方面，使用安全隐患报警、电教报修、总务报修、智能工资条、智能餐厅系统（远程App智能缴费、人脸识别进餐、个性化备餐），实现了信息化的后勤服务。

（2）聚焦课堂，积极探索智慧教学

学校与科大讯飞达成示范校合作协议，在备、教、改、导、考、析、评等教学诸环节中逐步开展智能化研究。

培养“智慧教师”，全面提升教师信息化素养。智慧教学目标的实现首先要有新时代的智慧教师。2016年开始，学校依托信息化应用专项培训和科大讯飞的驻校指导，从种子骨干到全体教师、从校外取经到校内实践、从专家引领到校本研修、从基础应用到学科融合，走过了一段异常艰辛的培训之路，逐步摸索出以“教师专业发展建设体系”为框架的智慧教师培养长效机制。学校每学年坚持运用凡龙常态化录播设备和讯飞智慧课堂系统开展智慧教学的教研，广泛开展信息技术与学科教学融合的教育科研；基于信息化的科研和教研，极大地调动了教师研究技术、融合应用的积极性和主动性。学校教师在信息化使用频次和融合深度上较 5 年前有了很大变化，智慧教师的队伍不断壮大。

探索"智慧课堂"，全面推进高效课堂建设。推动教学进程六大环节的融合探索，具体包括：确定学科核心内容（基于信息化建设校本资源库，拓展学生阅读能力）；设计恰当的情境（基于信息化创设现实学习生活情境，培养学生信息素养）；提出反映学科本质和学科思想的问题（基于信息化实现学科建模，增强课堂生成性与交互性）；组织学生主动有效参与（基于信息化提升学习内驱力，有效发展共性和个性）；引领学生的深度探究与思考（基于信息化变化问题角度，引领高阶思维的训练）；整理知识体系、概括思想方法（基于信息化提炼总结，丰富学科思想和价值）。

推动"智慧扶贫"，全面担当领航学校责任。学校采取线上线下双模式，对口恩施一中、郧西三中和贵州黔西南布依族苗族自治州 43 所高中实现跨区域的教育精准扶贫，通过远程同步教学推送、特色课程资源共享、教研信息进行适时交流。

（3）数据驱动，精准指导智慧学习

设计学习清单，创设学生自主学习情景。教师课前针对重难点编制任务清单并通过智慧课堂平台发送，学生在丰富的校本资源库及第三方资源平台查找资料并完成任务清单，以此学习场景来拓宽学生的阅读视野，提升学生的阅读能力，强化自主学习习惯的养成。

详细分析数据，准确把握课堂教学重点。教师根据任务清单反馈的数据进行分析，及时调整课堂预设，课中运用智慧课堂系统和智学网的阅评系统的动态数据，实现"学讲练考评"一体化课堂教学闭环，确保教师精准把控薄弱环节，突破思维障碍，高效提升课堂获得感。

精准推送报告，实现课后个性化补偿。教师依托讯飞智学网后台大数据，以及学生薄弱知识点图谱报告，针对学科教学实际需求提出个性化学习手册配备要求，由学校统一购买服务为学生个性化补偿训练提供支持。

3. 典型成效

（1）创新教学模式，帮助师生全面发展

经过 5 年的建设与摸索，常态化使用智慧课堂、智能批改系统覆盖所有班级，实现了智慧课堂系统全面升级，师生平板移动终端扩大到 2 个年级 27 个班级。常态化信息技术授课比例由2016年的15%提升到2021年的67%。2019—2020学年，为高三数学提供了32次个性化学习手册，巩固了41 700多道错题，推荐了80 800多道题目作为补偿性训练，有28个知识点的得分率提升点在20%以上，文科班平均数学成绩提升了约9分，年级整体平均分大幅度上升。在3次较大规模考试中，学生的平均分总体呈上升趋势，且在函数与导数、三角函数、解析几何等知识点上的得分率有较为明显的提升（图6-8）。

（2）共享优质资源，助力教育均衡发展

在中央电化教育馆组织下，学校连续5年通过互联网平台参与黔西南支教活动。学校有1000多人次参与其中，提供优质课1000多节。5年里，黔西南州高考涌现了5名省高考状元，本科上线率从2015年的38%上升到2020年的51.88%。

参加省委组织的“616”工程，支教恩施一中。学校多次派教师团队前往该校讲课，也多次接待该校教师听课。

参加省教育厅组织的支教活动。学校每学年都派遣教师到竹山二中、郧西三中支教。

（3）提升示范效应，促进区域科学发展

学校建立了智慧校园总体架构，在各年级成功推进实施，教师熟练使用同屏授课、课本与课件、思维导图、AR功能、分享拍照讲解、随机抢答、作业平台等功能。学校还建立了基于网络的教育共同体。教师王忠文以微信公共号“思政课知信行”为平台，建立了思政课教师共同研究的团队，目前有华师一附中、省实验中学、武汉一中、武汉六中、武汉中学等校的数十位教师参与。

学校的“AI+教学”模式辐射了硚口区体育馆小学、十一初中、崇仁路中学等周边学校，并开展了全国学习研讨会，联合武汉二十六中、四中、二十九中开展了硚口区“一课一思”教学比武活动。

（四）长沙市育英学校：建设基于新技术的“智慧共享校园”①

1. 基本情况

长沙市育英学校创建于1950年，截至2021年7月底，学校有30个教学班，

① 资料提供：湖南新云网科技有限公司（杨建国）；长沙市育英学校（周方苗）。

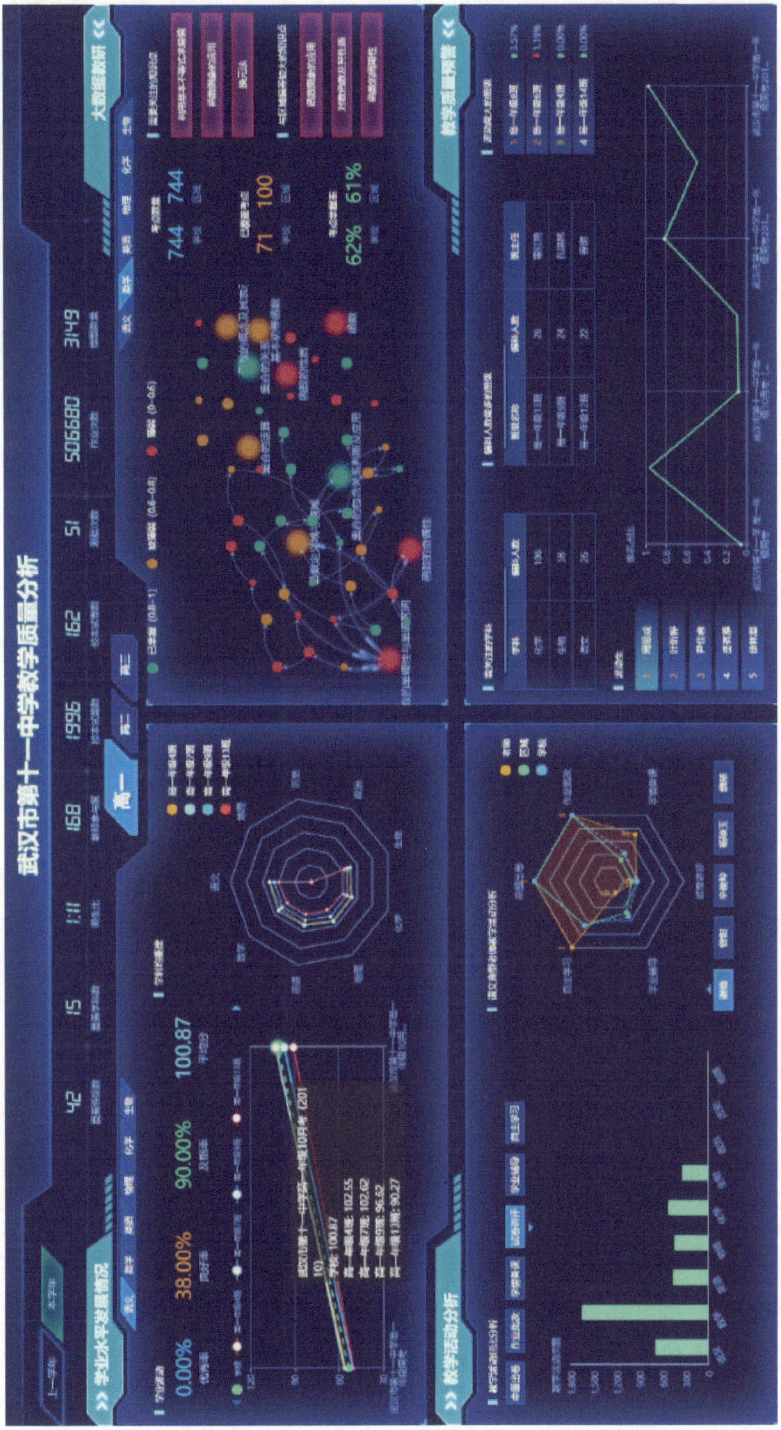

图 6-8　武汉市第十一中学教学质量分析（截图）

共有 1438 名学生和 87 名教师，是首批国家级现代教育技术实验学校、国家外语试验学校以及湖南省对外交流的窗口学校。

学校自 2016 年开始，一直致力于用互联网的共享思维推动共享教育理念的改革与发展，相继承担了“共享发展理念下中部地区乡村‘精准扶教’研究”“共享教育在行动案例”等研究课题。2019 年，学校携手湖南新云网科技有限公司，以荣获国家自然科学奖一等奖的“透明计算”技术为核心，融合互联网、物联网、大数据、云计算等前沿科技技术，进行了教育信息化 2.0 的升级建设，构建了涵盖当前优质精品教育资源、精品课程资源、融合互动教学、学习空间、教育管理、学习评估大数据分析等的一体化解决方案，为师生构筑了全新的智慧校园新体验。2020 年 11 月 20 日，周方苗校长作为湖南省唯一的全国文明校园代表赴京接受表彰，受到了习近平总书记的亲切接见。

2. 主要做法

（1）用“互联网 +”共享思维赋能办学文化

学校用“互联网 + 教育”的共享理念，将共享的核心立足于成人成己的全面发展上，整体规划了学校培养目标及课程体系，以培养目标、文化立校、特色办学、课堂变革、课程开发、基础建设六个部分，汇聚学校、家庭、社区等各方力量共同参与学校治理，服务于每个孩子的个性化发展，实现因材施教。

（2）连通现实与虚拟共享空间，促进智慧空间无边界化

学校实现了办公教学区和室外公共区域的无线网络全覆盖，全校师生可畅通无阻地接入网络。

建设校园管理公共服务平台。通过电子身份及统一认证系统，构建智能校园环境。每位学生都配备了智能校牌，实现了走班排课、亲情通话、课堂答题、作业通知等功能。

搭建校园网络信息资源平台。以育英学校信息网为信息门户，对校园网内的信息资源、应用系统进行管理和整合，实现数据、用户、权限、应用、服务、流程、内容等各个方面的集成。

建设校园智慧场馆共享空间。建立适应不同课程、不同场景、不同方式的无边界智慧共享空间，如智慧操场、智慧图书馆、智慧录播室、智慧创客中心等，让校园空间成为师生共同分享、互动、交流、操作的舞台。

（3）打造人机共生教学模式，推进智慧课堂常态化

学校以“网络扶智”为契机，聚焦课堂教学阵地，“从网络联校专递课堂、双师课堂发展到中美连线”，创新人机共生教学（图 6-9）。

完善“双师”共享课堂教学模式。融合信息技术手段和共享教育理念，初步形成“课前三环节、课中五环节、助教七环节”的双师共享课堂模式，为乡村教育的精准帮扶探索出一条崭新的发展道路。

创新智慧课堂教学模式。通过与新云网合作，所有教室都配备了智慧黑板、云课堂和常态录播设备，为每位学生都配备了智慧课桌。充分运用这些设备，打造了一批智能技术与教育相融合的创新示范课。

（4）汇聚多元主体共建课程，实现智慧课程体系化

在共享理念的指引下拓展课程建设主体、开拓资源共享渠道，丰富与体系化智慧课程。

基于育英信息门户网开辟“共享课程”平台。构建自然科学、身心健康、儿童艺术、思维方法、工程技术、社会交往、生活创意、语言文化等八大类课程，并将课程资源共享到平台，为学生“课后三点半”服务走班选课提供支持。

建设芙蓉动画双师课程。打造线上线下结合的芙蓉动画双师课程，减轻了教师的负担，特别是解决了部分学科教师不足的问题。

开发码课码书微课资源平台。运用微课制作技术，开发丰富多元的微课资源，如“码课程”“码解说”“码教案”等，形成线上线下混合式学习方式。

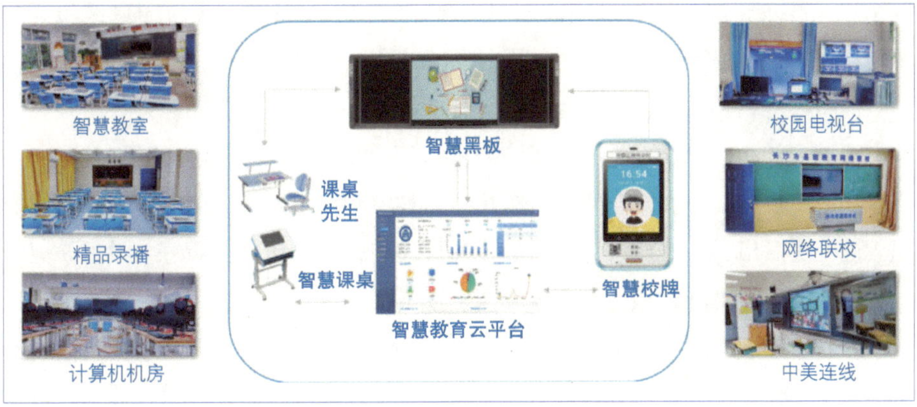

图 6-9　智慧课堂人机共生教学

（5）运用大数据互通共享，推进智慧评价精准化

建设多渠道的实时数据采集平台。通过智能终端等信息化系统的集成，实时采集在校师生的位置、时间、行为等数据，为数据分析、行为管理提供科学的评价依据。

建立错题收集分析平台。依托错题分析收集系统，完成学生查看学习报告、教师查看教学统计、家长查看学习情况、学校查看整体教学报告等智能化服务。

构建学生学习行为信息反馈机制。以智能校牌、智慧黑板、智慧课桌等终端，及时捕捉学生的行为数据，帮助教师、家长精准获取学生成长信息。

（6）创新智慧家庭教育，建设家校共育生态圈

通过使用新云网家庭版智慧课桌，在学校、家庭、学习资源之间搭建了共享教育沟通平台。丰富的学习资源平台和智能化的 AI 语音交互系统充满趣味性与互动性，为孩子的家庭学习提供了资源学习空间。

3. 典型成效

学校通过智慧校园建设，在教育理论研究、教学管理、教学效果、教学评价、家校共育、素质教育发展等方面得到明显提高。

提领共享教育理论研究。学校通过承接“共享发展理念下中部地区乡村‘精准扶教’研究”“小学名校 SPOC 课程创生与应用研究”等研究课题，有序推进了共享教育的理论研究。

提升校园管理水平。通过校园管理公共服务平台、网络信息资源平台建设，使校内系统与区域数据中心信息融合及互联互通、数据共享，校园管理流程化、数字化，有效解决校园管理中的信息更新滞后、人力资源不足、信息孤岛等问题，实现了科学决策、管控及时、服务便捷的智能化校园管理。

提高课堂教学效率。通过整合各个智能终端，实现了课堂动态开放，师生间的沟通与交流更加立体化。运用智能终端设备内置的学习工具和应用支撑平台，实现混合式学习、探究式学习、可视化学习和游戏化学习等，调动了学生学习的积极性。实时出卷、实时统分的智能化课堂评测，帮助教师把握每个学生掌握知识的状况，实现精准教学，极大减轻师生教与学负担。

提质教学精准评价。通过新云网的智慧教育大数据分析平台提供的数据支持，对学生学习全过程行为进行数据采集。学校管理者实时监控教学质量，教师根据教学大数据分析结果，反思自己的教学实践。学生可以获得个人作业练习、

考试成绩等评价数据，反思自身学习的不足。数据教学真正实现了立体式、科学式的精准评价，助力教育教学质量评价体系的建成与发展。

提速素质教育发展。教育信息化案例“共享教育在行动案例”在第三届全国基础教育信息应用展示交流活动中展出；央视新闻、《人民日报》、《中国教育报》等相继以《城乡同步“云”端共上一堂课》《种下一颗真善美的种子》《在共享中成就更好的自己》等为题进行了报道。

提效家校协同共育。以新云网独创的家庭版智慧课桌为纽带，使学习数据信息同步共享，一端连接学校，另一端连接家庭，搭建了家校协同共育的沟通桥梁，进一步密切了家校联系。

第 2 节　建设智慧科研设施

《指导意见》在“重点方向”中列明：

（四）智慧校园新型基础设施

支持有条件的学校利用信息技术升级教学设施、科研设施和公共设施，促进学校物理空间与网络空间一体化建设。

11. 建设智慧科研设施。推动智能实验室建设，利用信息技术辅助开展科学实验、记录实验数据、模拟实验过程，创新科研实验范式。探索实验室安全智能监管和科研诚信大数据监管应用。促进重大科研基础设施、高性能计算平台和大型仪器设备开放共享。建设科研协同平台，提供虚拟集成实验环境、科研实验数据共享等服务，支撑跨学科、跨学校、跨地域的协同创新。

一、任务重点

伴随着信息技术在教育领域深入发展，教育信息化在科研实践中催生了以数字科研实验、数字科研资源和科研协同创新为代表的智慧科研型模式。智慧科研设施是实施和保障科研与科教活动所需的软件、文具、器材、设施、教具、学具、仪器、用品等的统称，是科学研究与问题探索的物质基础，在支撑科研创新发展过程中发挥着重要作用，是实施科研与科教活动的基本手段，是实现和推动教育现代化的基础保障。

以人工智能为代表的新基建在智慧科研中的广泛应用有三个基本层次（图6-10）。第一层面是利用信息技术开展科学实验、记录实验数据、模拟实验过程，促进科研实验改革。信息化驱动的科学实验是学校教学工作中重要组成部分。从形式上来看，科学实验改革的基本任务是结合各类智能化手段对不同研究人员进行有针对性的实验方法和技能的训练，使研究者掌握各种智能化与数字化的科学实验能力和现代实验方法，进而在原有工作技能基础上不断提高综合创新能力。

第二层面是推动算力和算法资源共享、科研仪器共享，实现科研资源共享。近年来，随着人工智能技术的不断发展，语音识别和图像解析等领域的算力需求呈现爆发式增长，给传统的算力、算法带来了巨大挑战。整合校内、校际和区域等各类信息化科研资源，统筹发挥现阶段所拥有的数字化研究优势，为构建基于数据分析与理性证据的科研分析积累资源和数据基础，尤其是推动算力和算法资源的共享和协同。

第三层面是搭建科研交流平台、供需对接平台，推动科研协同创新。依据学校实际情况，积极适应信息技术创新驱动发展的科研需求，深入推进与地方政府、行业、企业在科学研究方面的合作、沟通与交流，努力搭建科研供需对接的

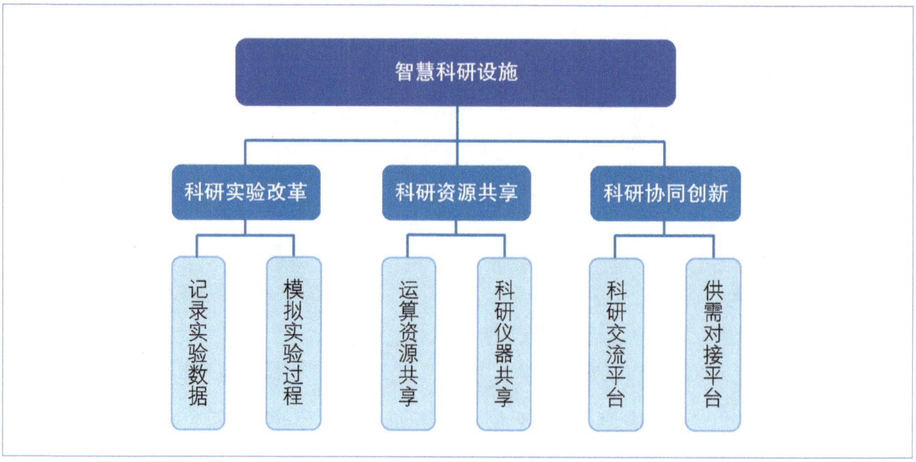

图 6-10　智慧科研设施的体系架构图

纽带平台，促进学科交叉、产教协同、平台合作，加快科研机制的改革创新，深化协同育人机制，强化协同创新，积极推进国际交流与合作，努力推动跨学科、跨学校与跨区域的协同创新。

二、典型案例

（一）西安交通大学：高性能计算平台共建共享助推学校创新发展[①]

1. 基本情况

目前，高性能计算已成为科技创新的重要途径，是各国抢占的第四次工业革命战略制高点，也是高校学科发展、人才培养、科学研究与社会服务的重要支撑平台。西安交通大学高性能计算平台（图 6-11）是由学校统筹、多学科合作

图 6-11　西安交通大学高性能计算平台

① 资料提供：西安交通大学网络信息中心（锁志海，李国栋，徐墨，李虎群，罗军峰，高瞻，杨帆）。

共建，纳入学校大型仪器设备共享系统开放共享的大型科研公共服务平台，是智慧校园的重要基础设施。近年来，学校各学科对高性能计算资源的需求呈现“井喷式”增长，平台经过5年时间持续建设扩容，目前基本满足学校各学科团队需求。高性能计算平台目前拥有各类高性能CPU、GPU服务器400余台、InfiniBand高速计算网络系统多套，存储总容量达到3 PB，总体计算能力超过1100万亿次/秒，可为各类科学计算、工程仿真及人工智能计算任务提供算力。

2. 主要做法

（1）集约建设高性能计算统一基础平台

西安交通大学高性能计算平台经多年建设运行实践，探索出“统一服务环境、学科共建共享”的建设发展路线。由学校统筹建设高标准数据机房，统一购置高速网络系统、大容量存储系统等高性能计算公共基础设施，搭建起统一的高性能计算基础平台，有效地避免了高性能计算基础设施的重复投入，实现了集约建设。学校高性能计算平台通过统一身份认证、统一使用界面、统一资源调度、统一计量计费、统一技术服务、统一性能监控等多个统一，构建起学校高性能计算统一服务环境。

（2）共建共享高性能计算资源

西安交通大学高性能计算平台由各学科团队按需投入经费，购入计算节点，接入统一基础平台，可即插即用，并形成计算资源池向校内外用户开放（图6-12）。师生用户根据计算任务类型、规模可灵活选择不同计算资源，打破设备硬件“屏障”、突破资源管理“孤岛”，有效提升平台运行效率与开放共享度。在建设学校高性能计算平台的基础上，引入国家/区域级超算中心云计算资源作为补充，以突破超大规模并行计算瓶颈。“混合云”使计算资源“引进来、走出去”，实现了计算资源的双向流通。

3. 典型成效

（1）支撑科学研究

西安交通大学高性能计算平台作为科教支撑“大平台”，持续为“大团队”“大项目”“大成果”提供支撑保障。建成以来，该平台累计运行各类算例近100万个，为学校近200个科研团队的1000余名师生提供计算服务，为包括国家重点研发计划、国家自然科学基金在内的近300项重大科研任务提供算力支持，支撑产出各类高水平科研论文近200篇，其中发表在《自然》1篇、《科学》

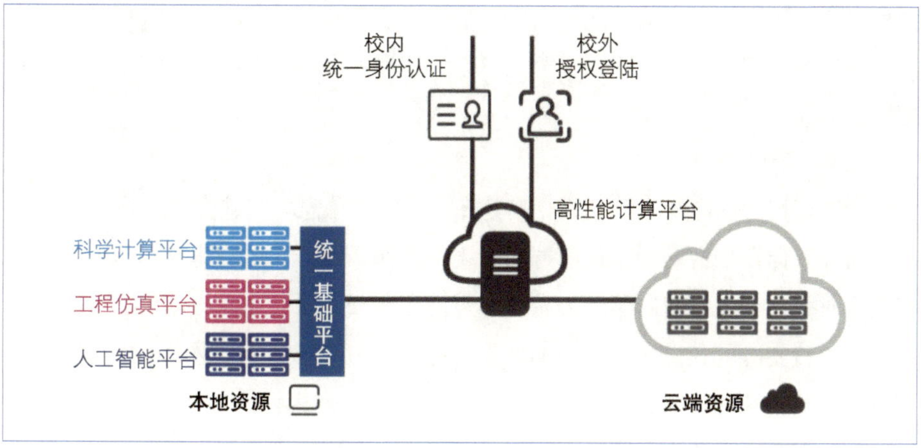

图6-12　西安交通大学高性能计算平台共建共享运行示意图

3篇，《自然》子刊、《先进材料》等顶级期刊论文及封面文章20余篇。平台支撑科研团队产出多项重要代表性研究成果，其中两项分别获得国家自然科学奖二等奖和国家技术发明奖二等奖。

（2）助力人才培养

西安交通大学高性能计算平台在创新人才培养方面发挥显著效力。依托高性能计算平台，西安交通大学成立了由本科生、研究生共同组成的高性能计算学生社团。社团定期组织开展高性能计算技术与应用培训，累计吸引数千名校内外师生参与。平台与学校科研团队深入合作，技术人员协助研究生利用高性能计算平台开展研究工作，合作发表高水平论文多篇，多次组织带领学生队伍参加超算相关竞赛，取得ASC世界大学生超级计算机竞赛国际二等奖、并行应用挑战赛全国第五名等优异成绩。

（二）“网上浙大”：基于新基建技术构建无边界触达的新式办学空间①

1. 基本情况

近年来，浙江大学顺应“互联网+”新趋势，以“以人为本、服务导向、数据驱动、体验优先、底线思维”为信息化建设指导方针，诠释“新教学、新学术、新人才、新服务”全新理论，搭建“云、网、数、端”创新型技术架构的校

① 资料提供：浙江大学信息技术中心（陈文智，张紫徽，云霞）。

园信息化基础设施，启动“网上浙大”项目，研究网上办事、在线教育、学术资源、信息发布和个人信息等五大空间场景，构造无边界触达的线上线下融合办学空间。

2. 主要做法

（1）坚持“面向未来”原则，搭建新一代校园信息化基础设施体系

浙大云计算平台。专有化部署阿里飞天操作系统，通过高速专网与阿里公有云安全对接，学校可同时管理公有云和校园专有云资源，形成一体化浙大云计算平台，平台随时可获得无限拓展的计算资源，有力地支撑了“网上浙大”的存储和算力（图 6-13）。

综合支撑网络环境。应用下一代互联网技术，建成集高速接入网、教学科研网、资源服务网和智能感知网于一体的校园综合支撑网络环境。通过“筑网行动”、WebVPN 升级等工作，完成多校区网络互联互通，实现了便捷、快速、泛在的校园网络访问（图 6-14）。

数据治理环境。建设数据公共服务平台对学术数据、教学数据、日志数据、个人信息等数据进行管理，实现全校性标准化管理与共享；校园数据驾驶舱建设构建教学、科研、办事、就业、安保、财务等多领域数据可视化系统，用数据直

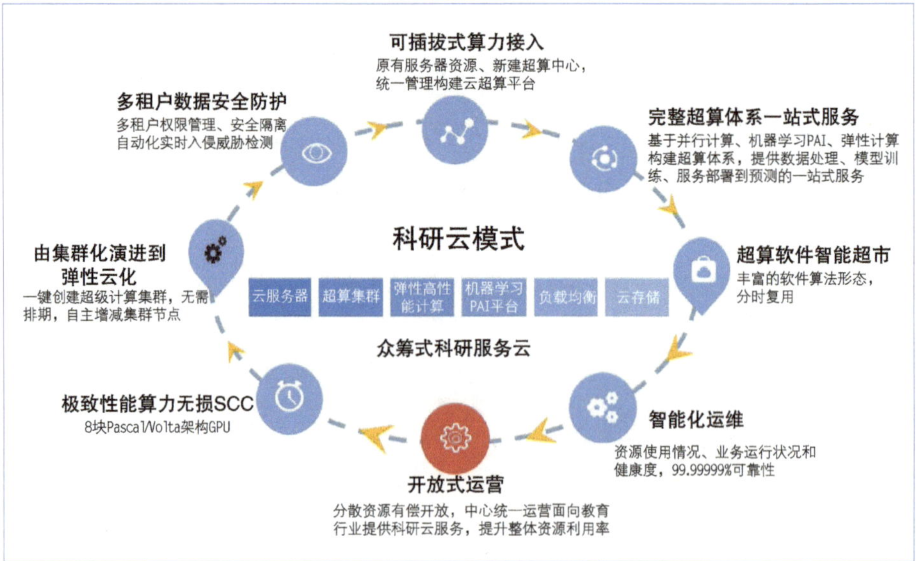

图 6-13　浙大云计算平台的科研云模式

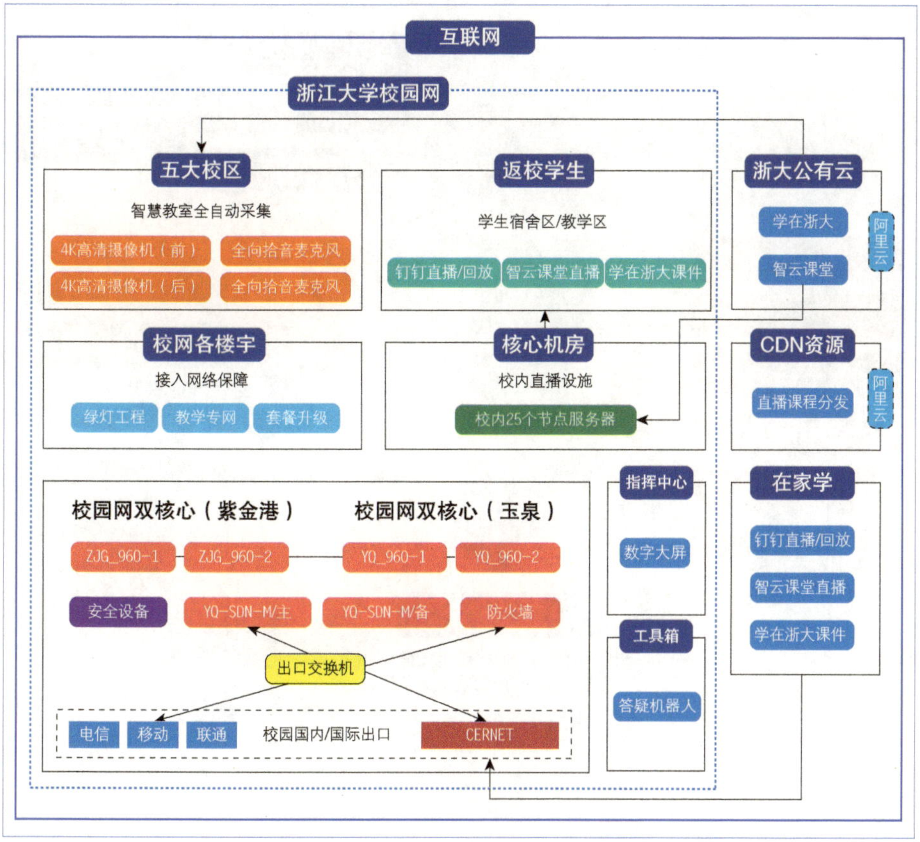

图 6-14　全链路支撑网络环境

观、全面地展示各职能域管理业务。

“浙大钉”。“浙大钉”完成基于学校组织体系在线化，为各类信息精准送达到每位师生提供了成熟的技术保障。工作台整合“网上浙大”提供的 100 余项线上服务，其即时通信和音视频能力有效支撑全校各类线上会议和线上教学。

公共支撑平台。有效推动“一人、一码、一账号、一站式登陆”体系建设，可实现身份数据的一致性、准确性、标准化；构建消息中心、电子签章、网站群管理、视频交互、正版化、7 校区电子地图、校园卡自助服务等公共支撑系统，全校网站统一运管，形成标准化公共支撑平台。

（2）坚持“以生为本”原则，构建超大规模线上线下融合的教学体系

提出数据驱动的“K-CPS”理论模型（图 6-15）。K-CPS 即以数智驱动为核心，整合知识图谱（knowledge graph）、“智云课堂”（cloud service）、“学

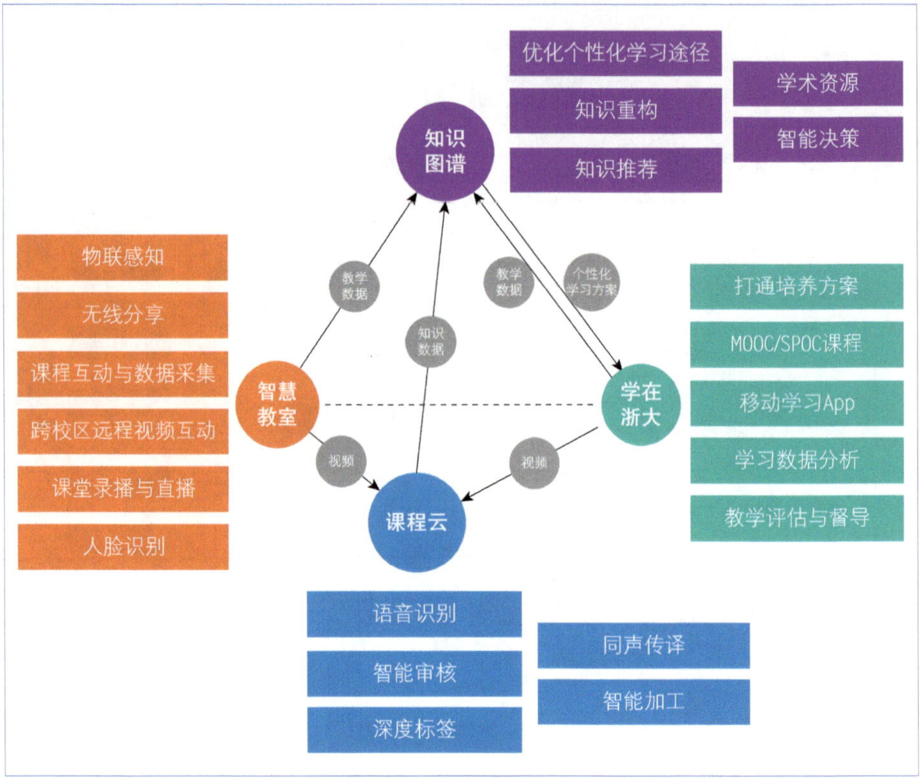

图 6-15 “K-CPS”理论模型

在浙大”平台（platform）、智慧教室（classroom）及其对应的管理、服务和生态，打造智能化创新教学体系。

在“K-CPS”理论指导下，学校建成数智融合的全流程教学管理体系、以生为本的全过程培养体系、点线面兼备的全方位教学支撑体系、可靠稳定的全链路支撑体系、众筹混合的全生命周期生态建设机制支撑教学创新体系，建成全链路化、体系化、平台式的良性开环教学创新体系（图 6-16），有效地承担起特殊时期学校教学秩序不停、不断、不乱的任务，成为国内高校在线教学创新体系的示范。

（3）坚持“交叉融合”原则，构建“计算 + 实验”范式创新的学术服务体系

通过“研在浙大”项目，立足变革科研组织形态，推动科研创新范式转型，部署系列计算软件、浙大语雀、浙大项目协作、天池科研数据、找教授、浙大翻译与浙大语音助手等平台和工具，逐步完成科研软件超市、科研数据平台及科研

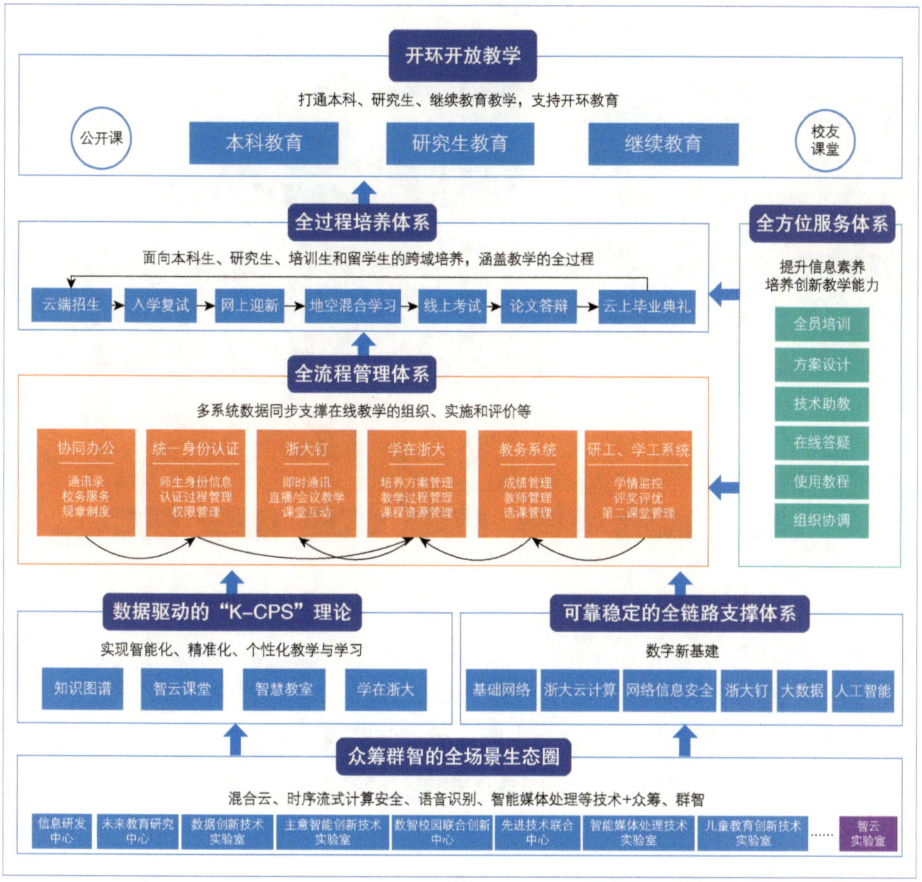

图 6-16　全链路化、体系化、平台式的良性开环教学创新体系

管理服务平台搭建，推进线上线下科研场景交叉融合，以五大看板（人才看板、经费看板、项目看板、资源看板、成果看板）为脉络，形成全过程、一站式服务的“计算 + 实验”范式创新的学术服务体系（图 6-17）。

（4）坚持“省时便捷”原则，构建流程优化的高效协同治理信息化体系

通过“数据整合、系统融合、流程再造、服务提升”的方式，解决以往校内管理信息系统“小散乱”问题。通过“最多跑一次”“最多找一人”等专项建设，建成校院两级联动协同办公系统、物理办事大厅和网上办事大厅线上线下为一体的校务服务体系。通过“四个一工程”，即建设“一事（入学、入职）、一表、一库、一平台”，推动优化流程，以师生为中心，实现“一窗受理、千人千面”线上线下融合的新型校务服务体系。

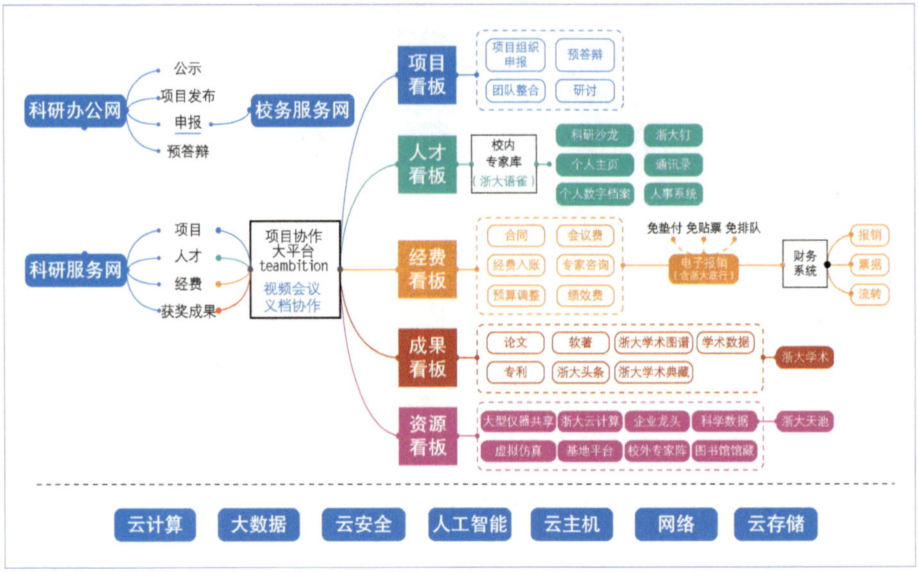

图 6-17 “研在浙大”框架图

（5）坚持“众筹群智”原则，构建教育信息化全场景创新生态体系

2018 年，学校与阿里云联合发起成立“智云实验室”，构建“政产学研用”融合生态圈，联合互联网企业、网络运营商、设备提供商、软件开发商、研究机构、高校代表等单位，引入混合云、计算安全系统、语音识别、智能媒体处理等技术，采用众筹群智的方式提高师生信息化能力，加强教育生态建设，提升治理水平，提供全场景服务（图 6-18）。

3. 主要成效

（1）建成并夯实新一代校园信息化基础设施

建成浙大云计算平台，“学在浙大”教学平台、“浙大钉”、统一身份认证、智云课堂等核心系统安全迁移到浙大云计算平台。校园网 IPv4 出口带宽达 95.5 G，IPv6 出口带宽达 45.2 G。为楼宇用户提供 10 G 带宽接入能力，用户个人带宽达 75 M。构建 RVPN、WebVPN 和 CARSI 三大校外接入体系，为师生提供更为丰富的校外接入系统的访问服务。截至 2021 年 7 月，全校 517 间教室具备直录播功能，“学在浙大”沉淀在线课程 1.9 万余门次，智云课堂录制课程 8.2 万余节。“浙大钉”整合移动端应用 100 余项，实现视频直播、视频会议，为师生提供移动智能办公与协同服务。

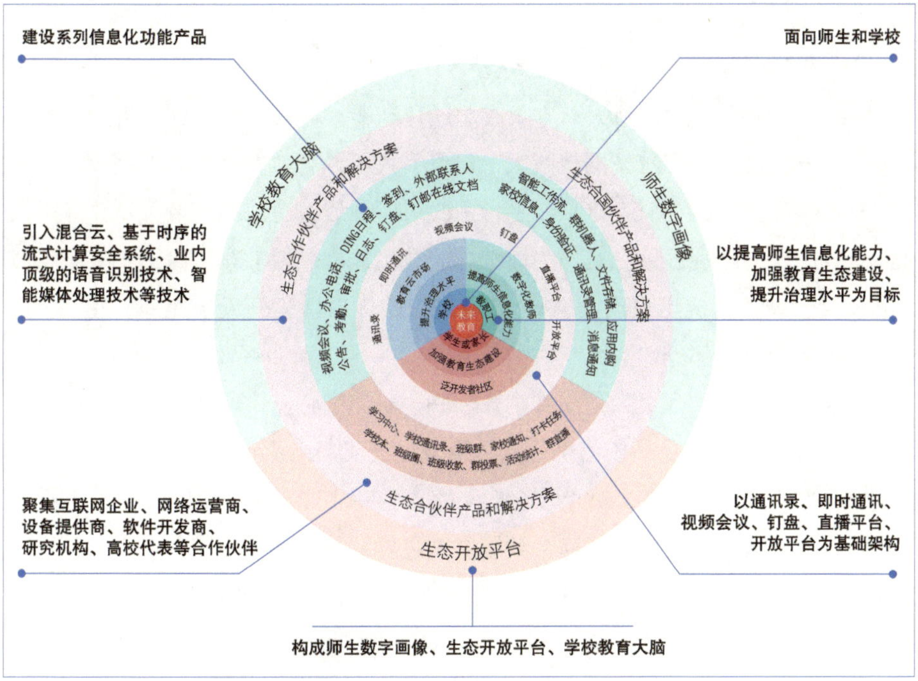

图 6-18　众筹群智的全场景生态体系

（2）有效支撑教学科研与管理服务创新

“学在浙大”平台从正式上线至 2021 年 7 月，总访问量达 1.3 亿次，服务师生 11 万余人，平均每天 2400 多节课程实时在线直播供师生选择观看，覆盖 137 个国家和地区，囊括全校所有本科生、研究生课程，尤其是“智云课堂”有效支持了疫情期间不能返校的海外留学生的正常教学活动，形成学校全链路教学闭环，得到广大师生充分认可和极高评价。例如，在“智云课堂”回看录像“不是学霸在刷屏，而是学渣在补天”；旁听“智云课堂”好课成为毕业学生最值得珍惜的校园时光；“重新看智云课堂上自己的录像，用初学者视角来审视”成为青年教师提升教育教学水平的“神器”。

截至 2021 年 7 月，云主机涵盖 21 个学院系，服务 108 个专家课题组团队，语雀平台已有 14 517 名师生加入，组成 843 个科研团队，构建知识库 1757 个，构建 AI 双语翻译及翻译自学习平台，提供超过 200 路实时语音识别及双语翻译，为全校智慧教室提供语音识别与翻译服务。

“最多跑一次”工程以校务服务网为依托，整合全校各职能部门的审批和服务事项，校务服务网共计展现 647 项事项，其中 368 项可提供部分或全部网上办理。

（3）得到行业认可并形成示范效应

2021 年 7 月，“学在浙大”方案成功迁移到浙大城市学院，此举得到杭州市常委的充分认可，标志着“网上浙大”建设模式可以有效复制到其他高校。基于“学在浙大”的浙江省高校 MOOC 平台正式对外开放，有效地支持了浙江省高校在线教育工作的顺利开展。其作为浙江省研究生课程联盟教学平台，支撑了宁波大学、温州大学、杭州师范大学等 33 所高校的优质课程开设。此外，“浙大钉”模式已覆盖全国大部分地区。

智云实验室正式升级为浙江大学智云联合研究中心。中心建成了一支由互联网企业、教育行业以及高校信息化人才组成的交叉复合型队伍，与 26 家企业签署战略合作协议，已经成立 8 个联合实验室；共有 13 家高校和 13 家企业首批加入智云科教联盟；组建专家智库，编制“无边界触达数字化校园”白皮书；推动合作伙伴阿里云与教育部科技发展中心成立教育信息化创新产学研基金立项 60 余个。中心建成了“网上浙大 - 新基建数字校园样板间”，已接待 300 余家单位来访，并在各类学术会议上做了 70 余场报告，为全国同行提供浙大经验。

第 3 节　部署智慧公共设施

《指导意见》在“重点方向”中列明：

（四）智慧校园新型基础设施

支持有条件的学校利用信息技术升级教学设施、科研设施和公共设施，促进学校物理空间与网络空间一体化建设。

12. 部署指挥公共设施。升级校园公共安全视频网络，基于人工智能技术实现突发事件的智能预警，加强安防联动，支撑平安校园建设。建设学校餐饮卫生监测系统，加强食材供应链管理和厨房环境管理，建立师生健康档案，支撑健康校园建设。探索推进基于物联网的楼宇智能管理，因需调节建筑温度和照明等，支撑绿色校园建设。

一、任务重点

就校园环境建设来说，智慧公共设施的应用主要是为了构建健康、安全、绿色的校园。通过技术手段的改造和升级，新型基础设施在学校环境建设方面的成果就是建立智慧校园。随着人工智能、物联网技术、大数据分析等新一代数字技术的不断发展，新型基础设施逐渐建立起智慧型的校园环境。智慧校园基础设施主要通过推动智能现实空间和数字虚拟空间的有机结合，共同促进校园环境的场景化、数字化与智能化，为各类数字资源、教学支持和人性化服务奠定基础。

以大数据分析为代表的数字技术在校园公共设施建设中的深度应用有三个基本层次（图 6-19）。第一个层面是如何围绕人工智能技术在全校师生的衣、食、住、行等打造健康校园。例如，在食堂设施建设方面，基于数据挖掘的智能饭堂系统除了可以在工作方式上提高时间和空间使用率，减少排队和取餐的等待现象，而且能够对不同消费者的饮食习惯进行建模，分析其健康水平和消费体验感，从而推送健康、合理的饮食建议。另外，基于物联网技术的智能宿舍系统可以建立智能门禁、温湿度检测、健康监控的一体化管理，为师生的安全居住打造智能、安全与舒适的生活环境。

第二个层面是升级校园公共安全视频网络，实现基于人工智能等技术对校园霸凌、校园犯罪等事件进行动态监测和及时响应，构建平安校园。5G 推动的智能科技革命为智能安防的发展带来便利，基于智能预警系统，通过物联网技术控

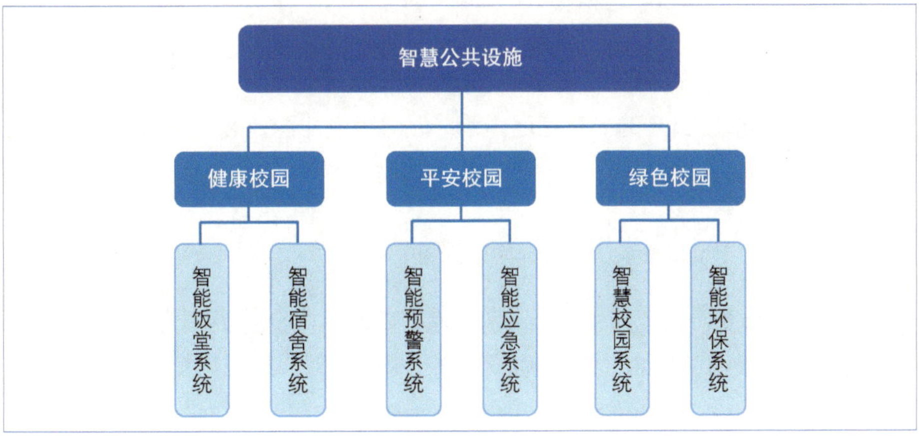

图 6-19　智慧公共设施的体系架构图

制各种移动终端，对可能发生的火灾、水灾和漏电等灾害进行动态的数据采集，使学校安全得到保障，从而有效减免事故。结合智能应急系统，在升级传统校园管理信息系统的基础上，对校园存在的各种隐患情况进行摸排，建立信息化的风险评估体系和应对处理办法，对各种可能发生的突发情况进行科学管理和智能决策。

第三个层面是基于物联网的校园智能管理，应需调节绿化环境、建筑温度和场地照明等，支撑绿色校园建设。如使用智慧校园系统，智能图书馆应该实现座位预约、学伴推荐、智能借阅等人性化的情境感知服务，智能体育馆应该为学生提供个性化的锻炼建议及精准的健康指导。通过智能环保系统，对校园绿化情况进行实时监测，并根据不同天气状况、温湿度来适当地为校园绿植进行浇灌和管理，打造绿色校园。在智能时代，智慧校园的教学服务、生活服务都会更加便捷、更加即时、更加精准、更加个性化。

二、典型案例

江南大学：智慧能源监管平台支撑下的绿色学校建设[①]

1. 基本情况

江南大学是教育部直属、国家“211 工程”重点建设高校和一流学科建设高校，坐落于太湖之滨的江南名城江苏省无锡市。学校轻工特色鲜明，享有“轻工高等教育明珠”的美誉，在食品、生物工程、工业设计、纺织等领域具有较强实力。

自 2005 年来，江南大学积极构建基于物联网技术的智慧能源监管平台（图 6-20），并形成自身的一套管理体系，促进了以能源监管体系为核心的绿色学校建设，对其他高校开展能源管理有很强的借鉴意义。

2. 主要做法

（1）确定基本思路，树立总体目标

学校以习近平总书记关于生态文明建设的重要论述为指导，树立和践行绿水青山就是金山银山的理念。通过理念先导、制度保障、科技依托三位一体的方

① 资料提供：江南大学信息化建设与管理中心（赵让，王强）。

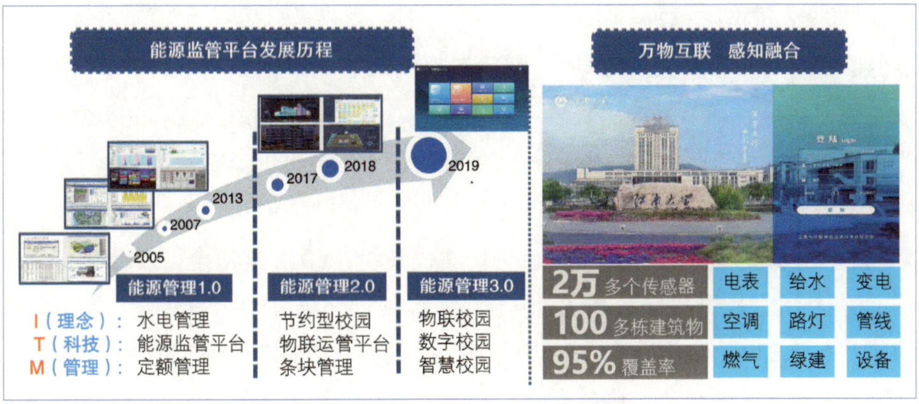

图 6-20　江南大学能源监管体系发展历程

式，推动学校的节能管理，提高资源利用效率，建立起健全、规范化的节能保障体系。

（2）加强组织领导，明确岗位职责

学校成立了由主要校级领导负责的节约型校园建设与管理工作领导小组，下设办公室（房产基建处）。聘请了校内和校外专家组成专家委员会。各二级单位建立了院系和部门的责任人负责制度。

（3）做好顶层设计，健全管理制度

学校建立“绿色校园建设目标责任制”，将工作指标分解到二级单位甚至学科组，级级担责，人人有责。将水电计划指标的执行情况纳入年终考核目标，实行“量化分解，定额使用，超额自负，奖罚分明”的管理机制。

（4）创新技术手段，智慧能源监管

学校自主创新、设计研发了基于物联网架构的“智慧能源监管平台”和电能计量管理、给水设施监管等 17 个子系统。借助布设在校园内的近 2 万多个各类传感监控点和 400 多台边缘计算网关，实现了对能源使用、给水管网、校园路灯、燃气输送和供电配变、空调管理的全方位立体式的数字化实时管理和突破时空约束的超越化管理。系统通过“数字化”方式，将传统的能源管理从“模糊”概念变成清晰数据，为管理者提供了更便捷、更科学的决策支持，从而实现科学管理、精细管理、高效管理。建成了较为完整的全校数字化节能监管体系。

（5）挖掘节能潜力，开展节能改造

学校通过监管挖掘节能潜力，通过改造加强节能效果。依托智慧能源监管平台提供的各类翔实的数据（图 6-21），学校有针对性地开展各项节能改造。智慧能源监管平台将节能空间的发掘、管理制度的延伸、节能改造的切入与后期节能效益的评估等各环节串接起来，有效地解决了节能工作的系统性和完整性问题，避免了原来“头疼医头、脚痛医脚”的碎片式、非连续的工作模式。

（6）适应时代发展，持续开拓引领

学校持续对智慧能源监管平台进行迭代升级，2019 年已全面启动“校园大脑”的建设。“校园大脑”基于“群智能、群协同、群联动”的理念，是一个以师生服务为导入，建筑基于 BIM，校园基于 GIS，管理基于 ERP，技术基于物联网，展现基于新引擎，将各个系统相连接，通过边缘计算、分布集散、协同联动，实现对校园、建筑和管理可视、可控、可管的信息化视窗平台，是校园服务运行指挥中心（图 6-22）。平台实现了业务可视化、数据可视化，并正在朝着空间可视化方向发展。在此基础上，学校建设了实体的校园服务运行指挥中心，成立了智慧校园运行管理科，重塑了“条指导、块管理、条块结合”的管理模式，在校园的运行管理中不断引入新技术，通过科技手段从整体上提高校园的运营效率，降低办学成本。科技已经成为推动江南大学绿色学校建设的主要驱动力。

3. 典型成效

（1）取得了经济效益

2019 年，在全校科研经费总量增至 2006 年的 6.83 倍、设备总量增至 2006

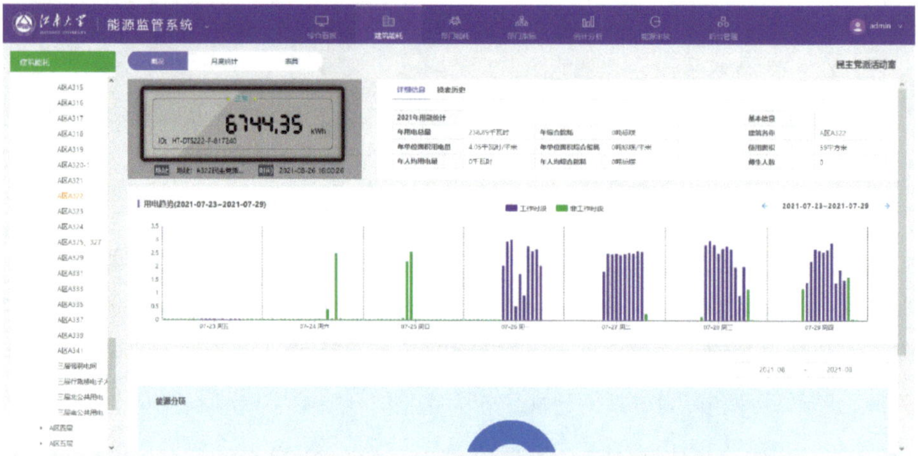

图 6-21 依托能源监管平台进行数据分析（截图）

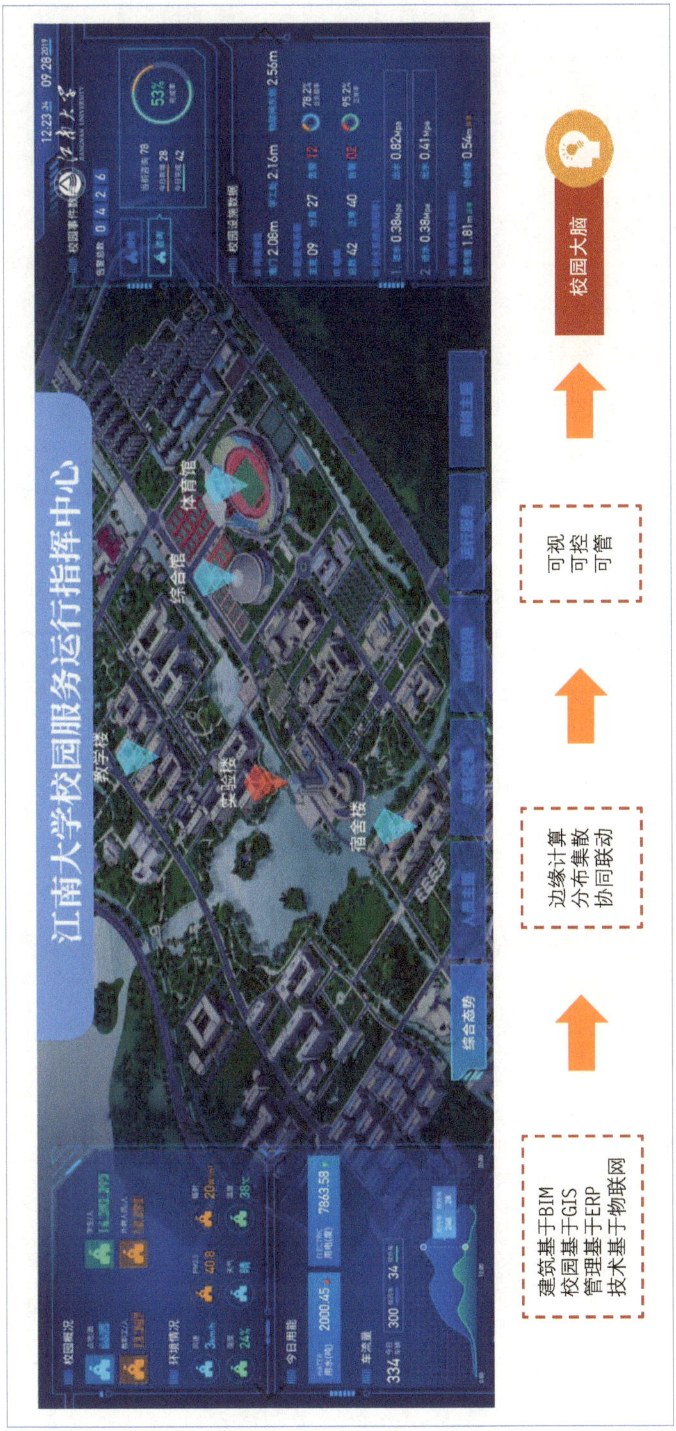

图 6-22　江南大学校园服务运行指挥中心

年的 4.03 倍、分体空调总量增至 2006 年的 5.15 倍的情况下，江南大学水电费净支出仍然保持在 2200 万元左右，在全国同规模高校中保持了较高的能效水平和较低的水电费开支比例，节能减排效果明显。按同比计算，学校累计节约水电费支出近亿元。

（2）产生了社会效益

2012 年 11 月，江南大学节能办荣获“十一五”全国节能减排先进集体荣誉称号。2013 年，江南大学成为全国第一批节约型公共机构示范单位。2013 年，江南大学副校长田备被推选为中国绿色大学联盟主席。2015 年，江南大学成为中国教育后勤协会能源管理专业委员会主任单位。2018 年，江南大学成为全国首批公共机构能效领跑者，并参与编制《绿色校园评价标准》（GB/T 51356-2019）。

（3）传播了绿色文化

2006 年，中央电视台新闻频道《朝闻天下》栏目对江南大学的节能工作进行了专题报道，称赞江南大学使“节约的理念在不知不觉中得到提升”。2013 年，中央电视台财经频道《经济信息联播》栏目以“科技节能显新招，大学里建起‘智能工厂’”为题报道了江南大学能源监管和绿色运营相关情况，充分肯定学校绿色校园工作取得的显著成效。中央人民政府网站、教育部网站、人民网、新华网等也多次报道江南大学数字化绿色学校建设工作。

第 7 章

实现“新应用”：加快信息技术支持下的教学模式创新

我国一直很重视教育应用的创新改革。党的十九届四中全会发布的《中共中央关于坚持和完善中国特色社会主义制度 推进国家治理体系和治理能力现代化若干重大问题的决定》，对社会治理和教育治理提出明确要求，为我们推进教育治理体系和治理能力现代化这一项战略任务指明了方向。2020 年中共中央、国务院印发的《深化新时代教育评价改革总体方案》针对不同主体和不同学段、不同类型教育特点，首次提出了“四个评价”，即改进结果评价、强化过程评价、探索增值评价、健全综合评价，着力破除唯分数、唯升学、唯文凭、唯论文、唯帽子的顽瘴痼疾，建立科学的、符合时代要求的教育评价制度和机制。

第 1 节　普及教学应用

《指导意见》在“重点方向”中列明：

（五）创新应用新型基础设施

依托“互联网＋教育”大平台，创新教学、评价、研训和管理等应用，促进信息技术与教育教学深度融合。

13. 普及教学应用。普及新技术条件下的混合式、合作式、体验式、探究式等教学，探索新型教学方式。推动“三个课堂”等应用，扩大优质资源覆盖面。开发基于大数据的智能诊断、资源推送和学习辅导等应用，促进学生个性化发展。开发基于人工智能的智能助教、智能学伴等教学应用，实现“人机共教、人机共育”，提高教育教学质量。

一、任务重点

普及教学应用（图 7-1）以扩大教育资源有效供给、开放整合学习资源、精准适配学习服务、全程记录学习过程等为主要特征，实现规模化教育与个性化培养的有机结合。利用 5G 技术优势，促使物理空间与虚拟空间互联、不同虚拟空间之间互联，让处于云端的各类教育资源的获取变得更便捷、及时，有效地保持

图 7-1　普及教学应用

教师教学和学生学习的自然连续性。为师生提供跨班级、跨学校、跨区域开放教育教学服务，实现从教育资源服务向教育、教学、个性化学习服务的转型，让同步课堂也能够像面对面授课一样，开展多样的师生、生生互动。5G 支持智慧课堂的常态化录播和远程授课的远端会场可以无延迟地感知、体验到“名师优课”课堂画面，教学场景自动跟踪、识别和切换。主讲教室画面能够自动在教室全景、教师特写、板书特写、学生特写、学生全景、电脑课件之间切换，为双师课堂的优化发展提供技术保障。同时借助 AR 技术或全息投影“克隆”上课教师，甚至开展远程实验，让远程课堂中的学生获得真实的临场感。课堂教学将从过去简单的“舞台剧”式的教师独白，变成虚实结合、生动有趣、实时交互的“大片”，使学生成为真正的主角。这样的课堂将提高学生的学习兴趣、学习主动性和学习效率，帮助他们实现个性化成长和全面发展。

普及教学应用充分发挥大数据的关联和聚合技术的作用，使教与学全过程的印记得以记录、存储、分析和可视化表征。5G 网络环境凭借高带宽、高速率、低时延、边缘计算等特性，使得在单位时间和网络单元中可以采集和传输更全面的学习过程数据，将不同系统 / 平台中的学生碎片数据，拼接成为完整的学生画像，并采用静态的即席报表或动态的学习仪表盘的形式呈现，实现对学生情感、行为等的智能化分析、可视化管理与监控、数据化记录与评价等。基于画像，能够为学生提供满足个体定制需求的个性化、适应性的学习支持服务及智能学习管理，如学情诊断评估、适切资源推荐、个性化辅导等。基于画像，教师能够开展基于数据启发的精准教学决策，优化教学过程，实现线上线下相结合的自主、合作、探究学习等多样化、个性化的学习方式。

普及教学应用也体现在教学主体行为的协同不再仅仅局限于师生、生生之间，而是扩展到了人机协同，包括智能代理（替代教师的重复性工作）、智能助手（教师增强 AI 自动化处理）、智能教师（AI 增强教师创新）、智能学伴（二者相互社会性增强）。

二、典型案例

（一）上海市闵行区：数据智能助力大规模因材施教①

1. 基本情况

上海市闵行区正在大力创建“智慧教育示范区”，在创建伊始就制定了“数据驱动的大规模因材施教”的目标。在“十四五”即将开局之际，上海市委、市政府公布了《关于全面推进上海城市数字化转型的意见》，如何在教育教学中实施数字化转型，并实现数据驱动、大规模、因材施教的关键目标，成为闵行区教育的重要研究课题。

基于此，闵行区在区域层面统一建设了区校协同的作业平台，主要功能包括作业内容库，作业布置、完成、批改，作业分析报告功能，教研支撑功能等。

作业内容库是用于存放作业内容的仓库，支持“五育并举”的作业内容管理，按照学科体系、知识体系、认知水平、学习目标、学科能力（核心素养）等进行标注和管理。作业内容由区域统一建设和采购，区域教研员和学科中心组共同审核作业质量，教师统一引用。

作业分析报告功能。智能作业平台可以采集作业内容数据、作业行为数据和作业结果数据。作业内容包括作业知识点、学科能力、认知目标、核心素养，作业行为包括正确率、作业时长、作业时间、订正、作业顺序、作业报告查看等，作业结果数据包括正确率、提交率和作业效率。基于这些数据，可以形成作业质量分析报告、作业负担报告、作业设计质量报告和作业数据挖掘报告。

在作业管理平台中融入智能技术，实现作业自动批阅，支持拍照批改作业，

① 资料提供：上海市闵行区教育学院（朱靖，刘太如）。

支持口语智能测评，实现基于学生评估模型的学生自动评估，精准了解学生学习状态，实现适性学习，从而减轻教师负担。

2. 主要做法

（1）区域整体规划，搭建统一平台，形成区校实践基座

区域统一规划，形成项目研究计划，并界定了研究概念，设计了研究图谱，为学校开展项目实施和项目研究提供支架。

区域统一搭建了智能作业平台，提供基础作业库、作业平台、数据分析报告、教研支撑等功能，其功能架构如图 7-2 所示。

（2）制度保障，激发学校活力

对区域教育信息化项目定期进行阶段性总结，提炼出项目的经验和教训，总结出区校协同创新的机制和区校项目的推进机制、激励机制、研究机制，形成了具有闵行特色的教育信息化发展机制，保障了区域项目学校参与的积极性，实现了鼓励实施，表彰先进的作用。

（3）区校协同，专人联络

在区域层面，设置专人负责区校项目联络，由教育学院技术中心全体成员承担联络员职责，将学校分为不同的共同体，每个联络员分配 16 所左右的学校，成为学校群组的 CIO，由联络员协调督促学校开展项目研究、项目推进，并协调区域教研、科研、德研、教师发展等业务专员开展项目专项研究和推进，形成专人联络、协同推进的项目研究和实施共同体。

（4）区域数据探索，实现数据驱动的业务改进

教育数字化转型的核心是数据驱动的大规模因材施教，在目前的教育环境下，差异化教学成为因材施教的课堂教学主模式，在教育教学关键事项量化的基础上，发掘数据中的智慧，并利用智慧驱动教育教学各项业务的优化和改进，提高区域教育教学的品质，推动区域教育数字化转型的进程。闵行区在数据驱动的大规模因材施教方面，探索了区域关键事项的量化，通过对量化数据的分析、挖掘来发现改进业务的经验和智慧。

（5）数据驱动，精准教研

闵行区借助智能作业平台，对区域内 3—5 年级全部学生按照教学进度开展节点式作业，每次节点式作业都按照标签体系生成分析报告，在 2020 年 12 月的一次数学作业分析中发现，该作业信度系数较低（0.79），且作业难度与学生

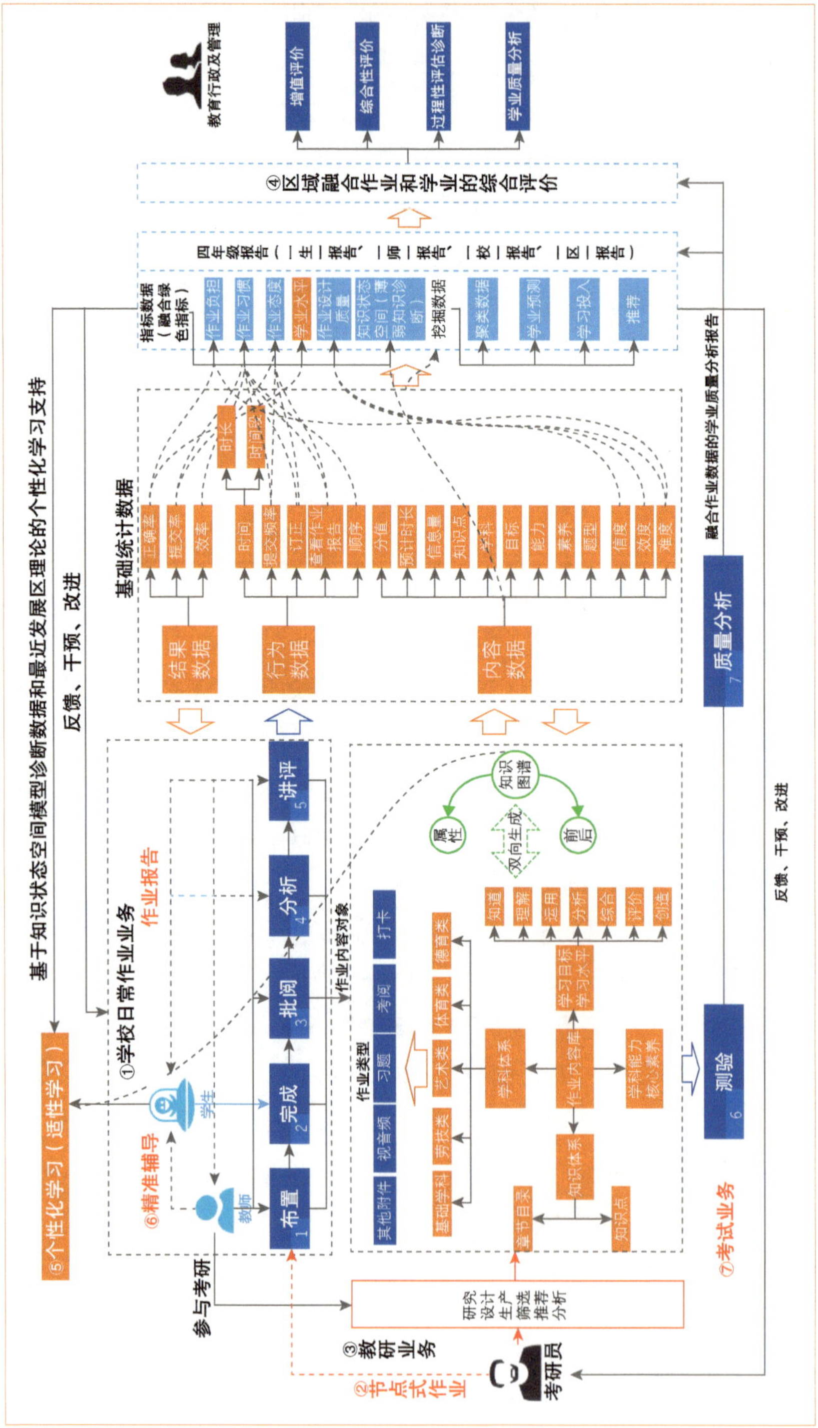

图 7-2 智能作业平台功能架构

能力不匹配，作业难度较低，无法检测学生的真实能力，区分度较好的作业内容在该次作业中占比较小。由此确定该次作业内容设计存在欠缺，需要干预，于是小学数学教研员基于发现的问题，开展了以单元主题作业设计为主题的教研活动，力图提升区域教师作业设计水平。经过 4 个多月的业务改进，在 2021 年 4 月份闵行区再次实施了大规模统一的节点式作业，经过作业数据分析，发现作业信度提升为 0.87，作业难度与学生能力较强者有了更好的匹配，区分度较好的作业内容占比由 30% 提升至 66%，作业设计质量明显提升（图 7-3）。由此初步验证了数据驱动的教研活动的有效性。

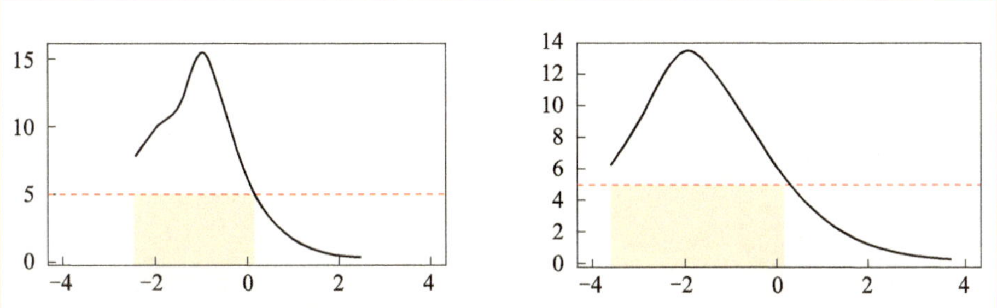

图 7-3　两次节点式作业的信息量和信度对比示意

（6）数据驱动，精准施策

在国家和地市相关文件中要求教师对作业进行面批，并要求对学生的表现进行述评，很多教师在执行时会表示不解。为了对相关政策进行溯源和析因，闵行区开展教师反馈方式与学生能力发展的相关性分析。通过问卷获取学生的真实反馈，并通过与系统中学生能力水平的对比，发掘相关制度背后的原因。

分析后发现，采用指导性评语、激励性评语的方式学生能力值显著高于仅仅反馈分数或等级的方式。学生认为反馈分数或等级对学生的帮助不大，因此，闵行区大力推行以激励性评语为主的述评业务，系统设计激励性评语和指导性评语语库（图 7-4），便于教师直接选取使用。

3. 典型成效

（1）调动了学校的信息化项目参与度

2020 年，闵行区共有 103 所中小幼学校申报了 143 个区级智慧教育研究项

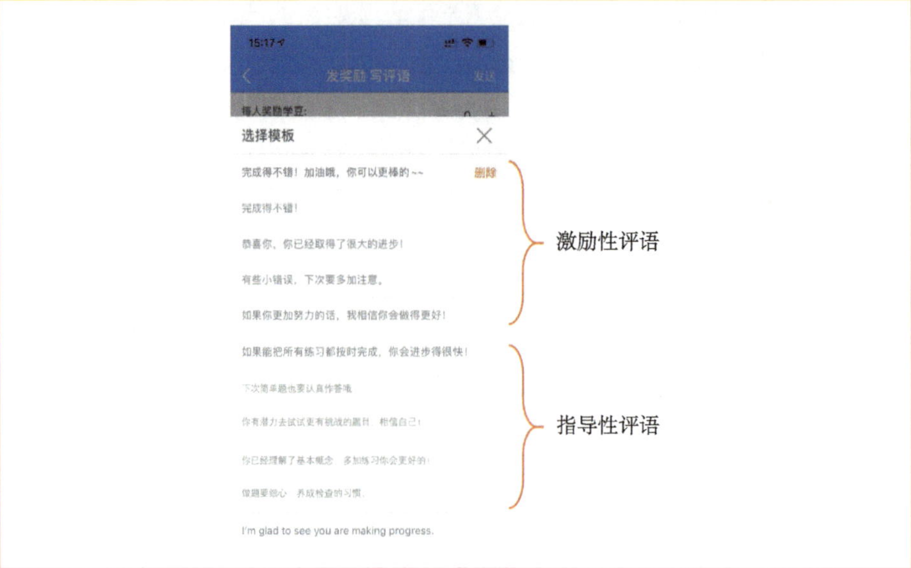

图 7-4 述评功能示意

目（研究周期为 1 年），43 所中小幼学校申报了 43 个校级项目，涉及 36 所中小学校和 7 所幼儿园。闵行区已实现了校均一个智慧教育项目的目标，调动了全区所有学校的智慧教育研究的积极性。

（2）搭建了区域统一作业平台

搭建了区域统一作业平台，实现了标准与个性化的统一，实现了基于信息化平台的作业业务监管，为落实作业管理、作业质量监管提供了有效的平台，可以监控区域作业负担、作业态度、作业习惯、作业质量等数据，驱动区校作业业务的良性发展。

（二）华中师范大学第一附属中学：5G+ 全息互动课堂[①]

1. 基本情况

2020 年 3 月，《教育部关于加强“三个课堂”应用的指导意见》印发，强调要建立健全利用信息化手段扩大优质教育资源覆盖面的有效机制，综合利用人工智能、云计算、大数据、虚拟现实等技术，不断增强“三个课堂”的智能化、共享性、互动性。5G+ 全息互动课堂是充分利用第五代移动通信技术所具备的高速

① 资料提供：华中师范大学第一附属中学（周鹏程）；中国联通云启智慧科技有限公司（周澄华）。

率、低延时的特点，通过与 3D 全息投影技术的融合，创建面向未来教育的智慧教学空间。该技术成果已经转化成为中国联通 5G+ 智能教育行业应用成果，于 2019 年 2 月 28 日在华中师范大学第一附属中学成功开展了一堂 5G+ 全息互动课堂的物理公开课，现场通过 5G 网络实现了全息信号横跨武汉、福州两地传输。位于福州的特级教师蒋大桥和位于武汉的物理高级教师苏航共同开启“光与通信的奇妙旅程”公开课，在课堂上实现了异地师生超强互动，超越了时间和空间限制，具有很强的现场感（图 7-5）。这次公开课通过 5G+ 全息投影技术实现了优质教育资源的远程分配，通过 5G 超高速网络的数据传输，打造强互动专递课堂教学模式。这次 5G+ 全息互动课堂的实验是一次成功的 5G+ 智能条件下的新课堂探索实践。

2. 主要做法

传统在线同步课堂，教师通过电视或大屏授课，学生只能通过视频画面听教师讲课，无法体会教师亲临现场的感觉，课堂效果与现场授课体验差距很大。有时教师给现场学生展示实物的教学材料，远程的学生根本无法获得真实体验，教学互动性较弱，代入感差，学生不易投入学习情境中。同时，传统远程课堂受教学终端、场地、设备、网络等多方因素的影响，综合成本较高。而将全息技术应用在教育中可以解决这一问题。全息技术是一种可扩展、可重复使用和可传送的

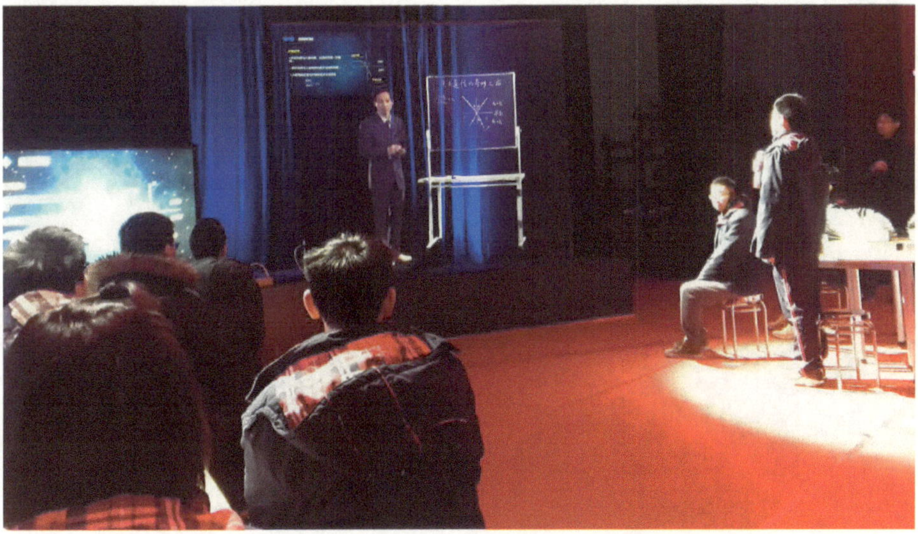

图 7-5　华中师范大学第一附属中学 5G+ 全息互动课堂

模拟 3D 投影技术，且用户无需使用特殊的眼镜，利用全息显示舞台可以把教师的身影投影到远程课堂，为学生提供身临其境的画面。全息技术不仅让远程智慧教育更逼真，而且可以实现优质教育资源的均衡共享。

通过 5G 与全息技术的融合、构建面向未来教育的智慧教学环境，为学校师生提供更加丰富的教育内容，多样的教育形式，新型的教学模式等，推进信息技术与教育教学融合创新、推进优质教育资源公平，有效支撑《教育信息化 2.0 行动计划》。5G+ 全息互动课堂打造出新型的智慧立体教学空间，包含全息舞台、全息直播教学区、全息录影棚等功能模块，实现远程教学，满足一对多、多对多等形式的强互动远程教学，提升教学质量，提高学习体验（图 7-6）。全息舞台将采用 ARHT 全息演示技术；“全息直播教学区”将采用圆形教学座椅，结合顶级音响系统、录播系统，用于教育教学、文化展示、讲座论坛、实操实训等各类活动。

3. 典型成效

一是远程授课更逼真，促进优质教育资源均衡。通过全息技术，学校可以将各地的名师传送到不同教室内进行授课，突破时空的限制，1∶1 投送远端教师课堂场景，凭借 5G 通信技术低延时、高带宽的优势，让教师如身临其境般“来到”学生端教室，就像真人一样开展教学活动，连远端教师的板书都非常清晰地展示在学生眼前。结合“三个课堂”的应用，可实现强交互形态的专递课堂、名师课堂、名校网络课堂，进一步优化了优质教育资源的有效供给和基础数据的互联互通能力，可以广泛开展超高互动体验的直播式、录播式、植入式、观摩式等

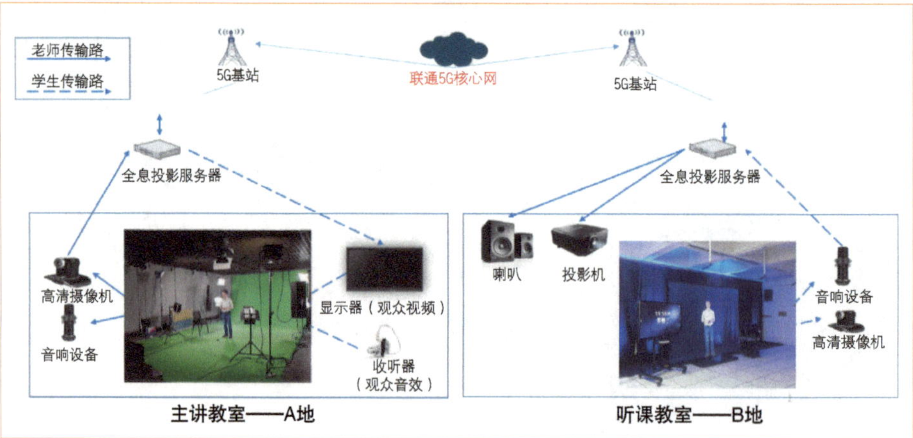

图 7-6　5G+ 全息互动课堂架构示意图

多样化的“三个课堂”应用，推动优质教育资源覆盖度的提升，助力教育公平和优质均衡。

二是教学形式更多元，提升整体教学质量。高清实时 3D 教学互动，让整个远程教学过程更具沉浸感，更容易让教师捕捉到学生的课堂反应，能灵活地调整教学实施过程，开展有针对性的课堂教学。同时，也让学生更能感受教师授课过程中的情感，打造有温度的课堂。利用全息技术可以实现概念、图形、案例等教学内容 360° 的可视化呈现，有助于知识的传递、理解和内化。可以更好地启发学生思维，使课堂的形式更加多元化，大大提高学生的学习效率，达成教学目标。例如，几何课上原来学生难以理解的立体几何图，用全息技术增强立体几何图形的三维形式呈现，不仅方便学生近距离观察探究，还有助于培养学生分析问题、解决问题的能力和创新思维。除实时教学外，全息软件能录制授课全景课例，供日后教学、点播所用，扩大优质教学资源的应用面。

三是全息技术可以创新实验实训形式。在高等教育中，大多科学研究离不开实验，如工程学、医学等学科，很多模型或人体实物依靠想象无法呈现理想的效果，将全息技术应用到智慧实验室中，全息技术环境使实验室情景化、生动化，并具有良好的交互性。例如，在护理实验中，采用全息技术的实验室可以很好地调动学习者的积极主动性，解决教学资源短缺或浪费的现象，也更好地体现了人本主义教育，患者不再因多组学生反复接触而引起心理困惑。全息技术突破了传统实验室护理教学对时间、地点、病例的条件限制，学生在全息实验室中反复训练时不必担心真实操作带来的风险，可以降低心理压力，从而发挥出自己的真实水平。

（三）银川市第十五中学：构建“互联网 +3571 讲学稿”高效教学模式①

1. 基本情况

银川市第十五中学始建于 1975 年，是一所公办全日制初级中学。2017—2020 年，该校先后被确立为宁夏信息技术示范校、宁夏“互联网 + 教育”标杆校。学校以信息技术与教育教学的深度融合为引擎，深入推进“互联网 + 教育”进程。面对教育教学高质量发展的需求，学校坚持“以生为本”理念，以“促进

① 资料提供：银川市第十五中学（马晓农）。

学生发展”为主旨，以“讲学稿”课堂教学改革为突破口，大胆变革教与学模式。学校以“宁夏教育资源公共服务平台”为抓手，创新“互联网”环境下的教学模式，构建了以“自主、合作、探究”为核心、以校本“讲学稿”为载体的线上线下相结合的“教学3阶段、课前预习5环节、课堂教学7步骤、课后巩固1过程”的“互联网+3571讲学稿”高效教学模式（以下简称“3571教学模式”）（图7-7）。3571教学模式中的各个环节充分依托宁夏教育云平台的各项功能，实现了资源有效助力课前预习、数据精准驱动课中施教、技术充分支撑合作探究。

2. 主要做法

（1）从“师本”转为“生本”改变教学重心

3571教学模式以银川市第十五中学教师结合学情编制的校本“讲学稿”为依托，现已形成覆盖9大学科、初中全学段的24本讲学稿教材体系。“讲学稿”教材把教案、导学和分层次要求的作业结合在一起，让学生预习完成“讲学稿”中规定的学习任务，并带着问题进课堂，教师根据学生的学习情况进行“教学合一”的教学，并通过当堂训练、作业面批面改和个别辅导等形式，实现学生在基础知识、基本技能及个性发展方面的有效提高。3571教学模式将教学重心从

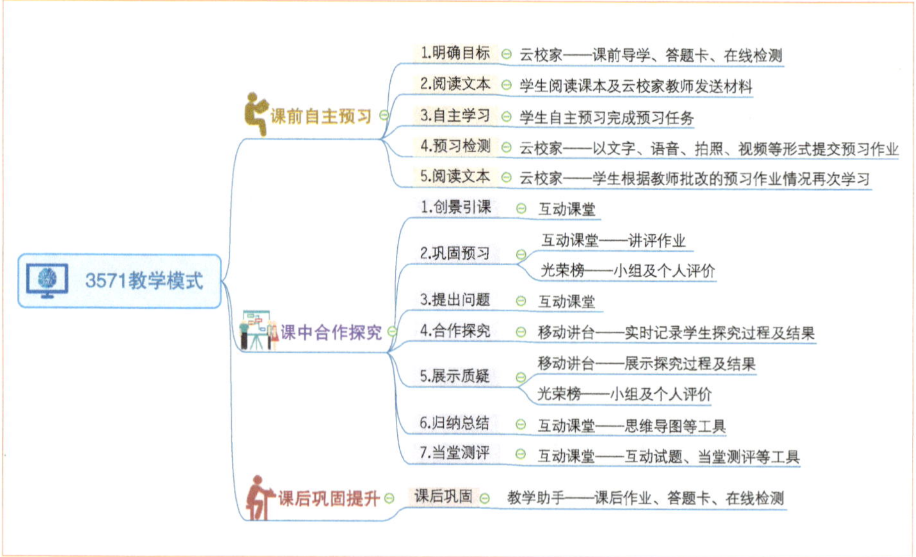

图7-7　3571教学模式流程图

“师本”转为“生本”，从关注学生成绩到关注学生终身发展，从教会学生知识到培养学生自主学习、终身学习能力，让学生真正成为学习的主人、课堂的主人，学生在充满生命活力的教学中幸福成长。

（2）全方位推进 3571 教学模式实践

为全方位推进 3571 教学模式的教学实践，银川市第十五中学积极开展了多项培训活动，以将宁夏教育云平台的各项功能充分融入 3571 教学模式之中。从聘请专家的专题培训到基于学科教学的校本培训，从组建教学技术应用能手的核心工作组到青年教师的教学技术服务队，从学科教学师徒结对到教学技术师徒帮扶，从技术骨干示范课到青年教师创新实践课，从学科骨干展示课到全校教师过关课，教师在技术与教学融合的培训、教研与实践中转观念、积经验、强技能、勇创新。

（3）生生互育，构建学生“学习生活命运共同体”

学校将 3571 教学模式中的学习小组升级构建为学生“学习生活命运共同体”（以下简称“学共体”）。学共体是按照“组间同质、组内异质”把班级内的学生按照学业成绩、思想品德和心理素质等因素平均分成若干个共同体，旨在促进不同程度学生在共同体内自主、合作、探究学习，在课余生活中也能通过学共体的建设完善自我的行为修养。同时，以学共体成员的学习成绩、行为表现等综合结果作为评价和激励学生的主要依据，全面促进学生知识、能力、情感、态度、个性和谐发展。

学共体作为生生关系的一种全新理念与模式，通过文化建设、团队建设、评价激励等，为学生搭建了展示自我的平台，不仅促进学生的智力发展、学习能力和行为习惯培养，也关注学生精神的健康发展，让学生彼此精神上相互承认、相互关爱，德智体美劳得以全面发展。

3. 典型成效

（1）助力课前自主预习

3571 教学模式将学生自学能理解的内容由课堂转到课前。通过云校家自学导学、答题卡、微课导学等功能，使学生突破时空界限，随时、随地、随需自主预习，并以答题、拍照、录音、录像等方式在线提交，实现预习在线、自主；教师在线布置预习导学，通过网络实时观测学生自主学习状况，通过微视频等进行预习指导，通过结果查询进行预习检测督导，家长利用手机端轻松查看孩子的预习进程及评价，打破了学生自主预习、教师手工批阅存在的效率不高的情况，实现了预习可导、可控。

（2）驱动课中精准施教

3571 教学模式充分利用宁夏教育云强大的在线数据分析与积累功能，推动从教学经验预判学情迈进数据驱动精准施教的新阶段。课前预习大数据将教与学融通，教师基于前一天学生讲学稿预习检测数据分析，对学生学情进行精准把脉，完成二次备课，从而在第二天的课堂中进行有针对性的靶向教学，使教学效率极大提升。

（3）支撑课中合作探究

3571 教学模式将学生自主预习解决不了的问题置于课堂中。宁夏教育云平台教学助手、移动讲台、互动课堂等强大的互动功能为课堂上无时不在的“探究”提供了最有力的技术支撑：实时拍照上传将学生探究内容进行展示和记录；批注板书将课堂探究生成过程进行完整记录；调用资源将探究生成的困点、难点及时解惑；学科互动工具将难点过程重现等。在教育云平台技术的支持下，课堂合作探究更加高效，教师引导下的学生小组合作探究、展示质疑成为课堂的主旋律。

（4）达成课后巩固提升

3571 教学模式初步形成课前自学质疑—课中合作探究解疑—课后巩固诊断的闭环式学习格局。学生课后作业完成如何？学生是否理解掌握？还有哪些困惑？……课后巩固环节中，教师有太多的焦虑。依托宁夏教育云平台，教师通过云校家发布课后作业帮助学生巩固已学内容，推送同步录制的授课板书、微视频等弥补学生课堂教学中的不足；学生运用云校家课后作业等功能进行自我评测并及时查看反馈，同时查看所需学习资源，查漏补缺，完成巩固提升；教师再通过批阅、数据分析等进行下一步诊断性教学，有效提升课后学习效果，使课后巩固提升的达成成为可能。

（5）重塑教学评价方式

3571 教学模式实现多元云评价，使教学诊断及时准确、评价科学高效。科学的评价手段是促进学生发展的有效途径。班内 4—6 人学习小组组成学共体，班级小黑板、讲学稿的批阅记录着小组和个人的成长，而这种单一的评价已不适应发展的需求。学校充分运用教学助手中小组评价、个人评价、当堂检测等功能形成课堂生成性评价；运用云校家导学检测数据、课后作业数据形成学生学情评价；运用云校家学生点评功能形成学生综合表现评价。

（四）渤海船舶职业学院：船舶智能制造虚拟仿真实训基地①

1. 基本情况

渤海船舶职业学院是“中国特色高水平高职学校和专业建设计划”立项建设单位。船舶职业教育培养高级技术技能人才，实训基地是技能训练的重要平台。由于船舶产品的特殊性，船舶制造使用的设备基本都是重型装备，体积大、价值高、种类多、消耗大，不可能在校内建设与实船生产过程完全对接的实训基地。

为了探索基地建设新模式，突破实训瓶颈，深化现代学徒制人才培养模式，实现产教融合、工学结合，学校与三个船舶生产企业联合，利用“互联网 +”、VR、AR、AI 技术建设虚实共生的船舶智能制造实训基地，解决了实训难题，提高了船舶制造高级技能人才培养质量。

2. 主要做法

（1）合作共赢，多元共建共享实训基地

吸引校外资金参与，多元合作建设实训基地。学校、银行、船舶企业分别投入资金、场地、设备和人员，共同建成了虚实共生的船舶智能制造实训基地，同时建立共同建设、分别运营、利益共享的机制，实现合作共赢，共建共享。

（2）虚实共生，用信息技术打造基地新形态

强化技能培养，建设校内外实体实训基地。在河北，山海关船舶重工有限责任公司建设船体和船动实体实训基地；在辽宁，渤海船舶重工有限责任公司建设生产型焊接和船电实训基地；在安徽，安徽工布智造工业科技有限公司建设智能装配实训基地；在校内，建设各专业技能培训实训中心和船舶安全生产体验中心。

以实带虚建设虚拟仿真实训基地。以校内外实体船舶制造技能培训基地为基础，按照虚实共生的理念建设对应的船舶智能制造虚拟仿真实训基地，包括船体制造、智能焊接、船舶电气、船舶动力、智能装配 5 个虚拟仿真实训中心和 1 个安全生产体验中心。图 7-8 是虚拟仿真实训基地沉浸式体验室。

---

① 资料提供：清华大学教育研究院（韩锡斌）。

图 7-8　虚拟仿真实训基地沉浸式体验室

用“互联网 +”技术打造实训基地“虚实共生”新形态。按照开放化、模块化、标准化理念，利用“互联网 +”技术将实体基地和虚拟基地连接，形成一个虚实共生的实训基地，以虚助实开发虚实结合、远程指导、远程操作的实训项目。基地可扩展、可融入多家企业和学校，最终将建成一个服务整个船舶行业的实训基地。图 7-9 为船舶智能制造虚拟仿真实训基地结构图。

（3）深化“三教”改革，推行混合式理实一体化教学模式

一是基于混合教学理念建设混合实训课程体系。基于企业环境和船舶生产活动主线，建设基础性数字化教学资源及混合课程。

二是深化现代学徒制人才培养模式改革，校企互聘共用、双向挂职，实现“双导师、双培养”。

三是针对培养能工巧匠、大国工匠的目标，创新了“VR/AR 教学与互动探究”+“仿真实训”+“虚实结合”实操 +“真机实训”的一体化实训模式。开展技能大赛训练和“1+X”证书培训，抓实“书证融通”。

（4）拓展基地功能成立工程技术研究中心

由学校特聘的中国船舶工业集团有限公司首席专家领军，学校教师主导，山海关船舶重工有限责任公司、渤海船舶重工有限责任公司的专家和大国工匠参与，成立船舶智能装配工程技术研究中心，拓展互联网基地功能，对外提供技术服务。

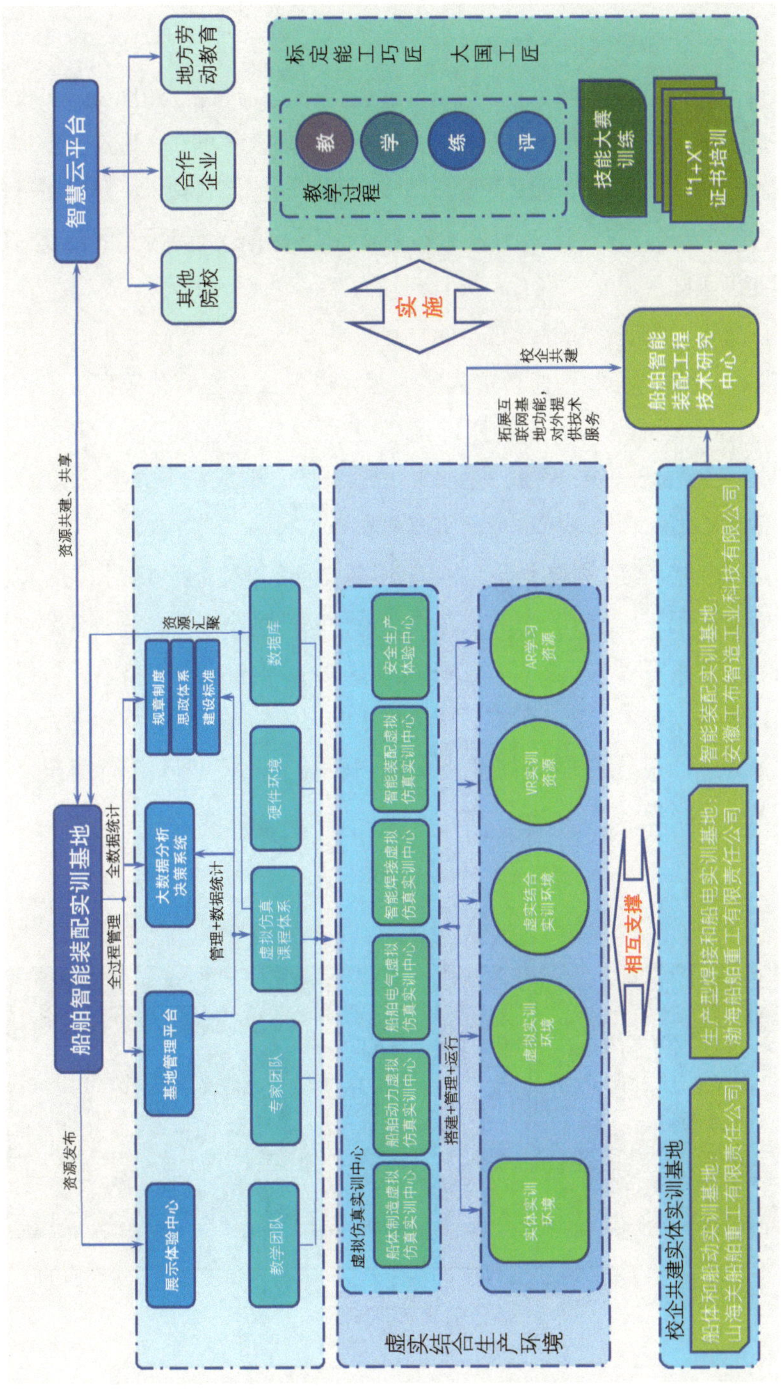

图 7–9　船舶智能制造虚拟仿真实训基地结构图

3. 典型成效

（1）以虚助实破解实训教学痛点难点

学校投入少量资金，构建了虚实结合的生产环境，还原了船舶生产过程。通过虚拟实训、虚实结合实训和远程实训，创新了实训教学模式，破解了实训中存在的痛点和难点。基地与企业设备更新同步，能够始终用新技术、新设备开展实训。图 7-10 为安徽工布制造工业科技有限责任公司机器人焊接车间及其对应的虚拟仿真实训车间。

（2）服务地方促进大中小学生全面发展

虚实共生船舶智能制造虚拟仿真实训基地也是公益性劳动教育基地，截至 2021 年 7 月底，已经与葫芦岛市内 15 家中小学合作，线上线下免费开放。学生通过云端体验和现场操作，可获得基本的职业体验，形成初步的生涯规划意识，理解劳动创造价值，树立正确的劳动价值观。

（3）船舶智能装配工程技术研究中心利用高技能优势对外提供高水平技术服务

船舶智能装配工程技术研究中心解决了特种阀门耐高温高压钴基合金堆焊层焊接裂纹、液氧罐 9Ni 钢不清根精密高效 TIG+MIG 全位置焊接技术、机器人非标准件焊接等多项技术难题，确立了焊接技术的国内领先地位，常年为大连船用阀门有限公司、辽宁顺达机械制造有限公司、泰煌（北京）环保科技有限公司提供焊接工艺技术服务。

图 7-10　安徽工布制造工业科技有限责任公司机器人焊接车间及其对应的虚拟仿真实训车间

（五）微助教：面向高教职教主战场的互动教学系统[①]

1. 基本情况

2016 年 3 月 14 日，微助教互动教学系统（图 7-11）于武汉正式上线。它是基于微信、钉钉等主流平台的轻量级云端教学服务系统。它充分借鉴教育心理学和游戏设计领域的成熟理论和方法，以课堂教学为主线，为师生提供课前、课中、课后全方位的教与学服务。截至 2021 年 2 月底，全国所有省份 3100 余所高校的 39 万余名教师用户和 500 多万名大学生已经使用或正在使用该系统。

微助教从诞生之日起，就一直在探索社会化促进教学信息化的创新之路。先后与 QQ（智慧校园）、钉钉、科大讯飞、金智教育、毕博、金课坊、微信等展开合作，信息化服务从课堂互动延伸到教与学全周期、智慧教学环境、教学全过程管理、教学大数据分析、课程思政与成果导向等领域。微助教的产品与服务不断发展、完善，微助教的发展理念与指导思想不断明晰、升华。

2. 主要做法

微助教互动教学系统主要应用于高等教育领域，以学生、教师和教务管理为中心，结合云端技术打造学习、教学、管理一体化教与学环境，为学校深入开展信息化教学，探索混合式教学与数据驱动的精准教学提供平台支撑。微助教互动

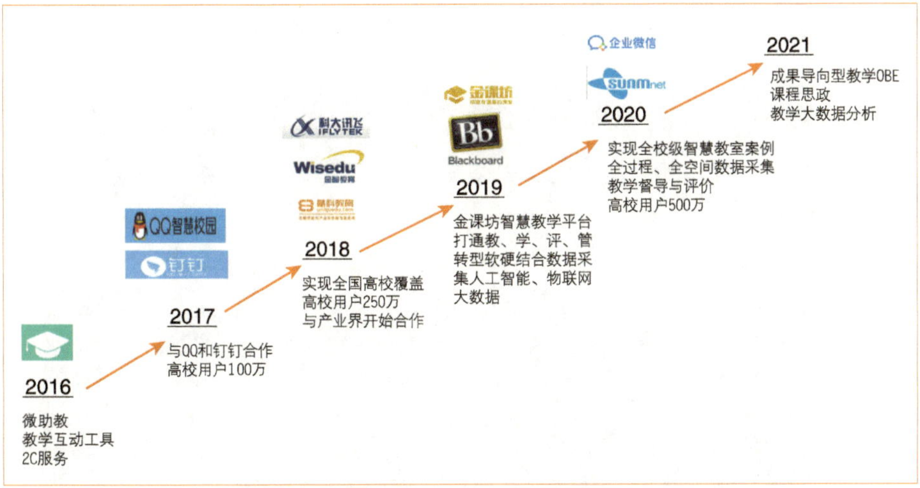

图 7-11　微助教互动教学系统发展线路

① 资料提供：华中科技大学电子信息与通信学院（许炜）。

教学系统采用 Browser/Server 架构，在任何地点都可以通过浏览器直接访问，易于教师学习和使用。移动端采用 HTML5 技术，可以支持多种移动应用场景，方便与 App、微信、钉钉等多种形态的智慧校园系统集成，避免形成新的信息孤岛。

微助教互动教学系统实现课堂教学准备、课堂互动教学、课堂教学评价、课堂教学督导、课堂过程控制五位一体的完整课堂教学闭环，覆盖课前、课中、课后完整的教学生命周期，其核心教学功能矩阵见图 7-12。从课前的备课、预习／课前翻转、分组、通知等帮助教师实现翻转教学，让教师和学生做好课前准备。在课中，教师和学生可以进行签到、授课、点答、讨论等各种教学互动，丰富课堂的形式，提升了课堂的活跃度。课后，教师可以进行电子化作业的布置、课堂数据的分析及报告、学生的课堂评教及各种相关数据统计，帮助教师进行教学反

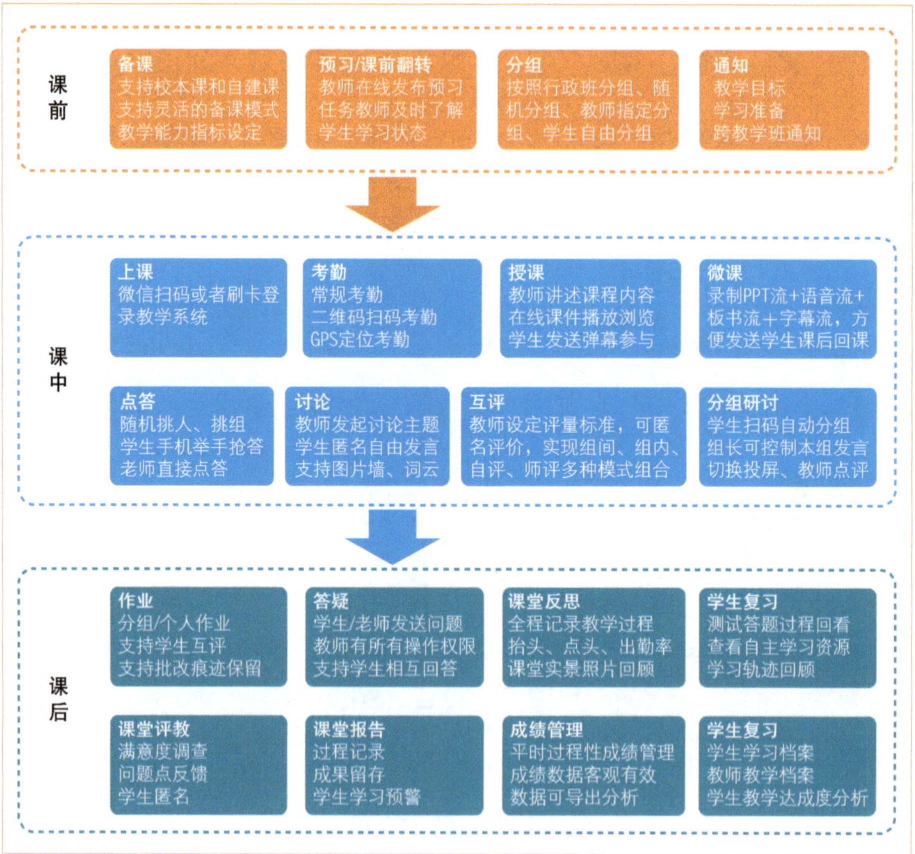

图 7-12　微助教核心教学功能矩阵

思，提升教学质量。

除了教学功能以外，微助教还为教学管理者提供了教学大数据分析服务（图 7-13）。该服务通过对多维教学数据的采集，进行了全方位、多维度的智慧教学大数据的分析和挖掘，以供教学管理者全面掌握当前教学的实时数据和教学规律，并为进一步改进教与学提供数据支撑，实现基于数据驱动的教学，方便学校展开学情分析，把握学生的学习习惯和教师的教学特点，优化教学过程，提升教学质量。

3. 典型成效

微助教互动教学系统积极响应了教育部提出的课堂革命、教学信息化、人工智能 + 教师队伍建设行动的号召，通过采用学生自带设备（bring your own device，BYOD）的方式，从教师侧切入，使信息技术、顶层设计、学术教研之间的同频共振最终产生“化学反应”，大批教师从教育信息化的被动接受者成为推进信息技术手段革新的主动设计者。

微助教得到了数十万一线教师的大力认可。每天，微助教都能够收到许多建设性意见。教师们评价“微助教可以有效捕捉学生的学习动态，是过程性评价研究和信息化教学改革的利器”，“微助教是信息化背景下信息技术与课堂教学深度融合的成功尝试”。

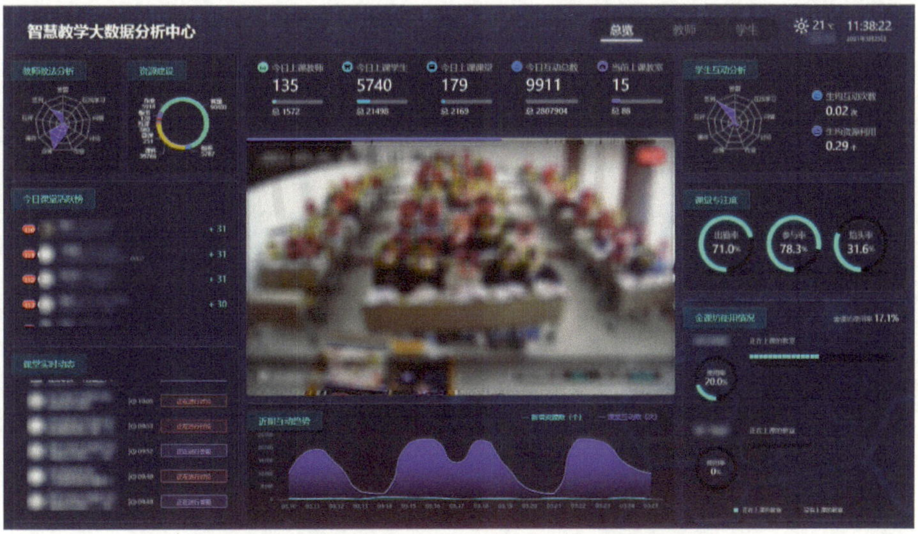

图 7-13　微助教智慧教学大数据分析服务示意（截图）

在2020年新冠肺炎疫情防控期间，为了保障院校在线平稳开学开课，响应国家及各级教育行政部门“停课不停学”的号召，作为位处当时疫情中心江城武汉的本土教学平台，微助教出台“战疫，微助教行动计划”，为院校和师生的云端畅通学习和交流提供服务。疫情期间，微助教组织了平台功能操作培训、在线教学方法分享与研讨、疫期心理调适报告及援助等多场公益培训讲座，参与师生超过40万人；有28万大学教师、500万大学生以及3100所院校（其中湖北省140余所院校100万余用户）在微助教平台上进行在线教学。微助教一直提供无偿技术支持与援助，以及全天24小时网上客服答疑，积极响应一线教师的各种服务需求，受到大家的一致好评；此外，微助教的不懈努力也得到相关管理部门的认可，先后入选教育部高教司第二批在新冠肺炎疫情防控期间支持高校在线教学的课程资源平台和技术平台名单，以及武汉市东湖高新区第二批科技企业抗击疫情创新应用案例与技术产品清单。

（六）雨课堂：线上线下一体化教学应用创新①

1. 基本情况

学堂在线是清华大学于2013年10月发起建立的中国首个慕课平台，是国家精品在线开放课程的主要运行平台之一，是教育部在线教育研究中心的研究交流和成果应用平台，是中国高等教育学会产教融合研究分会副秘书长单位，也是UNESCO国际工程教育中心的在线教育平台。

为了进一步提高课堂教学质量，学堂在线打造了智慧教学生态解决方案，其中包括课堂智慧教学工具——雨课堂。雨课堂围绕课前—课中—课后三个教学场景进行开发设计，覆盖全场景教学模式。其主要功能的应用依托于PPT和微信，在满足教师、学生、管理者在教、学、管三方面需求的同时极大地降低了信息化门槛，简单、易用、好用是其主要特点。

2. 主要做法

基于雨课堂课前—课中—课后全方位的教学场景的覆盖，教师可以在课前通过雨课堂发布预习课件，学生利用手机随时随地可在线完成课前预习，并向教师反馈预习结果。同时，教师可以获取详细的学生预习数据。在课堂教学中，教师

① 资料提供：北京慕华信息科技有限公司（顾天元）。

利用雨课堂同步教学课件、发布随堂小测，组织弹幕投稿等互动，既活跃了课堂气氛，又快速了解了学生对于知识点的掌握情况，方便及时调整授课节奏。在课后，教师利用雨课堂中的发布试卷的功能，组织学生考试。学生在线上完成考试，教师在线上完成监考，真正实现无纸化考试。

教师和学生利用雨课堂实现了线上化的教授和学习，打造了“边讲边练边评价”的浸入式课堂。通过多种课堂的互动形式，鼓励学生积极思考，提升了课堂质量。

同时，由清华大学优先实验的雨课堂克隆班技术打破了各高校之间的课堂壁垒，优质的课堂可以走出校园，实现跨地区、跨高校的课堂互联互通，为推动社会教育公平和提高整体教学质量起到重要作用。

雨课堂为多元的教学模式提供了多元的互动形式，辅助高校教师因课制宜，进行个性化的教学设计，解决传统课堂无法及时反馈学生知识吸收情况的顽疾。对于学生线上线下学习数据的采集分析可以使教师及时掌握学生的学习动态并调整教学方案；课堂数据的量化也改变了传统的结果性评价方式，可形成过程性评价，构建多维度学生画像。

此外，学堂在线慕课平台和雨课堂平台的配合使用，使得丰富的教学资源可以无缝调用和输出，帮助高校实现优质资源在教学中的高质量应用与推广。

3. 典型成效

学堂在线获得清华大学、圣彼得堡国立大学等高校慕课在中国境内的独家授权，始终致力于汇聚全球优质教育资源，推动资源共享，促进教育教学模式创新，服务全球各类学习者。截至 2021 年 7 月，平台拥有超过 3400 门优质课程，涵盖哲学、经济学、法学、教育学类、文学等 13 大门类，运行国家精品在线开放课程 403 门。同时，学堂在线是“学习强国”App 重要资源供给方之一。截至 2021 年 7 月底，学堂在线向“学习强国”学习平台输送的在线课程超过 180 门，为建设马克思主义学习型政党、推动学习中国建设和终身学习社会建设贡献力量。

自雨课堂发布以来，雨课堂在各高校得到了广泛应用。截至 2020 年底，雨课堂免费对外开放 13 万个会员，为 1381 所高校搭建了雨课堂教学管理系统。仅 2020 年就有累计 2.07 亿人次的学生在雨课堂上积极互动，遍布 173 个国家和地区。截至 2021 年 6 月 30 日，学堂在线慕课平台的累计注册用户数为 6983 万，累计总选课人次达到 3.16 亿。雨课堂注册用户数 5139 万，班级数 628 万，仅

2021 年春季学期班级活跃数就达 42.3 万。

通过在线资源和教学过程在平台上的积累沉淀，平台助力高校打造了诸多优质课程。截至 2021 年 7 月，西安电子科技大学在一流本科课程认定过程中认定了国家级、省级一流本科课程 70 余门，打造了一批具有特色的品牌“金课”。

对于雨课堂的技术创新，新华社、《人民日报》、《光明日报》等主流媒体相继对其进行重点报道。2020 年 11 月 17 日，雨课堂为清华大学赢得 2020 泰晤士教育高等教育亚洲大奖年度技术创新奖。

学堂在线和雨课堂的技术发展，源于教学实践对于技术更新提出的需求。为解决远程教学的难题、达到线上线下同质等效的教学体验，平台对全时空、全场景、全流程的在线教学进行了创新服务，也为高校的新型教育基础建设和教育信息化加速助力。

第 2 节　创新评价应用

《指导意见》在“重点方向”中列明：

（五）创新应用新型基础设施

依托“互联网 + 教育”大平台，创新教学、评价、研训和管理等应用，促进信息技术与教育教学深度融合。

14. 创新评价应用。创新信息化评价工具，全面记录学生学习实践经历，客观分析学生能力，支撑各学段全过程纵向评价和德智体美劳全要素横向评价。推动学生数字档案在评价中的应用，转变简单以考试成绩为唯一标准的学生评价模式。鼓励有条件的地区和学校探索试行规模化在线考试、无纸化考试。

一、任务重点

智能时代深刻改变了社会各行业对劳动者知识、能力、素质的要求，进而改变了教育行业的人才培养目标，目前亟待建立以学生为中心的知识为基、能力为重、德育为先的德智体美劳人才培养体系。学生的批判性思考能力、协作沟通能力、解决复杂问题能力、创新能力以及“人机”互动能力，成为其面向未来智能时代的关键竞争力。新兴技术在促进教育教学评价方式创新上发挥着重要作用。创新教育评价工具，以大数据、人工智能技术为代表的新兴技术为实现评价方式多元化提供了便利（图 7-14）。

强化过程评价，注重教育评价的动态性和诊断性。传统的教育评价方法以总结性评价方式为主，而通过基于技术的数据采集和分析将评价渗透到教学环节之中，对自然状态下评价对象的真实学习行为轨迹进行跟踪，可以实现基于数据分析证据的差异化和适应性教学，提供对教育数据的全过程采集和教育结果的适时反馈，确保学习效果。

优化增值评价，关注学生努力程度和进步表现。开发多样的评价模型，不以学生考试成绩作为评价的唯一标准，通过大数据、人工智能技术采集学生知识、情感、态度、思维和行为等全过程数据，从发展性角度评估学生的努力程度、学习绩效等，关注学生在原基础上的进步程度，形成纵向比较，激发学生内生动

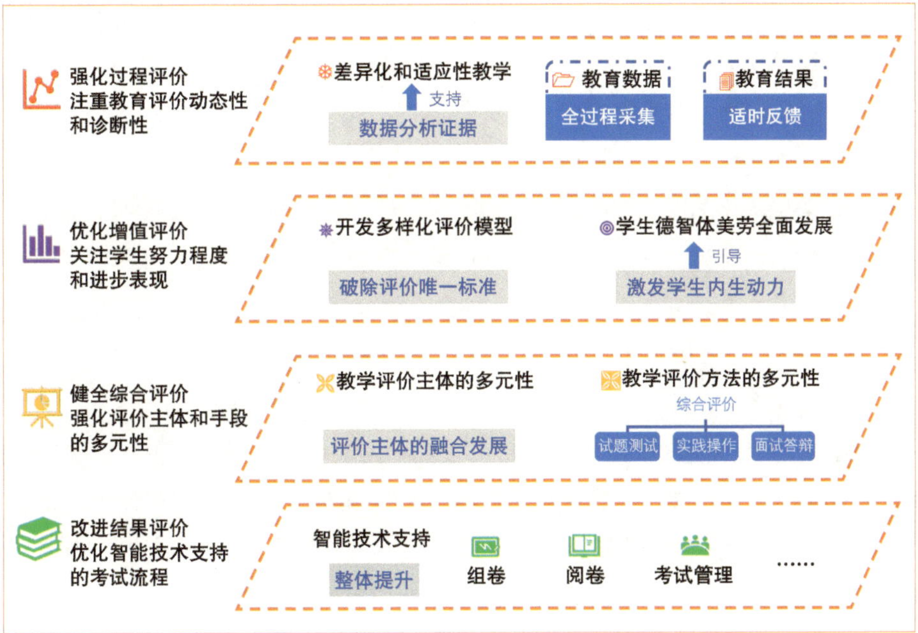

图 7-14　创新评价应用

力，引导学生德智体美劳全面发展。

健全综合评价，强化评价主体和手段的多元性。教学评价主体的多元性表现在教师评价、家长评价、同伴评价、自我评价甚至是机器评价的融合发展，推进内部评价与外部评价的整合；教育评价方法的多元性即采用基于智能技术的试题测试、实践操作、面试答辩等不同方法进行综合评价，增强教学评价的客观性、公正性和有效性。

另外，还可以利用智能技术改进结果评价，尤其是优化考试流程，实现从组卷、阅卷到考试管理等各方面的整体提升。

二、典型案例

（一）南昌市：普通高中学业水平考试机考改革[①]

“智慧考试示范区”是“智慧教育示范区”下的一个单项示范项目。在普通高考改革的大背景下，南昌市的普通高中学业水平考试（以下简称“高中学考”）机考改革取得了初步成效。《江西省普通高中学业水平考试实施办法》规定：普通高中学业水平考试分为合格性考试和等级性考试两大类；其中，合格性考试的成绩合格是普通高中学生毕业以及高中同等学力认定的主要依据，等级性考试的成绩是高校录取的依据。该办法还提出合格性考试允许考生在未通过的前提下多次报考。合格性考试覆盖面广、改革风险较低，便于加强对考生、学校、家长的引导。

面对考试招生制度改革的新形势、新任务，南昌市教育考试院依据上级文件精神，以减负增效为导向，坚守教育考试本质，经省教育考试院批准，积极探索高中学考施行机考改革的“新路子”，借助大数据云终端解决改革中存在的新情况、新矛盾。

1. 基本情况

在省教育考试院的批准下，南昌市教育考试院高中学考机考改革试点工作自 2013 年起展开，并在全国率先实行高中学考机考历史学科改革试点，之后逐步延伸到高中学考的其他学科，到 2017 年下半年，已实现了高中学考所有 11 门课程机考（其中 2 门技术学科已先后转由省教育考试院同期组织全省机

① 资料提供：南昌市教育考试院（熊彪，胡洪明，沈艳，郑金旗，彭常明）。

考）。在机考试点期间，几度开发、升级机考系统，组建学科题库并不断更新与充实。机考系统通过随机组卷，实现了人工防舞弊向技术防舞弊的突破性转变，提高高中学考的公信力；同时多维度分析学生的成绩，为教研教学提供数据支撑（图 7-15）。

为了提供更加公平的考试环境，进一步探索机房标准建设，南昌市教育考试院在南昌市内城区高中学校范围内选择地处东南西北中的 6 所高中学校，建成了 9 间智慧考试机房，并通过了验收，为进一步扩大智慧机房建设范围积累经验，也为申报创建智慧考试单项示范区建设打下扎实基础。

2. 主要做法

稳步推进机考改革。一是加强高中学考机考宣传。南昌市教育考试院依据“由易到难，小步快跑”的原则推动高中学考机考改革工作，由 2013 年的历史学科逐步推广到地理、物理、化学、思想政治、生物、通用技术、语文、数学、英语等学科全覆盖。南昌市教育考试院不失时机地利用微信公众号、QQ 群、宣传栏等多种方式进行广泛宣传。依据机考方案提出的实施细则，在学校进行模拟测试，加强上线模拟考试指导、管理与评估。二是优化考试系统平台。考试平台在前期深入学校调研，在了解学校现状、技术人员水平及学校需求的基础上，定向开发了若干模块。新近开发的软件整合了数据加密、在线更新、自助上传、考试

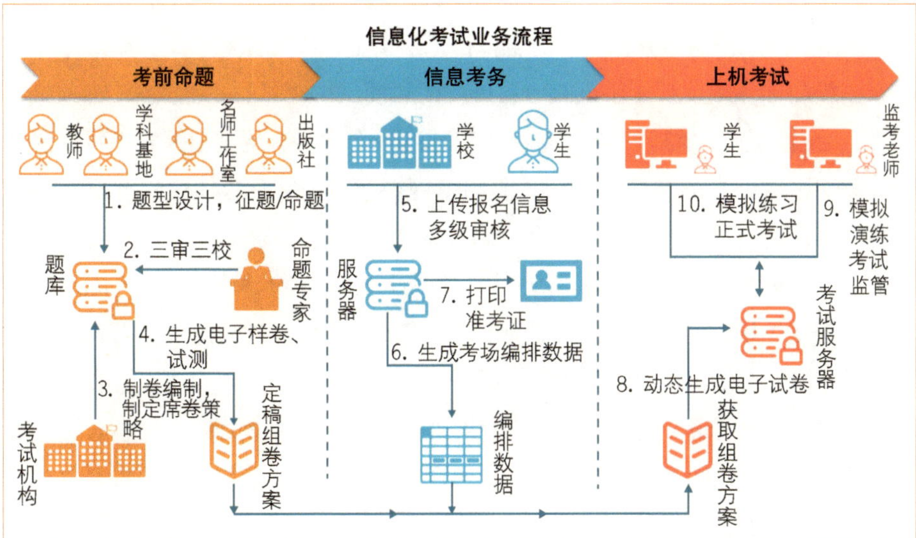

图 7-15　南昌市高中学考机考改革规划图

管理等各项实用功能，并考虑到了断网、停电等各种可能干扰考试正常进行的因素，预设了多项应急预案，从而有力地保障了考试工作的正常进行。三是创新工作管理思路。在机考过程中，针对机考的特点积极创新，采取了一系列规范管理措施，通过技术手段防止考生舞弊。

建立健全机考管理体系。南昌市的高中学考是在省教育考试院组织下的统一考试。主要做法是：一是加强领导，严格管理，精心选拔配置监考员和巡视员。二是抓好岗前培训等考前准备工作落实。狠抓考务人员、巡视员、监考员、系统管理员的岗前培训，针对机考多科目、高密度特点，以调试系统、规范考务管理为核心抓手，落实考前各项准备和组考等工作。三是技术创新，端正考风考纪。考试院组织力量，专门对机考程序系统几度开发，实现人工防舞弊向技术防舞弊的突破性转变，实现界面全屏、键盘锁定、插件禁用、相邻考生考试学科错位安排、考生照片实时悬挂防止代考、在每场考试时段内禁止不同账号同机登录、实行考生准考证与考试机绑定等一系列技术创新，有效地端正了考风考纪，提高了高中学考的公信力。四是启用网上巡查交叉监考工作。考试院成立了一支机考网上巡查监控队伍，若发现违纪苗头及时反馈给考点，按相关规定予以处理，有效促进考点良好考风考纪建设。

推进机考拓展应用。2020 年，为了对疫情期间“停课不停教，停课不停学”学与教进行初步诊断，南昌教育考试院立足学业水平考试机考改革实践探索经验，推出了一项招考公益服务，对全市初二学生进行线上测试诊断。测试方式为居家在线测试，使用智能手机或电脑进行闭卷测试。测试科目涵盖语文、数学、英语、物理、道德与法治、历史、生物、地理 8 个学科，测试范围为江西省教育厅赣教云平台公布的 2020 年 4 月 30 日前网课学习内容。参加测试诊断学生人数逾 5 万，测试总科次数为 370 280 科次，单科平均 46 285 人在线同测。测试结束之后，对测试数据进行挖掘与应用，进行诊断与评价，形成了个人测评报告 370 030 份（每人每学科一份）、班级测评报告 9201 份、学校测评报告 238 份和区域测评报告 1 份，帮助学生进行查漏补缺，对学生的学习提出建议与参考，实现以评促学。同时形成区域测评报告，助力师生返校复课做好线上教学与线下教学衔接工作，为教师教学、学校管理和教育行政部门指导学校工作提供参考，实现以评促教。此次公益活动是南昌市首次推出线上测试，争创南昌“智慧考试”品牌，探索招考形式现代化的初步尝试。

3. 典型成效

回归考试本位功能。高中学考机考改革的一系列探索实践，初步形成了学考合格性考试的机考模式，考查学生应知应会的基础知识，让合格性考试回归了作为“学生毕业和升学的重要依据”这一本位功能，使新高考制度综合改革中学考改革的顶层设计落到了实处。通过技术手段与组考方式的革新，实现了“人防”与“技防”的深度融合，严肃了考风考纪，维护了学业水平考试的声誉。

发挥考试导向作用。高中学考机考主要考查学生的基础知识和基础技能，引导学校主动开齐开足课程，在教育教学过程中重视夯实双基，切实减轻了学生的课业负担，将更多的时间和精力集中在学生综合素质的培育上，发挥考试在教学过程中的引导、评价和激励作用，实现以考促教、以考促学。

切实提高考试效率。机考采用智能随机组卷的模式，以轮换题库取代了命题试卷，实行网上答题，电脑系统自行评卷，学生操作简单，突破了传统的场地、时间和人员等的限制，取消了领卷、发卷、收卷、数卷、封卷等环节，提高了考试效率，节省了考试成本，降低了考试风险。机考还可以实现连场考试，考试期间，各考点以班为单位成批次混合编排考场进行考试，既不影响非考试班级的教学，也不影响全校的正常教学，同时更方便学校对学生的安全管理。

提高学生自主学习意识。随着改革的深入，关注学考的家长、学生及社会人士越来越多。机考考试系统软件设置考试版和在线模拟版。在线模拟版有自动判分、题目解析功能，极大地调动了考生自主学习的积极性，也方便家长督促孩子上网学习，弥补了家长在辅导孩子学习上的能力不足。很多学生通过网络系统以考促学的模式有计划地进行学习，促进了学习成绩的提高。

促进学生学业成绩评价。将人工智能引擎、区块链及大数据分析等先进技术应用到学生日常学习过程中，动态采集学生过程性数据，结合学生学考及模拟考试数据，构建以学生为中心的学业评价模型，根据不同用户需要制定出市（区）级、校级、班级、学生综合测评报告，实现：①有效帮助学生查漏补缺，科学规划学习生涯，极大地调动了考生自主学习的积极性；②通过记录学生的成长轨迹，实现过程跟踪与科学评价，减轻学校教学压力和学生课业负担，有效地解决了教学效果不易跟踪和控制的问题。机考使考试招生更公平、公正、公开，成为教育信息化和招生考试改革的重要推动力量。目前，南昌市所有高中学科的信息化考试成绩平均分与中招高中学校划档线、学校办学评价对比数据十分吻合。

推进教育信息化建设和应用。通过高中学考机考改革，高中学校的机房建设大大加强，2013—2020年，全市具备条件的考点、机房、考试机位数均有大幅增加：机考的考点从42个增加到58个（增加了38%），用于考试的机房由85间增加到135间（增加了59%），考试机位数由4788台增加到7709台（增加了61%）。机考从模拟测试到正式考试，提高了学校的计算机使用率。与此同时，通过机考QQ群，为高中学校计算机管理人员提供了工作交流平台，提高了学校计算机管理人员的技术和学校网络管理与维护的水平，倒逼教育行政部门和学校加强教育信息化建设的投入和信息化设备的应用。

（二）长沙市：数据驱动的综合素质评价①

1. 基本情况

湖南省长沙市作为教育部首批“智慧教育示范区”，积极推进教育评价智慧测评；借助综合素质评价系统、学生学业分析系统和教师课堂行为分析系统，对学生的品德发展水平、学业发展水平、兴趣特长养成等进行评估，构建德智体美劳全方位评价指标体系和评估模型。

目前，全市初中学生综合素质评价已全面推进并常态实施，小学综合素质评价已开始区域、学校探索，高中学生综合素质评价逐步成为高校招生入学的重要参考，网络学习空间支持下的学生综合素质评价已成为区域全面推进素质教育的重要抓手，逐步构建起区域教育新生态。

2. 主要做法

（1）构建五育融合的小初高一体化学生综合素质评价指标体系

按照教育部关于学生综合素质评价的总体要求，长沙市落实立德树人根本任务，突出育人目标，建立以发展素质教育为导向的教育质量评价体系。将国家要求的五个评价维度作为一级评价指标，结合学段特点和长沙市的实际，创新性地将评价内容分解成二级评价指标，构建了小初高一体化综合素质评价指标体系，具体包括：围绕小学生习惯养成，对核心素养点进行内涵分解，考察重点由11个关键事件与7个写实记录组成；围绕初中学生全面发展，考察25个评价要点，遴选27项关键实证，从创新意识、艺术特长、探究精神、实践能力等多方面记

① 资料提供：长沙市教育局（缪雅琴，吴三文）。

录初中学生素质全面发展情况；高中确定 13 个关键写实内容，自主记录反映高中生综合素质的重要活动和突出表现。

（2）构建以网络学习空间为支撑的学生综合素质评价模式

一是网络学习空间为实施学生综合素质评价提供了立体多维的平台和载体。在长沙市中小学人人通云平台建立市（区）级、校级、年级、班级和师生个人空间，实现“通资源”——汇聚国家教育资源公共服务平台、湖南省基础教育资源网、长沙市中小学在线学习中心和各区、各校及部分企业的优质教育资源；“通管理”——涵盖师生管理、体质健康监测、校内外实践活动、家校互联等，学生利用空间开展网络自主学习、进行成长记录等。二是网络学习空间对学生成长数据进行伴随式、实时性、过程性采集。从 2007 年开始，长沙市自主研发综合素质评价管理系统，依托长沙市中小学人人通云平台空间伴随式实时收集学生综合实践、体质健康、社会服务等信息，采集学生成长数据，为综合素质评价提供过程性实证材料。三是网络学习空间让学生综合素质评价信息化、智能化、常态化。基于网络学习空间，运用人工智能、大数据和区块链等技术手段，建立评价模型，开发评价工具，进行网上资料遴选和自评、互评，准确把握学生成长状况，进行全流程信息化管理和大数据融通共享，确保评价结果的公平公正和评价实施的可操作性，实现了评价的立体推进、多元整合和智能化、常态化实施。

（3）推进学生综合素质评价区域化、校本化实施

探索网络学习空间支持下的学生综合素质评价区域化、校本化实施路径。全市整体推进学生综合素质评价，各区、各校根据区域、学校实际情况开展学生综合素质评价。区域特色主要体现在小学生的综合素质评价上，开福区、雨花区等建立了各具特色的小学生综合素质评价指标体系，引导辖区内学校探索小学生综合素质评价的校本化实施路径。各校再根据学校具体情况，结合区域特色，制定学生综合素质评价方案，不断完善课程体系，打造学生发展平台。例如，长沙市第十一中学利用学校艺术教育特色，打造了适合学生发展的“1258X”课程体系；开福区沙坪中学利用农村中学特点，构建了学校综合素质评价体系。同时，充分利用网络学习空间和智慧校园大数据采集实证数据，探索日常写实记录信息化、智能化上传，采用大数据、人工智能和区块链等技术，确保实证材料遴选的客观性和代表性。在全市统一评价标准的基础上，结合区域、学校实际，进一步细化区域化、校本化评价标准，打造现代信息技术支持下的小学生综合素质评

价典型案例。在不增加师生、家长负担的前提下，创新性地开展学生综合素质评价，引导学生健康成长。

3. 典型成效

2020 年，长沙市中小学人人通云平台实现网络学习空间的转型升级，进一步扩充网络学习空间的容量，丰富和完善网络学习空间的内容与设置，实现网络学习空间与体质健康监测系统、在线网络学习中心、综合实践活动等 13 个平台数据的互联互通；不断提升网络空间评价功能与水平，实现评价的立体推进、多元整合、智能常态实施。截至 2021 年 6 月底，长沙市共建设学校、班级、学生、教师 4 类空间 139 万个，共积累小、初、高网络学习空间素材内容 1.5 亿条，各类空间活跃度均达到 92.2% 以上，累计使用人次达 1762 万，累计访问次数达 1.8 亿。

（1）促进学生全面而有个性发展

信息化评价手段可为学生当前发展状况进行精准画像，学生通过综合素质评价的过程性结果准确把握自身发展的状况，尤其对阻碍综合素质提升的短板和不足有清醒的知晓，从而引导学生德智体美劳全面发展。数据显示，2017—2020 年，长沙初、高中生体质健康水平整体不断提升，2020 年，初、高中学生体质健康合格率已经分别上升至 92.42%、91.1%；学生学业质量表现良好，均衡度呈现提升态势，2020 年全市初中学业水平总平均分为 692.96，2020 年全市初中毕业生学业成绩一次性合格率为 94.05%（较 2017 年提高了 0.5 个百分点）。2020 年，长沙市高考文科、理科总分平均分分别为 484.61、495.54，文科、理科本一批上线率分别为 20.63%、50.76%（较 2017 年分别提高 6.96 个百分点、17.31 个百分点）。2020 年，70.61% 的初中生和 72.38% 的高中生热爱劳动，59.6% 的初中生和 66.49% 的高中生会自主探究课本以外的知识，好奇心求知欲较强，82.77% 的初中生和 86.37% 的高中生有一项及以上的爱好或特长，会在文学、舞蹈、戏曲等众多方面寻求自身特长发展。

（2）促进区域、学校优质均衡发展

在学生综合素质评价的基础上，2018 年，长沙市正式发布学校教育质量综合评价报告，评价覆盖每一个区县（市）的每一所普通中学。对学校进行多元、综合性评价，引导学校科学使用评价结果，重视诊断和改进，引领学校优质均衡发展。连续 4 年的报告显示，长沙市多数高位运行学校仍保持发展优势，一批认可度不高的学校进步明显，呈现良好的发展态势，特别是一批学业成绩入口居于全市相对较低水平但出口增值明显的学校脱颖而出，其中部分县域初、高中学校学业增值更为明显。基于评价报告，教育系统对学校的表彰改变过去以学生成绩为主要依据的做法，而主要采信“增值排名”等相关数据，一批曾经默默无闻但正增值高的学校逐步显现，此举激活了不同层次学校的办学积极性，营造了良好的整体教育生态。

（3）减轻学生学业负担

长沙市持续将学业负担作为评价重要指标，科学评价学生学习时间、课外活动、课业质量、课业难度及主观学习压力状况，挖掘“学业正增值、综合素质高，学业负担适中”特征学校经验，积极宣传综合评价中已发现的“作业时间过长，对成绩提升没有显著作用”“家庭作业时间过长可导致学生学习兴趣下降、课业质量降低”等研究结论，引导学校、家长不盲目“加码”、不沉迷题海战术，切实减轻部分学生过重的课业负担，引导学校、家长关注和重视学生的健康成长，促进学生的全面发展、个性化发展。2020 年的综合评价中，根据增值与学业负担将学校分为 6 类：高效轻负型、中效轻负型、低效轻负型、高效重负型、中效重负型、低效重负型。其中，高效轻负型的初中学校 51 所，高中学校文科 13 所，高中学校理科 17 所，占比分别为 20.16%、16.05%、20.99%，通过评价引导学校改进教育教学方式，减轻学生学业负担。

（4）构建区域智慧教育新生态

对全市教育评价状况实现动态监控、数据精准画像，形成了以服务为导向、以智能化为特征的智慧教育评价新趋势。

充分运用评价结果，发挥大数据评价的引导、诊断、改进、激励功能，助推教育决策从“经验判断”走向“数据举证”，提高了决策的科学性、精准度，推进教育治理能力现代化。近年来，长沙市针对学生的学业负担问题推出了系列减负举措；针对“部分学生劳动习惯有待加强”这一评价结果，研制并发布“长沙市普通中小学校劳动教育状况评价指标”，开展劳动教育状况专项测评，指导学校切实加强劳动教育，提升学生的劳动素养及创新实践能力；针对“五成初中生参加文化课外培训班，部分培训机构存在‘应试培训’倾向”的评价结果，严格审批培训机构控制增量，建立培训内容备案与监督制度，严禁超标超前培训，有效减轻义务教育阶段学生校外培训负担；还针对学生阅读、体质健康、劳动教育、特色办学等教育改革重点进行专题式评价，利用大数据分析为决策服务，使长沙市的基础教育改革焕发了新的活力。

（三）宁夏：大规模中小学教师信息素养测评①

1. 基本情况

为推动“互联网 + 教育”示范省（区）高质量发展，健全中小学教师信息素养评价机制，提升中小学教师信息化应用水平和信息素养，宁夏在全国率先开展了面向省域范围中小学校长、教研员、专任教师的信息素养测评。在自治区教育厅与华中师范大学国家数字化学习工程技术研究中心（以下简称“中心”）双方的共同努力下，测评工作顺利完成，教师参与率基本达到 100%，且超过 50% 的中小学教师成绩优异。相关测评结果不仅作为宁夏各地各校“互联网 + 教育”项目安排、教师个人评价的参考依据，也是宁夏中小学教师信息素养持续提升、教师队伍建强建优的重要根据。

2. 主要做法

（1）组织专家研讨会，打磨测评试题

2020 年 10 月 27 日至 11 月 2 日，为完善测评试题，宁夏教育信息化管理中心组织了 11 位来自地方教育管理部门、高校、中小学的相关专家，开展了为期 1 周的封闭式研讨。其间，11 位专家分为 3 组，对测评试题进行了多轮优化。此外，在集中研讨结束后，相关专家还花费两周时间对测评试题做了进一步优化，确保了测评试题的科学性和合理性。

（2）开发测评系统，实现线上测评

为支撑宁夏开展面向全区教师的线上测评，中心开发了宁夏中小学教师信息素养测评系统。该系统主要实现教师信息素养的在线评测与分析，支持对指标库、试题库、测试卷的增添、删除、查看、修改等操作，并具有对评测数据进行统计和分析的功能。线上测评系统的开发为后续全区范围测评的开展提供了有力的支持。

（3）加强结果应用，开展靶向培训

自治区教育厅根据各地各校的测评成绩，针对测评结果所反映的教师信息素

① 资料提供：宁夏回族自治区教育信息化管理中心（王骋，李永涛，张建勇，饶小李，单常婷）。

养薄弱项，组织开展了靶向培训；同时努力探索建立中小学教师信息素养测评和精准培训工作机制，力求打造学、测、评、研、训、管六位一体的工作局面，极大地提升了教师队伍的信息素养。

3. 典型成效

（1）打造高质量测试题库

中心以已有的 1989 道教师信息素养情景化测试题为基础，经过广泛意见征询、多轮专家论证和反复研究修订，最终形成了宁夏中小学教师信息素养发展水平测试题库，测试题型包含单项选择题、判断题、多项选择题等。

（2）率先完成全区范围测评

2020 年 11 月 21 日上午 9:00，宁夏全区近 7 万名中小学教师通过计算机、手机或平板电脑等登录宁夏教育云的宁夏中小学教师信息素养测评系统，集中参与测评，时长共计 45 分钟。该次测评是中心和自治区教育厅通力合作促成的，是我国首次在省域范围内面向中小学校长、教研员、专任教师开展的信息素养测评，教师参与率基本达到 100%。测评初步结果显示，宁夏中小学教师的信息素养合格率达 99%、优秀率达 57%。

（3）实现测评结果可视化展示

中心开发团队基于宁夏测评数据，设计了宁夏中小学教师信息素养评测系统，用于测评结果的可视化展示（例见图 7-16）。该系统可以呈现宁夏全区参与测评的中小学校长、教研员、专任教师的人数、综合得分、得分分布及一二级维度得分、各市得分、学校排名等信息。

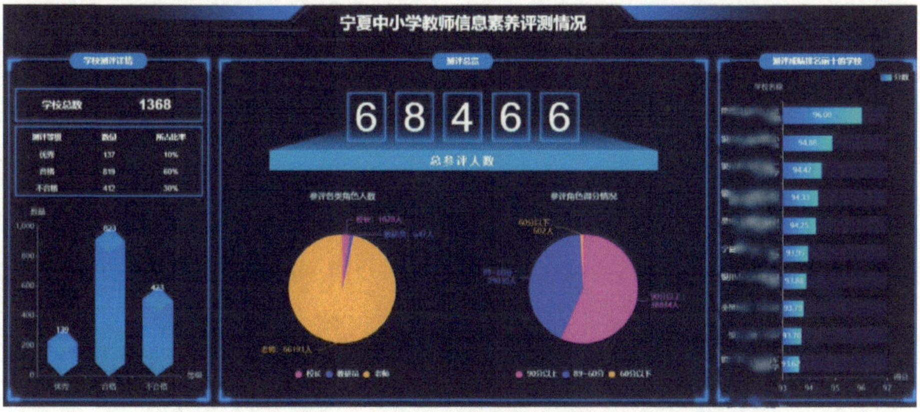

图 7-16　宁夏中小学教师信息素养评测情况示意（截图）

（四）西安电子科技大学：学生能力证书①

1. 基本情况

西安电子科技大学以促进学生德智体美劳全面发展为核心目标，以人工智能、区块链、大数据、物联网等技术为支撑，通过教育评价体系创新、评价工具创新、评价流程重构，建设学生综合性成长电子档案与能力证书。通过伴随式、综合性、过程化的评价体系，探索开展各年级学生学习情况全过程纵向评价、德智体美劳全要素横向评价的评价体系，打造“以能力为重”的人才培养新模式。

2. 主要做法

（1）双空间、全方位、全过程的数据感知，创新信息化评价工具

物联感知系统形成物理空间权威数据源。学校以信息技术推动物联感知数字孪生校园建设，全面构建面向未来的智慧校园“新环境”。围绕学生学习、生活等各个层面，建立实时、立体化、全流程的能力发展和成长数据采集体系，分析学生成长过程。

数据中台形成线上空间权威数据源。通过统一数据中心，实现“学在西电”、SPOC 平台、教务、学工、科研、财务、图书馆、国际化各个业务数据汇聚，全面记录学生学习、实践经历，勾勒学生学习过程画像，围绕德智体美劳五要素建立可追溯的学生成长电子档案。

学校教链支撑能力证书构建与上链。以区块链技术为支撑，学校教师研发“西电教链”平台，确保学生个人成长电子档案和能力证书（图 7-17）的数据可信、使用可管、范围可控，为建立学生、学校、就业单位一体化的链上运行体系提供支撑。

（2）完善评价体系，科学制定评价模型

构建本科生“十二大核心能力素养”能力测评体系。立足学校实际，打造以体现学生能力素养的 41 个能力点为飞环内层、以 162 个能力因子为飞环外层的“学生成长飞环模型”，形成基于“十二大核心能力素养”及“五育”双维度学生能力证书评价体系。“十二大核心能力素养”涉及道德实践与家国情怀、诚实守信与奉献精神、学习态度与学习能力、规划执行与逻辑思辨、分析问题与系统思考、创新实践与核心素养、身心素养与自我管理、艺术涵养与美感素养、多元文

① 资料提供：西安电子科技大学信息化推进办公室（赵静）。

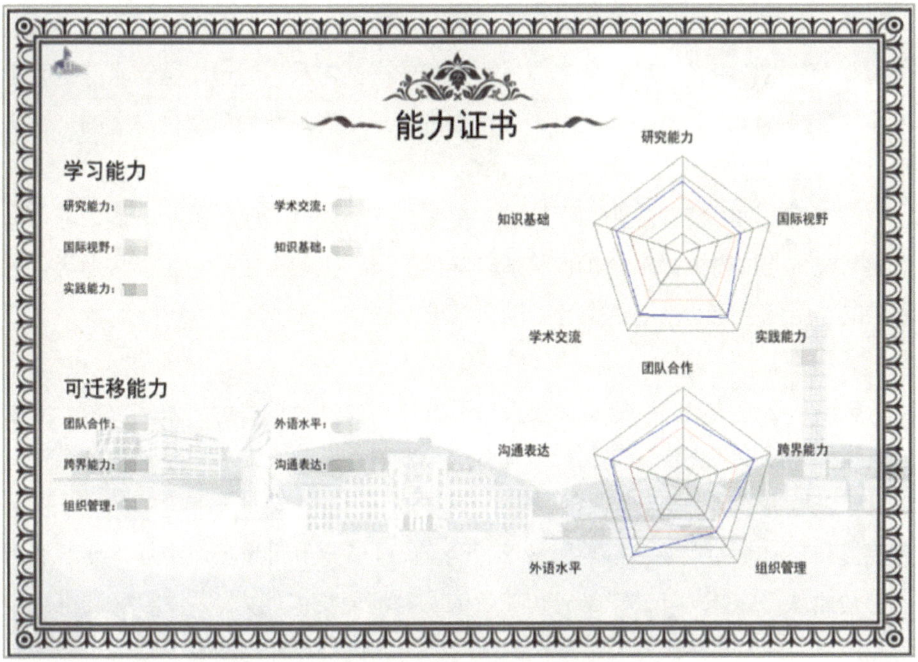

图 7-17　大学生能力证书示例

化与国际视野、劳动观念与劳动技能、人际关系与团队合作、工具使用与沟通表达等，可以更客观、精准、全面地勾勒学生画像，推动唯考试成绩的评价方式向德智体美劳全面发展转变。

立足研究生教育特点建立研究生能力评价矩阵。以培养德才兼备的高层次人才为目标，针对研究生群体特征，坚持学习成果导向和过程性评价相结合，以面向学生未来职业发展为牵引，打破传统的树形评价结构，构建包括理想信念与道德伦理、学术 - 专业能力、可迁移能力等三大类、10+1 个能力评价点、1000 多个赋分项的研究生发展能力矩阵评价模型。10 个能力评价点包括知识基础、学术交流、国际视野、研究能力、实践能力、沟通表达、组织管理、团队合作、外语水平和跨界能力，引导学生建立面向未来的核心竞争力。

（3）创新评价应用，激发评价体系的内生动力

变革选优评优体系，引导学生全面发展。学校不仅将能力证书用于学生评优选优，同时将原来的保研全部依据学业成绩转变为 70% 依据学业成绩、30% 依据能力证书，引导学生更加关注能力建设与发展。

个人电子成长档案与就业大数据对接，帮助学生清晰个人发展路径。学校通过就业大数据分析各学科、各专业学生的就业岗位需求，通过岗位需求分析为学生课程选择、能力建设提供建议，加速推进基于个人画像和职业化发展的个性化学习平台建设。

以信息化助力精准就业。学校正在探索打通个人电子成长档案、能力证书与就业系统，通过岗位需求分析，将适合学生的岗位主动推送给学生，将适合企业需求的学生信息主动推送至企业，助力精准就业。

3. 典型成效

学生从唯考试成绩向德智体美劳全面发展转变。经过评价体系的改革，学生从只注重考试成绩逐步转向德智体美劳全面发展，考试成绩不再是学生的第一追求目标，更多学生将团队合作能力、沟通交流能力、终身学习能力等的进步作为自我提升与培养的主要目标。学校 2020 届本科毕业生认为工作中最重要的通用能力是团队合作能力（87.30%），其后依次是沟通交流能力（84.06%）、终身学习能力（81.52%）；认为经过学校的学习经历，自身提升比例较高的通用能力是信息搜索与处理能力（90.26%）和环境适应能力（87.47%）。

学生就业稳居全国前列。2020 年，学校获中国高校就业最佳典范奖。学校 2020 届毕业生的总体就业落实比例为 96.11%，除备考毕业生外，基本实现有就业意愿的毕业生全部就业；其中 2020 届研究生的就业落实比例为 99.21%，本科生的就业落实比例为 94.23%。此外，学校 2020 届研究生、本科生就业于 1000 人以上规模的大型用人单位的比例分别是 79.09% 和 66.90%。当年签约就业的本科生中有 28% 签约世界 500 强单位，有 26% 签约了中国 500 强单位；研究生中有 42.90% 签约世界 500 强单位，有 48.05% 签约了中国 500 强单位。学校 2020 届本科毕业生的工作与专业相关度为 81.09%，比 2019 届（72.93%）高 8.16 个百分点，学校近四届毕业生的工作与专业相关度整体呈上升趋势。学校 2020 届本科毕业生的就业满意度为 79.39%，比 2019 届（77.08%）高 2.31 个百分点，学校近三届毕业生的就业满意度呈上升趋势。

第 3 节　拓展研训应用

《指导意见》在“重点方向”中列明：

（五）创新应用新型基础设施

依托“互联网＋教育”大平台，创新教学、评价、研训和管理等应用，促进信息技术与教育教学深度融合。

15. 拓展研训应用。以人工智能助推教师队伍建设，助力提升教学能力、优化教师管理。开发教研支撑应用，开展基于教学能力智能诊断与分析的自适应学习和网络教研，促进教师专业化发展。开发教师培训应用，提供模拟实训环境，提升教师信息化运用能力。开发教师能力评估应用，实现伴随式数据采集与过程性评价，为教师改进教学提供依据。

一、任务重点

精准教研是“互联网＋”时代的一种教研形态，强调“用户意识”。开展基于教学能力智能诊断与分析的自适应学习和网络教研，使教师教研从经验导向向数据驱动的精准教研转变。精准教研的服务对象是教师个体，教师的教研需求来源于教学实践，每位教师的教学对象特征不同，教学问题不同，教研需求也不同，因而教研主题和教研内容是个性化的（图 7-18）。例如，可以全面采集教师教学全时态、全方位、全生命周期数据，对教师的个人信息、行为信息、活动信息等教师教育师资大数据进行挖掘分析，建立教师个性化培养培训的推荐模型。基于此为教师提供不同的学习资源，使其实现自适应专业发展。

开发教师培训应用，提供多样化的教学模拟实训环境，可以帮助教师根据面部表情、人脸姿态、语言情感等的智能分析，积极而又科学地调整自己的情绪呈现、语言表达及教学方式，从而丰富学生的学习体验，同时给予教师丰富而又亲切的教研体验，减轻新手教师在教研活动中的疏离感和挫败感，还能增加教研的

图 7-18　拓展研训应用

生动性和趣味性。可以对教师课堂教学过程进行深度的数据挖掘，借助科学的指标体系进行分析诊断并形成测评报告，帮助教师精准地获取自身专业发展的能力特质，分析教师能力发展动态，对教师专业发展提出建议，系统、科学地推动教师专业能力提升。

二、典型案例

（一）石嘴山市：人工智能助推教师队伍建设试点①

1. 基本情况

2019 年 1 月，宁夏回族自治区石嘴山市在全国率先开展人工智能助推教师队伍建设行动试点工作。试点工作聚焦人工智能助推教师管理、教育改革、教育教学创新等重点，加快了教师教育理念和教学思想的变革，推进了智能工具与教师教学的有机结合，促进了课堂教学模式变革创新，实现了教师和学生减负赋能，快速、有效地提升了教师专业发展水平，实现了人工智能与教师队伍建设和教育教学的深度融合、教师队伍建设与教育教学质量的同步提升。截至 2020 年底，全市 100% 的中小学校开展了试点，教师信息化和智能化教学应用达到 95% 以上，数字化校园覆盖面达到 100%，并建成了石嘴山市中小学教师人工智能研训中心（宁夏中小学教师智能研修基地），以及 10 所自治区级“互联网 + 教育”

① 资料提供：石嘴山市教育体育局（祁勇）。

标杆校、5 所自治区级和 20 所市级人工智能助推教师队伍建设行动试点学校。教育部于 2020 年 11 月 20—21 日在石嘴山市召开全国“人工智能助推教师队伍建设行动”现场观摩会。

2. 主要做法

（1）实施教师智能助手应用行动

实施人工智能教学项目八大类 30 多项，减轻教师负担，提升教师备课、教学效率，帮助教师改进教学，促进因材施教。

（2）实施未来教师培养创新行动

加强与华中师范大学、北京师范大学等 7 所师范院校合作，建立了 6 个知名专家工作室，有 120 多人次与高校合作开展智能教育等规划和教学研究、课题研究和教学评估等工作，开展实施 4 个国家级人工智能与教育相关课题，实现了地方和高校教师培养的共建共赢。

（3）实施教师智能研修行动

建成宁夏中小学教师智能研训基地，与试点学校互联互通，实现了教师智能研修与学校、教师、课堂、学生的无缝衔接，探索形成了人工智能技术支撑下的教师专业发展与评价体系（“1345 工作体系”）。

（4）实施教师大数据建设应用行动

探索建立教师大数据系统、教师发展学分银行和教师专业成长画像系统，全面呈现教师专业发展轨迹和素养提升脉络，生成量化评价结果，为学校和行政部门教师工作决策提供了依据。

（5）实施智能教育素养提升行动

累计培训校长和教师 2 万余人次，100 多人次受邀外出开展讲学、讲座或者发表学术论文，形成 500 多项有价值的教师校本智能教育试点成果。

（6）实施智能帮扶贫困地区教师行动

农村和移民学校均与城区优质学校建立了“在线课堂”，城乡学生在线共上一堂课成为常态；建立了“多级分层”的智能化在线课堂模式，通过自治区优质学校、市级学校和农村学校三级在线课堂教学联动，解决了本地优质师资不足、教师结构性短缺的问题。农村学校 85% 以上的教师实现常态化网上备课，100% 的学生实现网上学习。

3. 典型成效

（1）形成教师应用智能化教学模式新常态

形成多种智能化教学模式，智能化教学模式组织教学成为常态。智能教学助手和智能数理化生教学工具融合应用模式覆盖了全部中小学校；以大数据采集和智能分析为基础的“精准教学”模式在普通高中各学科教学中普遍应用；形成的以知名师范大学“精准教研”专项课题为支撑的“大数据智能观课教研教学”等模式，覆盖市、县区两级教研机构和30多所中小学校，促进了教师成长和课堂建设效率提升。

（2）形成教师队伍专业研究新样态

截至2021年7月，全市教师有1500多人次参与教育部级人工智能相关课题，2100多人次参与宁夏第五届基础教育教学课题中与“互联网＋教育”或人工智能相关的课题26项，约3000人次参与市级人工智能在教育教学中应用的专项课题147项，还向其他地区的1600多名校长和教师分享基于本地试点提炼而成的课程和课题经验、成果，扩大了试点成果受益面。

（3）形成教师队伍快速成长新生态

推进教师主动适应信息化、人工智能等新技术，并进行相应的教学变革，锻炼了教师队伍，截至2021年7月，全市涌现出1105名各类智能教学能手和教学名师。

（4）形成现代化校园治理新格局

试点推动建立了全市智能化家校共育体系和网络育人体系，有效提升了学校思政和德育教育质量。提升校园智能安防和物联网系统建设水平，多校实现重要设备、校园安防和学生流动管理的网络化、智能化。全市校园治理的整体水平全面提升。

（二）银川市兴庆区：“互联网＋研训”345模式[①]

1. 基本情况

兴庆区作为银川市的核心区，是宁夏科技、文化、教育、经济、金融、商贸、物流中心。

---

① 资料提供：银川市兴庆区教育局（王少龙）；银川市兴庆区回民第二小学（黄莉，滕虎）。

2021 年 3 月，兴庆区未来教育创新学院成立，学院恪守“以人的发展”为核心理念，采用基于“互联网 +”下的“政企校、研训教”一体化的工作思路，创新区域基于互联网的教育研训模式，为教师专业能力提升提供方法和工具。学院内含三个中心，主要以兴庆区教育数据治理中心为导向，以“线上 + 线下”双驱动研训中心为支撑，以兴庆区优质特色教育资源研发和共享中心为引领，整合教育行政各部门职能，规范学校教育信息化建设，落地教师专业能力水平提升。

学院规划设计了“互联网 + 研训”345 模式（图 7-19），即创新 3 个维度（创新机制、创新内容、创新评价），整合 4 个部门（教师发展中心、信息中心、师资培训室、综合督导室），服务 5 类群体（教育管理者、教师、市民、家长和学生）。

截至 2021 年 7 月底，兴庆区未来教育创新学院共吸引 11 家大型互联网企业免费投入近 750 万元的设施设备和技术服务。除此之外，学院还引进北京、上

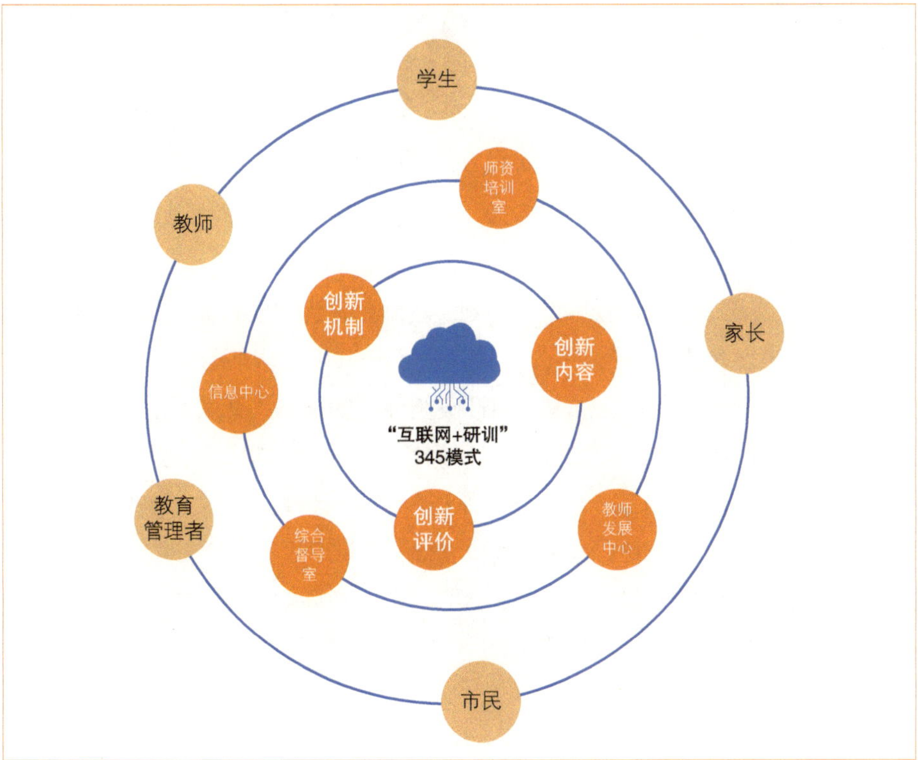

图 7-19　“互联网 + 研训”345 模式

海、深圳等地优质教育资源，深入开展线上＋线下的混合研训，借助学院内的各个场景功能室进行教学资源研发和实操，并将积累的优质资源进行推广应用，真正达到从教育理念到优质资源、从优质资源到落地应用的一体化建设过程。已落地实施的优质项目有兴庆区优质教育资源推广项目、宁夏在地风物课程研发、大单元问思辨教学应用、社会化情感学习项目等多项课程和课堂教学变革实践，覆盖县域 38 所中小学的 60 个校区近 7 万名师生。

2. 主要做法

（1）创新机制

1）建立“互联网＋”下的 UGBS 合作模式。这种模式主要表现为：由华中师范大学宁夏人工智能教育研究院提供强大的信息化专家的智力支撑，自治区教育厅和兴庆区政府搭建未来教育创新学院实体平台，引入优秀互联网企业免费投入设备和技术服务，通过高校、政府、企业集中服务，推动学校“互联网＋教育”深度融合发展。

2）整合教育行政管理部门职能。未来教育创新学院通过 3 个中心（数据治理中心、线上线下混合研训中心、优质资源研发和共享中心），统筹整合教育局 4 大部门（教师发展中心、信息中心、师资培训室、综合督导室）职能，服务 5 大群体（教师、家长、学生、教育行政部门和学校管理者、市民），实现教师专业成长有路径、教研员学科建设有工具，行政管理有抓手，助力县域教育公平而有质量的发展。

3）借助优质项目打破校际壁垒。围绕基础教育优秀成果推广和互联网＋教育示范区“三项重点任务”，兴庆区探索出了一条用优质项目统整所有学校的师资力量的路子，既要立足校本又要打破校际间的壁垒，让教师的智力流动起来，持续在优质项目上集中发力，形成研训教闭环，扎扎实实落地教师专业能力提升。截至 2021 年 7 月底，引入华中师范大学、清华大学人文学院慕华成志的“互联网＋教育”优质项目，兴庆区优质教育资源推广项目（兴庆区 10 所学校），大单元、大概念统整教学项目（兴庆区语文骨干教师 450 名），社会化情感学习项目（兴庆区 15 所学校），优化作业设计项目（兴庆区 60 所中小学），创新素养课程开发项目（兴庆区 20 所学校）。

（2）创新应用

兴庆区以未来教育创新学院为轴，推进区域教师专业成长、研训教一体化、三个课堂建设、大数据指导四个方面应用工作。

落地人工智能助推教师专业发展工具。借助华中师范大学提供的科研服务和强大的技术研发智力支撑，整合县区名师和骨干教师团队，先行先试开展华中师大提供的教学应用、测评等软件的使用，反馈整理实际应用中的问题，提出优化建议，促进产学研融合。

构建“互联网 + 教学 / 研训 / 教研”一体化实施的新模式。跟进优质项目让“培训和教研直指课堂教学”，通过推进全区中小学教师的线上线下混合式研修，建立学科教师学习共同体，紧密捆绑教师专业发展中研训教关键环节。

支持区域三个课堂建设。首先通过名师在线引领学科发展方向，支持薄弱学校学科建设；其次借力华中师范大学专家团队的智力支持，以兴庆区名校积累多年的丰富课程资源，调度县区骨干教师集中力量研发优质资源并快速推广应用。

探索大数据分析指导区域教育规划建设。以数据治理中心为依托进行数据汇总，分析研判，找准县区在推进校园治理、优质均衡等重点工作中的问题，通过互联网 + 的方式补足薄弱学校规划、师资和课程中的短板。为了让所有创新应用落地实施，未来教育创新学院也建立了“12345”工作体系，即通过一个目标、两个落脚点、三条路径、四大功能和五项举措，充分发挥教育行政部门推进“互联网 + 教育”各参与方的作用，全面推进兴庆区教育综合改革，保障兴庆区教育高质量发展。

（3）创新评价

在研训评价方面，兴庆区首先借助教师发展性 360° 评估对教师进行整体系统评价，根据评价对教师进行有针对性的研训；其次由个体成绩评价转为教师学习共同体成果评价，最后建立“研训—应用—成果”全方位过程性评价。在研训过程中，借助学院“研训须知”和“研训测评表”对教师进行不定时评价，最终按 20% 优秀、60% 良好、10% 合格和 10% 不合格计入考核结果，结业成绩通报各学校，将研训过程中的考核作为学校职称评定、岗位晋级、骨干认定、评优选先、外出培训等的重要依据，引导教师树立积极的职业态度。

3. 典型成效

2021 年，兴庆区的 17 个教师研修项目，由区市县教研员、名师和骨干带领学科教师组建近 30 多个学习共同体，每个参训教师都是“资源的建设者、使用者和评价者”。第一期研修营为期 10 天，近 5000 人次参训 17 个项目，研发优质资源涉及语数外等学科，共32套，预期下学期可惠及4万多名师生。

在后续的发展过程中，兴庆区未来教育创新学院将通过更加紧密的“互联网+政企校、研训教”模式，共建、共创、共享教育资源，建立教师发展学习共同体，跨界、跨学科合作研修，外引优质教育资源，促进区域教师的创新发展与教研员自身研究、指导、服务、培训的专业水平，促进区域教育转型与发展，积极发挥自治区“互联网+教育”优秀示范区的人才保障作用。

第4节　深化管理应用

《指导意见》在“重点方向”中列明：

（五）创新应用新型基础设施

依托“互联网+教育”大平台，创新教学、评价、研训和管理等应用，促进信息技术与教育教学深度融合。

16. 深化管理应用。推动教育行政办公数字化，支持全流程、全业务线上办理，普及线上协同办公、移动办公等新形式。深化教育督导信息化，实现大数据支持下的实时监测和精准评估。利用一体化服务平台，推动政务服务全程网上受理、网上办理和网上反馈，实现一网通办。探索利用智能技术开发自动化办事应用，创新管理服务模式。

一、任务重点

大数据、人工智能、物联网、区域链、5G等技术为教育治理的系统变革提供了技术可行性，实现教学、学习、监控安防等多种业务的融合，促进设备间数据共享与交换，提高智慧校园数据处理分析能力。这些技术同时也会深刻改变教育治理的理念、思维、体系和能力，将教育治理从经验治理导向数据治理、从数字治理导向智慧治理、从机器辅助治理导向人机协同治理，赋能教育治理，推进教育治理体系和治理能力现代化。

政府是有限理性而非全知全能的，很难全面准确地掌握教育消费者的多元化教育需求、教育生产者的差异化生产偏好及不同区域、层面和方面的教育供求均衡信息，也很难对成千上万的教育信息进行有效的筛选分析，进而作出科学合理的宏观教育决策。AI+ 大数据的出现将人的智慧和技术的智能结合在一起，可以帮助政府对数量巨大、来源分散、形态多样的教育数据进行采集、存储、深度挖掘和关联性分析，提高政府对教育数据的分析、处理、提纯和集合能力，增强政府宏观教育决策的科学性。而在信息采集、传递和分析较慢的情况下，政府既无法低成本监督各级各类教育机构的行为，保障教育政策的切实执行，也无法迅速预测、获取教育政策执行结果的真实信息，及时调整教育政策及其实施的方式方法。因此，通过数据深入应用、数据共享应用、数据跨域应用等三种提高数据质量的实践路径，可以提高信息采集与传递的速度、透明度，提升数据筛选与分析的准确性，降低政府监督控制教育的成本，增强政府对教育的监督控制能力。

为实现一网通办，需要制定教育数据采集录入、开放共享、分析应用、质量评估等各环节的标准，从核心业务及核心数据入手，逐步实现数据的上下贯通，互联共享，提供基于四位一体的“数据－信息－知识－决策”的技术支撑，打破“信息孤岛”，消除“数据烟囱”，推动业务管理、决策支持、监管监测、评估评价和公共服务等应用在全国各级教育行政部门全覆盖，配合多地“最多跑一趟”的改革举措，实现教育管理服务“一网通办”，增强学校基于教育数据的决策、管理、服务等能力，旨在为教学、科研、管理和服务提供高效、便捷的支撑和保障（图 7-20）。

二、典型案例

深圳市：推进“互联网＋教育治理”改革[①]

1. 基本情况

互联网作为推进教育治理现代化的重要平台，在实际教育治理工作中发挥着重要的作用。深圳根据本市实际，结合“互联网＋”时代特征，从管理信息化、智慧校园建设与应用、数字教育资源建设与应用、信息化队伍建设等方面开展“互联网＋教育治理”的探索，逐步构建“互联网＋教育治理”现代化支撑体系。

① 资料提供：深圳市教育信息技术中心。

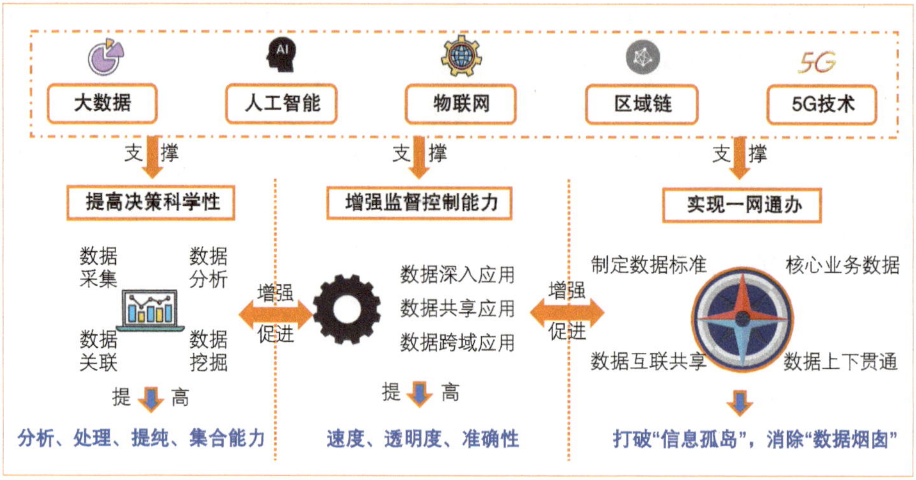

图 7-20　深化管理应用

2. 主要做法

（1）建成一批迫切需要的深圳教育云应用项目

初步建成网络备课、在线作业、远程互动等教学应用及教育资金管理与财务决策分析、教师信息化管理和绩效管理等管理应用。在 100 多所中小学校开展教学应用试点，有效地提升了教学效果。此举措得到试点学校广大师生的广泛欢迎，得到广东省教育厅、广东省教育技术中心、有关高校和深圳市教育科学研究院有关专家的充分认可，并得到市内主流媒体的高度关注和深入报道。

（2）全面开展教育管理信息化，提高管理效能

“让数据多跑路，让群众少跑腿。”结合深圳电子政务资源中心信息共享平台目录，优化业务办理流程，提高共享数据应用，减少群众在业务办理中需要提供的材料。目前深圳民办中等职业学校设立申请、民办普通高中变更、民办普通高中筹设申请等 12 项市级教育行政审批业务的办理已实现全流程网上办理，办理人足不出户就可以办理相关审批业务。

强化信息惠民和服务创新。一是利用信息化手段实现小一、初一新生网上报名。深圳市福田、罗湖、南山、宝安、坪山、盐田等区及光明新区均实现由学校主动提供报名材料扫描服务，涉及小一报名材料 15 项（含深户和非深户）、初一报名材料 19 项（含深户和非深户），不再收集报名材料复印件，为社会节约了大量纸张，为广大家长避免了准备报名材料复印件的麻烦。二是根据深圳市幼儿园

和中小学校的面广、点多的分布特点，采用系统联网、开放多网点服务的模式，向广大家长、学生提供一站式服务，做到相关事项办理只需到就近幼儿园或学校提交一次基本材料即可完成相关业务的办理。

积极开展教育大数据应用。一是对往年新生报名情况、学生分流情况、学校办学特色、人口分布、人口生育情况等进行大数据分析、评估，为大学区试点建设提供数据服务。二是充分应用深圳“织网工程”信息交换平台数据，通过大数据分析比对，集中、高效地完成了与深圳市卫计委、社保局、综治办、公安、规土委等部门的计生、社保、出租房、户籍、房产等信息的核验，为义务教育阶段学位申请、在园儿童健康成长补贴、民办中小学学位补贴等涉及多部门证件的资格审查工作提供技术和数据支撑。

3. 典型成效

（1）提升教育信息化服务与治理能力

深圳通过推进教育云建设与应用，提供了集约化管理服务，建立了统一的教学和教研平台，为提升教育治理能力、提高教学服务质量和教学研究力提供有力的技术保障，并积累了宝贵的经验和做法。

（2）深化教育教学融合应用

深圳积极探索智慧校园在教育教学、教学管理、教研提升等方面的优势之处，形成了切实可行的智慧校园建设与发展方法，为全市其他学校的智慧校园建设提供参考与借鉴，使更多学校加深了对智慧校园的认识与理解，为推动智慧校园全方位、深层次发展奠定了坚实的基础。

（3）助力推动教育优质均衡发展

深圳通过数字教育资源的建设与应用，逐步构建品质优秀、类型丰富、机制健全、主动推送、体验先进的教育资源公共服务体系，为教师教学研修和学生自主学习提供随时、随地、随需的优质资源服务，助力推动教育优质均衡发展。

（4）促进教育信息化队伍建设

深圳市组织实施的“十百千”、CIO 等培训，提升了全市中小学校长、教师教育信息化工作的重视程度，开阔了校长、教师的视野，建立了教育信息化工作学习和交流沟通平台，探索出一套教育信息化核心队伍建设的有效模式。深圳市的教育信息化领军人才培养对象和专家培养对象受邀在各种培训、大会上进行经验分享，起到了很好的辐射带动作用。

第 8 章

实现“新安全”：提升教育系统网络安全防控能力

可信安全是教育新基建的重点建设内容，要正确处理好安全和发展之间的关系。网络安全和信息化是相辅相成的，安全是发展的前提，发展是安全的保障，安全和发展要同步推进。现在很多信息化基础设施面向广大师生服务、存储大量个人敏感数据，这类系统一旦出了安全问题，后果就极为严重。要形成科学的网络安全观，强化责任担当，积极主动作为，把命运牢牢掌握在自己手中。

可信安全新型基础设施具有三个重点方向：一是增强感知能力。维护网络安全，首先要知道风险在哪里，是什么样的风险，什么时候发生风险，做到“聪者听于无声、明者见于未形”，完成闭环的早期发现、精准研判和积极处置。二是保障绿色上网。增加青少年保护功能，自动识别、过滤不良网站和信息，从严限制广告，预防网络沉迷的同时引导青少年安全和合理地使用网络，营造风清气正的网络空间。三是健全应用监管。新技术、新应用进校园，面临新机遇、新挑战，要加强审核备案，引导健康发展，特别加强对算法的备案和审查。将教育信息化第三方供应链全面纳入事前事中事后监管体系，从源头安全抓起。

第 1 节　增强感知能力

《指导意见》在“重点方向”中列明：

（六）可信安全新型基础设施

有效感知网络安全威胁，过滤网络不良信息，提升信息化供应链水平，强化在线教育监管，保障广大师生的切身利益。

17. 增强感知能力。完善教育系统信息资产数据库，掌握信息系统（网站）情况，绘制网络空间资产地图。基于教育专网开展网络流量监测，及时监测安全威胁、发现攻击行为。建立教育系统应急指挥网络，提升安全事件发现、应急报告、协同处置、追踪溯源等能力。汇聚安全威胁和情报信息，利用人工智能、大数据技术进行分析研判，形成趋势报告。

一、任务重点

习近平总书记在网络安全和信息化工作座谈会上指出，“没有意识到风险是最大的风险……维护网络安全，首先要知道风险在哪里，是什么样的风险，什么时候发生风险，正所谓‘聪者听于无声，明者见于未形’。感知网络安全态势是最基本最基础的工作。要全面加强网络安全检查，摸清家底，认清风险，找出漏洞，通报结果，督促整改”[①]。网络安全态势感知应具备全天候、全方位能力，网络安全攻击事件随时都有可能发生，需要实现 7×24 小时不间断感知，第一时间发现威胁，第一时间做出研判并开展处置。

要提升更加积极主动的态势感知能力，掌握攻防博弈的主动权，不能“谁进来了不知道、是敌是友不知道、干了什么不知道”。对各级各类网络，要进行网络流量监测，及时监测安全威胁、发现攻击行为、开展通报预警。各地要建立教育系统应急指挥网络，发挥行业优势，依托高校技术力量，结合网络安全人才培养，积极组建自己的网络安全队伍，开展网络安全攻防演练等技术交流活动，检验各地网络安全防护技术水平，发现网络安全薄弱环节，考察并提升各单位网络安全事件监测预警、应急报告、协同处置、追踪溯源等能力。

网络安全监测产生了海量的告警事件和各类良莠不齐的威胁情报信息，如此规模的数据已难以用传统的方式进行有效的分析挖掘。大量原始安全数据所蕴含的价值密度很低，只有将其中真正有用的信息提炼出来才能充分发挥数据的价值。将安全分析结果可视化呈现，能够最为直观地让用户看到大数据分析的结果，如各种现实中的网络攻击、恶意代码传播、存在漏洞的主机等。利用人工智能、大数据技术辅助专家经验进行分析研判，研究自动化异常发现的算法，降低人工分析干预程度，指导我们的安全工作，是大势所趋。

二、典型案例

（一）上海交通大学：构建教育系统安全威胁情报共享平台[②]

1. 基本情况

网络安全是高校信息化发展的前提和保障，网络安全和信息化要同步规划、同步建设，才是符合新时代要求的校园网络安全观。上海交通大学依托学校网络

① 习近平总书记在网络安全和信息化工作座谈会上的讲话[EB/OL]. (2016-04-25)[2021-08-23]. http://www.cac.gov.cn/2016-04/25/c_1118731366.htm.

② 资料提供：上海交通大学网络信息中心（姜开达）。

空间安全优势学科，培养自己的安全团队，努力建设全方位的网络信息安全保障体系，从强调管理、专注技术到日常安全运维等不同角度同时切入，获得了良好的实际效果。

2. 主要做法

（1）管理上高度重视，全面落实各项防范措施

学校对网络信息安全工作高度重视，并纳入学校整体校园安全大平台，成立了网络安全和信息化领导小组以及对应办公室。通过制定《网络与信息安全事件专项应急预案》和《校园网站建设与安全管理办法》等一系列规章制度，理顺了校内各安全相关职能部门的责权，将网络信息安全责任层层分解，落实到人。

在思想重视、责任落实的基础上，学校贯彻“预防为主，防范与处置相结合”的方针，工作上未雨绸缪，尽可能在早期发现和消除各类安全风险，努力降低重大安全事件的发生概率；在发生问题时，坚持快速应急响应、规范操作、科学处置，将影响和损失控制到最低。此外，管理措施到位、技术保障有力、人员团队完整、问责机制完善，最大化地降低了安全风险。

（2）积累技术经验，为学校信息化建设保驾护航

上海交通大学作为中国教育和科研计算机网核心主干节点之一，为教育网的建设和发展做出了重要贡献，在网络信息安全领域先后承担了“校园网网络管理与安全监控系统”“中国教育和科研计算机网主干网有害行为监测系统”等一系列重大安全研究和应用课题。

2006 年以来，在历年“985 工程”“211 工程”建设中，学校都将网络信息安全列为重点建设项目，给予较大的资金投入，除了购置商业化安全防护设备外，还充分利用自身的技术和自主研发能力，开发部署了网络流量采集、网络安全审计、Web 安全综合防御等系统，形成了集防护、检测和服务为一体的校园信息安全技术保障体系。

在学校“985 工程”三期验收时进行的第三方评估问卷调查中，学校师生对信息安全服务的认可度高达 91.6%，是仅有的两个认可度超过 90% 的建设项目之一。

为满足网络安全发展需要，学校从 2013 年开始构建 Hadoop 安全大数据平台，完善网络安全监测系统，具有对万亿量级数据的长期存储和近实时分析的能力。这些安全平台通过汇聚多来源数据，长期监测攻击威胁，感知分析黑客攻击

行为和态势，回溯攻击全过程，快速评估安全漏洞，不仅有力地支撑了校园网安全工作，也同时跟踪、感知全球安全态势。

（3）协同合作，加强安全事件应急处置

《中华人民共和国网络安全法》第三十九条明确规定：促进有关部门、关键信息基础设施的运营者以及有关研究机构、网络安全服务机构等之间的网络安全信息共享。可以把各方安全威胁情报都统一汇聚到一个平台上，该平台通过人工处理和自动化分析，再加上复核验证后进入一个安全威胁共享基础平台。这个平台要能够有效发挥作用，不仅需要国家和教育部层面的顶层规划和支持，同时也需要省级和各学校的积极响应及充分的信息化应用来助力其安全向前发展。

除了发挥自身力量之外，学校和政府机构、兄弟院校、研究单位、企业界和民间力量多方交流和合作，汇集各方信息情报和资源，做好学校的网络安全防范和安全事件的应急响应工作。

学校与国家计算机网络应急技术处理协调中心、中国教育和科研计算机网紧急响应组等建立了长期的工作联系和密切的安全情报交换渠道。除了能及时获得国内外重大安全事件的预警通报之外，对于全国教育系统的重大安全漏洞也可以在第一时间获悉。

面向国内外用户受理网络安全事件报告，及时掌握和处置突发重大网络安全事件。在预警通报方面，依托对丰富数据资源的综合分析和多渠道的信息获取，实现网络安全威胁的分析预警、网络安全事件的情况通报、宏观网络安全状况的态势分析等。

3. 典型成效

2017 年，学校倡导建立了教育行业安全漏洞报告平台，试运行两个多月就收录了逾 1.2 万个漏洞，发展平台用户 2000 多个，其中 1000 多名是学校教师，还有几百名是各地对安全有浓厚兴趣的学生。各学校可以通过这个平台，第一时间了解到自身相关的漏洞信息，帮助学校做查漏补缺的工作，提高学校看见威胁的能力。

学校在 DNS 安全体系、异常流量监测和漏洞挖掘等方面进行了比较深入的研究和实践，同时协助有关部门处理了大量国内教育系统安全事件，是国内网络安全研究的领先高校。通过和国家相关网络安全机构、互联网公司安全团队、专业安全公司研究团队保持密切联系，进行技术分享和学术交流，使学校了解最新的安全动态及主要的安全威胁和各类漏洞，并能快速、有效地发现和应对各类信息安全威胁。

（二）华中科技大学：探索闭环网络安全体系[①]

1. 基本情况

近年来，华中科技大学不断加强网络安全管理，从技术上不断提高网络安全防护能力，正在探索构建一个增强感知能力的基于闭环的网络安全体系。加强对学校网络资产的管理，全面、准确地掌握了学校门户、邮件、重要网站和业务系统、云平台、特殊设备和校园网络等的详细情况。基于校园网开展了日常网络流量监测，采集网络流量日志，开展安全审计，及时监测校园网络资产可能存在的安全威胁、发现异常攻击行为。制定了学校网络安全事件应急预案，定期开展网络安全应急演练和宣传教育，提升安全事件发现、应急报告、协同处置、追踪溯源等能力。从多渠道汇聚安全威胁和情报信息，收集并分析日志，完成日志的解析与可视化工作，利用人工智能、大数据技术进行分析研判，绘制学校网络安全态势图。

2. 主要做法

（1）建章立制，完善网络安全制度建设

华中科技大学制定了《华中科技大学校园计算机网络管理办法》《华中科技大学网络与信息技术安全管理办法》《华中科技大学网络安全事件应急预案》《华中科技大学信息技术安全事件报告与处置流程》《华中科技大学信息技术安全漏洞整改流程》《中共华中科技大学委员会关于落实网络安全工作责任制的实施细则》《华中科技大学落实网络安全责任制考核评价办法》等，使得网络安全管理有章可循、有规可守、有理可依。出版了《高校信息化建设与管理：管理篇》《高校信息化建设与管理：技术篇》《高校信息化建设与管理：制度篇》等著作。

从 2021 年开始，尝试推进落实“华中科技大学 Web 系统安全规范自检表”工作，在信息系统开发合同中要求开发方必须遵守规范要求，提交自检表，从源头规范开发行为，有效地减少了系统安全漏洞。

① 资料提供：华中科技大学网络与信息化办公室、网络与计算中心（王士贤，柳斌，文坤梅，周丽娟）。

（2）建设平台，加强学校网络资产管理

在学校网上办事大厅上线了网站备案和域名申请、变更、注销及年度审核等流程，将线下流程转换到线上完成，不仅提高了工作效率，而且大大改善了用户体验。通过备案与年审制度的结合，学校摸清了家底，理清了网络资产。

为加强学校网络安全管理，建设了网络安全工作管理平台，主要包括网站与信息系统、风险与整改、安全事件、安全检查和报平安等功能。办事大厅审批完成的信息直接同步到安全工作管理平台。平台记录了网络资产的安全漏洞通报及整改情况，形成了对漏洞的闭环管理。

（3）完善管理，实现网络安全闭环模式

在网络安全管理的实际工作中建立并完善了闭环的网络安全管理模式（图 8-1）。该模式以管理制度为基础，落实网络安全责任，保障信息系统安全措施“规划、建设、运维”三同步，最终实现网络资产的全生命周期安全管理。实践表明，只要将各个环节落实到位，通过制度管理和技术手段的双管齐下，就能够行之有效地实现对网络资产的闭环管理。

建立健全网络安全责任体系，学校各二级单位主要负责人签署“网络安全责任书”；网络安全与信息化建设同步走，信息系统在论证阶段同步设计安全方案，初步确定信息系统安全保护的等级；上线前需通过代码审计、安全扫描和渗透测试三道关；上线后根据网络安全法律法规的要求，完成等级保护定级备案与测评

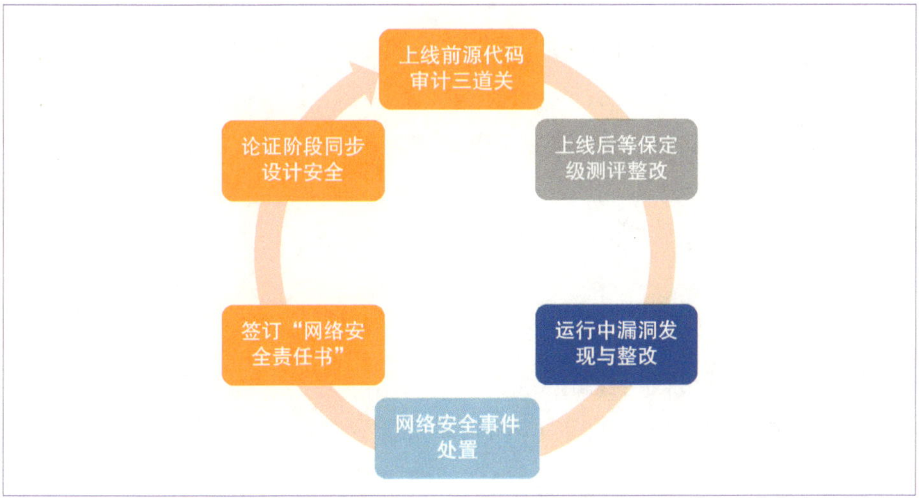

图 8-1　基于闭环的网络安全管理模式

整改；在信息系统运行过程中定期开展资产梳理和常态化监测扫描工作，对于发现漏洞的信息系统，采取断网措施并下发整改通知，整改完成后才能开放网络连接；一旦发生网络安全事件，按照网络安全事件处置流程，做好事前、事中和事后处理，开展网络安全应急演练。整个网络安全管理过程环环相扣、预防为主、依据充分、流程清晰且职责明晰。

（4）增强感知，开展安全实时监控研判

网络安全监控首先采集网络流量日志，包括时间、源目的 IP 地址 / 端口、协议类型、通讯数据字节数 / 数据包数、具体应用类型或相关域名；对于特别重要的区域，将网络数据重组复原得到完整的通讯内容后保存；要求所有系统和网络设备开启各类日志记录功能，并将日志实时传送到统一的日志服务器上进行保存。这项工作需各设备及系统管理员配合，明确关于日志设置和保存的义务，对于拒不执行的单位或个人予以惩罚。日志服务器由专人管理，在日志缺失或未上传时及时预警和处理，确保日志采集工作正常进行。网络安全监控的网络拓扑如图 8-2 所示。

由于目前态势感知设备是按照各自检测规则进行流量分析后再显示结果，未考虑本地安全设备，存在与实际情况严重脱节的弊病，学校开始探索与厂商合作，定制符合学校实际需求的态势感知平台。通过实时采集 WAF 日志数据，完成数据的收集和分析，对分析数据进行汇总，对展示页面重新定制，完成网络安全态势图的绘制并在网络安全大屏上实时显示。

将多台 WAF 设备的日志吐到日志服务器，编写程序实时接收日志，解析出每一条攻击日志的攻击时间、类型、源 IP、源端口号、目的 IP、目的端口号、危害程度、URL 等信息，并存储到数据库中。针对不同设备其攻击类型名称不一致的问题，在分析时需进行比对，合并日志的攻击类型。基于解析后的数据，结合大数据技术，实现了安全态势图、攻击次数统计、攻击 IP 排名、攻击类型统计和攻击地址统计等。

（5）安全审计，及时发现网络异常行为

网络安全审计是按照一定的安全策略，利用记录、系统活动和用户活动等信息，检查、审查和检验操作事件的环境及活动，发现系统漏洞、入侵行为或改善系统性能的过程。学校采用“尽力而为”的方式采集各类可用日志，包括网络流量、基本 Web 访问日志、Web 应用还原日志、其他各类网络设备日志等。在此

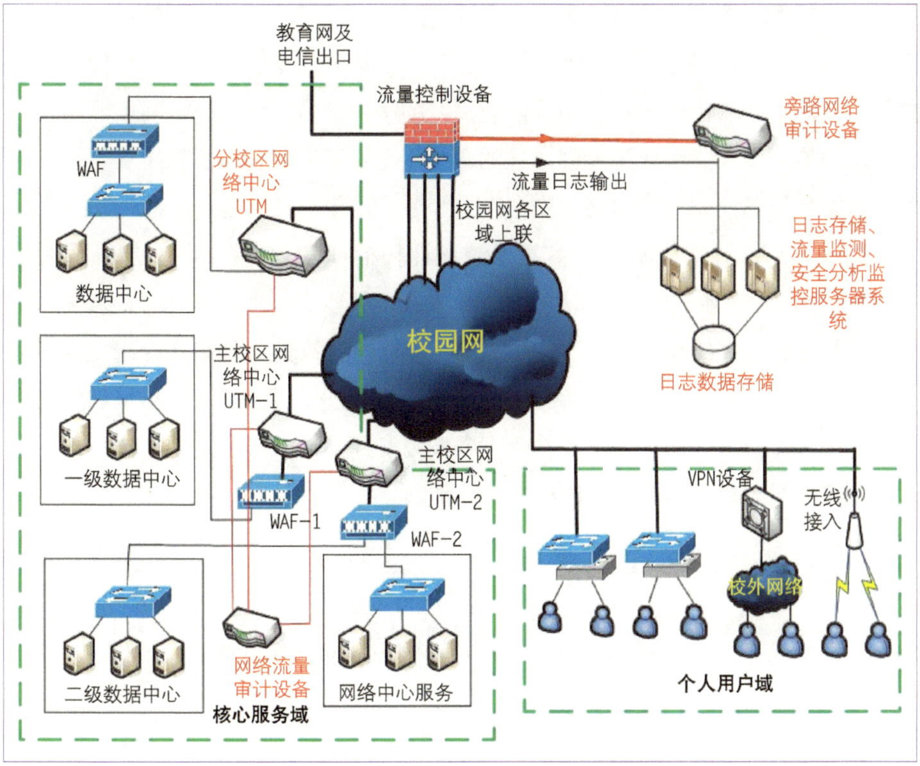

图 8-2 安全域 + 监控体系

基础上，使用大数据分析和机器学习等方法对这些日志进行实时分析检测，目前可提前发现部分异常网络探测、漏洞攻击行为，从而实现审计工作“未雨绸缪”的功效。

（6）宣传教育，提高师生网络安全意识

以网络安全宣传周为契机，提高师生网络安全意识。每年制定网络安全宣传周活动方案，在校园内宣传网络安全知识；建设网络安全知识答题平台，2020 年 9 月网络安全宣传周期间共有近 6000 人参加了答题。

学校于 2021 年开展了全校范围内的钓鱼邮件知识宣传，对不同级别人员进行钓鱼邮件测试。在对 96 名网络与信息安全岗位工作人员进行的钓鱼邮件测试中，有 8 名人员点击了钓鱼链接，逐个对其进行点对点安全教育。

3. 典型成效

华中科技大学建成了多层次安全防护体系。建立了从校园网 IP 管控、信息系统上线检测、数据中心安全防护到互联网出口白名单的多层次安全防护体系，部署了近30台高性能网络安全设备及软件，形成了全方位网络安全预警和防护体系，实现了“攻击能防护、问题能追溯”的网络安全工作目标，有效预防了各类型网络安全事件。形成了一套闭环的网络安全管理模式和信息系统安全检查流程，包括代码扫描，漏洞扫描，安全渗透等多个步骤，极大提高了系统安全性。

近5年来，对学校网站和信息系统累计扫描2000余次，共检出高危漏洞3000余个，人工渗透测试500余个信息系统，共检出高危漏洞1000余个，避免了信息泄露、系统被入侵等严重后果。每年受攻击次数1亿余次，未发生重大网络安全事故。积极开展信息系统安全等级保护工作，目前已有54个重要网络资产经归并整合后完成了网络安全等保备案及测评整改。学校重视工作人员能力建设，多次组织相关人员参加网络安全培训。

第2节　保障绿色上网

《指导意见》在“重点方向”中列明：

（六）可信安全新型基础设施

有效感知网络安全威胁，过滤网络不良信息，提升信息化供应链水平，强化在线教育监管，保障广大师生的切身利益。

18. 保障绿色上网。在教育专网主干网和校园网互联网出口建设网络访问防火墙，自动识别、过滤不良网站和信息。在中小学生个人学习终端增加青少年保护功能，保护学生视力健康，预防青少年网络沉迷。支持开发适用于中小学生使用的安全浏览器等软件和教育学习平台，从严限制广告，杜绝不良信息，保障学生绿色上网。

任务重点

教育部和中央网信办、公安部等部门持续组织开展“净网”“清朗”“护苗”

行动，对影响未成年人健康成长的不良网络文化、低俗有害信息和沉迷网络游戏、涉少年儿童教育 App 乱象等问题进行集中整治，规范网络游戏应用商店管理，查处传播淫秽色情、暴力恐怖等网络出版物的境内外网站和存在传播违法违规信息、过度商业营销等不良行为及违背教育教学规律等内容的教育 App，营造有利于中小学生健康成长的网络环境，消除“网络负能量”，凝聚“网络正能量”。

在中小学生个人学习终端增加青少年保护功能，预防青少年网络沉迷的同时，也应不断加强教育引导，增强中小学生网络素养和网络安全意识，引导学生远离有害信息，安全、合理地使用网络，帮助和指导家长履行好监护责任，为青少年营造风清气正的网络空间。要支持开发适用于中小学生使用的安全浏览器等软件和教育学习平台，在提供高速、便捷、绿色、安全的网络服务同时，采取积极有效的措施，自动识别、过滤不良网站和信息，从严限制广告，保障青少年绿色上网。

第 3 节　推动可信应用

《指导意见》在“重点方向”中列明：

（六）可信安全新型基础设施

有效感知网络安全威胁，过滤网络不良信息，提升信息化供应链水平，强化在线教育监管，保障广大师生的切身利益。

19. 推动可信应用。促进信息技术应用创新，提升供应链安全水平。有序推动数据中心、信息系统和办公终端的国产化改造，推进国产正版软件使用。推动建设教育系统密码基础设施和支撑平台，建立完善全国统一的身份认证体系，推动移动终端的多因子认证。利用国产商用密码技术推动数据传输和存储加密，提升数据保障能力。

一、任务重点

提升教育行业软硬件供应链安全水平，要规范信息系统开发管理，明确开发企业安全要求，对教育软硬件产品开展安全评估，鼓励发现通用系统漏洞，推进整改修复。促进信息技术应用创新，要鼓励优先使用具有自主核心技术及安全性达到要求的国内产品，鼓励有条件的高校率先开展试点，有序推动数据中心、信息系统和办公终端的国产化改造，培养青年用户使用习惯，推进和鼓励国产正版软件使用。

《中华人民共和国数据安全法》已经发布，利用国产商用密码技术推动数据传输和存储加密，新建信息系统（网站）应优先使用国产商用密码技术。全面加强数据安全管理，建立覆盖数据采集、传输存储、使用处理、开放共享的数据全生命周期管理制度，数据收集“最小够用”，数据查看“最小授权”，数据存储“最短周期”，数据共享“用而不存”，规范采集使用个人信息的行为，重点保护广大师生和家长，特别是未成年人的个人隐私信息。

二、典型案例

重庆大学：建设基于商用密码体系的可信服务平台[①]

1. 基本情况

近年来，随着重庆大学“双一流”建设工作不断推进，信息化建设成效显著，校内信息系统建设完善，学生系统、教师系统、财务系统、门户系统与人事系统等重要信息系统支撑了校内各类型教育教学管理业务的开展。但有的业务系统往往只注重功能而很少考虑安全，不同业务系统的数据格式各异，难以互信甚至无法共享，各业务系统之间缺少信任机制，纸质文件依然是必要载体，纸质证件仍然是代表人员身份的唯一手段。

通过建设可信服务平台，基于商用密码体系，实现业务系统、人员身份、数据文档、身份凭证之间的线上可信，能解决全流程线上业务办理的“最后一公里”问题，加快业务办事效率，提升师生满意度，助推实现“互联网＋校园”的落地。

① 资料提供：重庆大学信息化办公室（唐蓉君，江成华）。

2. 主要做法

重庆大学可信服务平台是学校应用支撑的核心平台之一，可实现人员身份的真实化、内容数据的凭证化、网上办事的可信化、窗口服务的网络化，以此形成全校可信应用支撑体系（图 8-3）。该平台包括如下的建设内容。

建设一套密码应用支撑体系。提供基于国产密码算法的电子签名的技术实现，提供基于国家权威时间源的可靠时间签署。

提供文档签章的服务。提供基于 PDF 和 OFD 版式文件的电子签章功能，在网络中代表各应用单位的实体身份，实现原有纸质凭据的可靠电子化。

提供移动端签名的服务。通过移动终端和学校基础信息库，生成代表学校业务系统中各类用户的电子证件，并与实体身份一一绑定，实现对电子凭证的生产、终端更换、补办、注销等生命周期管理和电子凭证密钥管理。同时，提供利用电子凭证进行身份认证、签名确认等应用的移动端认证签名服务。

提供对于整套基于商用密码的可信服务的管理功能。管理平台的密码设备和服务，面向各类业务系统提供重庆大学可信服务平台统一的业务入口，实现可信服务的集成对接。面向可信服务平台的管理者，实现管理服务的统一。

对接集成业务系统，实现可信应用。提供接口集成对接服务，与重庆大学的

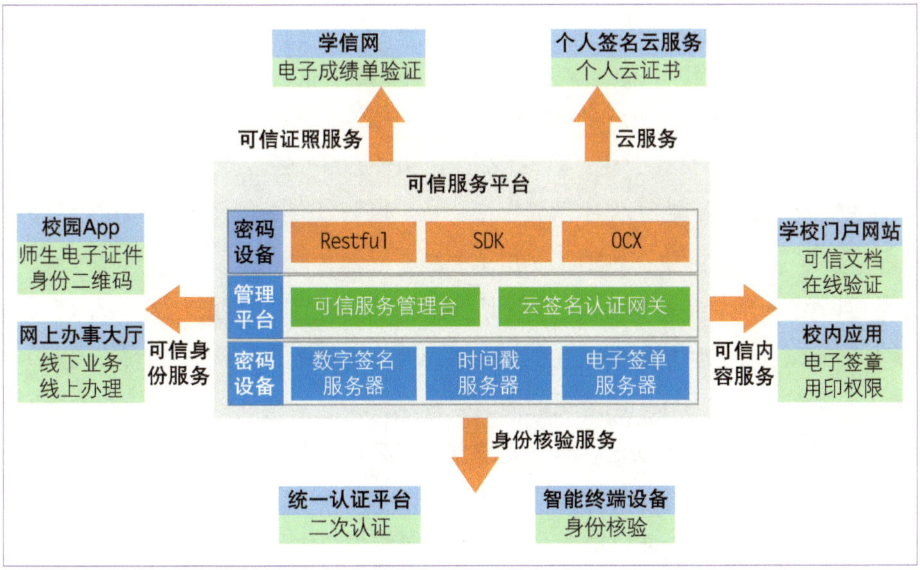

图 8-3　重庆大学可信服务平台架构

各个业务系统进行对接，实现以上各类可信应用在各类应用终端上的功能。

3. 典型成效

（1）对接业务系统实现在线业务办理，网上办事效果显著

可信服务平台提供的身份核验服务在电子档案可信服务方面发挥了积极作用。以往离校学生补办学历学位证明等文件时，需要往返教务处、档案馆等部门，开具相关证明文件。现在，通过将电子文件归档管理，学生只需登录档案系统，进行在线身份核验后就可直接下载电子版学历学位证明，非常方便，在疫情期间发挥了重大作用。

电子文件的凭证化服务围绕面向学生和教职工的各类电子凭证，如成绩单、学历学位证明、荣誉证书、在职证明、收入证明等文件，通过电子签章技术确保电子化凭证文件的可信。如今学生只需登录网上服务大厅，点击相关应用，即可一键下载合法、合规的电子凭证类文件，办理周期从之前的3—5天缩短为“秒办”。此外，通过将各类流程办理在线化、公文审批可信化，教职工财务报销、公文处理的效率也大大提高。

可信服务平台将数字证书与学生校内基础数据整合，实现学生和教职工证件的电子化应用。并且，通过将电子证件与银联卡进行集成，现已实现扫码支付等功能。师生只需打开校园App中电子证件微应用，出示电子证件，即可出入图书馆、电梯、宿舍门禁、食堂、校医院等场所，真正实现“一码通用”（图8-4）。

（2）平台推动校内信息系统流程再造，“互联网＋重大”示范效应逐步显现

可信服务平台实现了让“数据多跑路、师生少跑腿”。重庆大学的教职员工从重复、琐碎的事务性工作中解脱出来，学生也可以在线、远程办理相关证明文件，极大地方便了师生在校的工作和生活。

因平台的高效开展和带来的实际应用效果的显现，目前重庆大学各个部门和院系已在探索基于可信服务平台的毕业生三方协议电子签署、电子合同、电子学籍等的应用，以期为师生创造更便捷的服务体验。

（3）平台践行法律法规要求，保障校园网络和数据安全，完善个人信息保护

密码是保障网络安全的核心技术和基础支撑，发挥着不可替代的重要作用。重庆大学于2018年启动建设的基于商用密码体系建设的可信服务平台，构建以密码技术为核心的，电子签名技术、电子签章技术、人脸识别技术等相互融合的

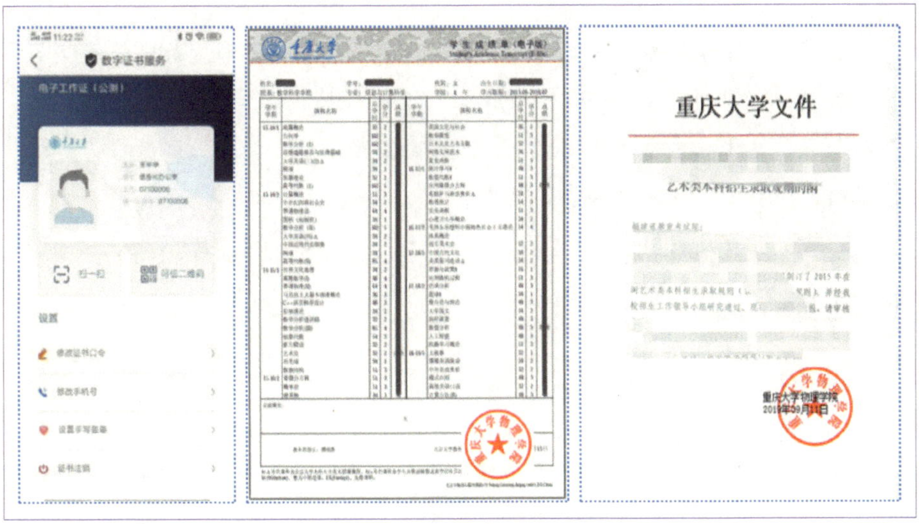

图 8-4　重庆大学可信服务平台部分运行效果示意

网络安全体系，形成以密码基础设施为支撑的新网络安全环境，其平台建设和运行均按照《中华人民共和国电子签名法》《中华人民共和国网络安全法》《中华人民共和国密码法》等法律法规的要求进行，对于关键数据和信息使用密码进行保护，保障了重庆大学校内数据和网络免受干扰、破坏或者未经授权的访问，防止重庆大学网络数据泄露或者被窃取、篡改。

第 4 节　健全应用监管

《指导意见》在“重点方向”中列明：

（六）可信安全新型基础设施

有效感知网络安全威胁，过滤网络不良信息，提升信息化供应链水平，强化在线教育监管，保障广大师生的切身利益。

20. 健全应用监管。提升教育移动互联网应用程序、教育软件、在线教育平台和新型数字终端等监管的信息化支撑能力，推动新技术、新应用进校园审核备案。会同网信、公安部门开展人工智能算法备案、检查和评估。建立完善教育信息化相关企业信用记录，通过大数据分析各类应用存在的安全风险隐患，为事中事后监管提供支持。

任务重点

在落实教育 App 备案制度的基础上，运用大数据和信用手段，落实《教育移动互联网应用程序投诉举报处置工作流程》，加强教育 App 的事中事后监管，切实保障广大师生的合法权益。新技术、新应用进校园，带来新机遇、新挑战，要加强审核备案，引导其在教育领域健康发展。将教育信息化第三方供应链纳入工作范畴，规范信息系统开发管理，明确开发企业落实好供应链安全要求，建立健全供应链安全保障机制，从源头安全抓起，加强事前事中事后监管。

算法是互联网运作的基础，是大数据、人工智能、云计算等一切网络活动的内部规则。要充分认识算法在智能时代的重要意义，加强对算法的备案和审查，特别是要加强算法技术和伦理安全的监管。建立完善教育信息化相关企业信用记录，使用大数据、人工智能等新技术分析各类应用存在的安全风险隐患，增强教育系统信息资产数据库，形成常态化快速通报机制，促进信息化相关企业主动提升安全意识，增强自身安全建设投入，切实承担其应尽的义务和责任。

第9章

完善可持续发展保障体系

第 1 节　加强统筹协调

《指导意见》在“保障措施”中列明：

（一）加强统筹协调

各级教育行政部门牵头，建立网信、发展改革、财政、通信、工业和信息化、金融等部门参与的协同推进机制，加大工作指导力度，协调解决重大问题。省级教育行政部门要加强组织统筹，制定本地区教育新基建的实施方案，会同网信、通信、工业和信息化等相关部门将教育新基建纳入本地区的教育“十四五”发展规划、网信规划和地方新基建支持范围。

要建设一支专职于教育新基建的人才队伍。践行“政产研用”多方支持的“UGSB”（高校 / 科研机构 – 政府 – 学校 – 企业）协同创新模式（图 9-1）。在

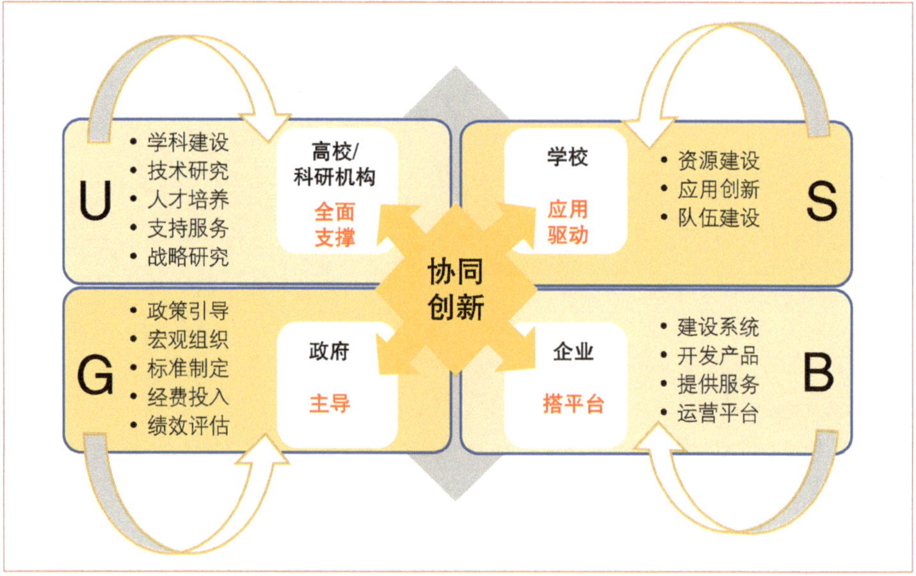

图 9-1 “UGSB”协同创新模式

该模式中，政府、学校、企业、高校 / 科研机构分别承担不同的角色。政府重在制定运行规则、施行政策引导、落实评估激励等，学校重在开展创新实践，企业重在提供技术产品、解决方案和运营服务，高校 / 科研机构则是开展理论、技术和应用研究。各方协同参与，共同推进教育新基建工程。

政府部门在政策引导、宏观组织、标准制定、经费投入、绩效评估等方面发挥主导作用。首先要加强党对教育新基建工作的领导，坚持正确政治方向。教育新基建是一项系统工程，需要良好的顶层设计，需以战略目标为导向，需要网信、发改、财政、教育、通信、工信、金融等部门协同合作，共同推进。全面加强教育新基建工作的统筹协调，在管理过程中要切实做到职责明确、条块清晰，分工有序。同时在执行的过程中省、市、县各级教育行政部门应该完善现有的机构设置，变革相应的管理机制，因地制宜地制定实施方案，以保障教育新基建政策的良好实施。同时，还要建立相应的经费投入保障机制，鼓励多方投入，多渠道筹集教育新基建经费。

高校 / 科研机构在学科建设、理论研究、技术研发、战略咨询、人才培养和支持服务等方面提供全面支撑。目前关于教育新基建还存在教育发展战略、基本理论和支撑技术研究不足的情况，需要加大科研投入，攻克战略、理论、技术研究的难点，探索信息技术与教育教学融合创新的方法途径。同时为中小学校的实践提供理论支撑和智力支持。

教育新基建需要学校积极实践。中小学校要在资源建设、应用创新、队伍建设等方面开展应用驱动的实践探索。学校要高度重视和推进教育大资源建设，将直接引用（微课、慕课及互联网资源）、教师自主建设（校本资源）、跨校（区域、行业）共创共享资源等多种资源建设模式有效融合，全面提高学校教育教学资源建设和应用能力。① 同时中小学校要着力教育信息化实践应用的创新，加强信息化队伍建设，促进教育新基建在学校发挥实质作用。

要充分发挥企业的优势，主要在建设系统、开发产品、提供服务和运营平台方面发挥作用。党的十九大报告特别指出要“深化产教融合、校企合作”。应鼓励企业将一线实际需求作为教育科技服务的重要来源，打造以企业为主体、产教

① 黄蔚，唐瓷. 后疫情时代中小学校教育信息化创新应用：初心、理念与路径[J]. 中国电化教育，2020(12): 124-130.

深度融合的科技创新体系，围绕区域产业的关键技术、核心工艺和共性问题开展立地式研发，推动新技术应用研究与产业化对接融通。①

第2节　健全标准规范

《指导意见》在“保障措施”中列明：

（二）健全标准规范

国家和省级教育行政部门应建立覆盖信息网络、平台体系、数字资源、智慧校园、创新应用、可信安全等方面的标准规范体系。重点制定平台建设、数据治理、网络安全等方面的标准，推动平台互联、数据互通和安全可控。制定教育新基建各项任务的指标体系和建设指南，提高建设质量和效率。

教育信息化标准是推进教育信息化持续、有序发展的重要保障。《教育信息化十年发展规划（2011—2020年）》强调，要“加强教育信息化标准规范制定和应用推广……加快标准制修订步伐，强化标准的宣贯，推动标准化实施，确保数字教育资源、软硬件资源、教育管理信息资源等各方面内容的标准化和规范化”②。教育信息化标准的目的是通过制定、发布和实施各项标准，促进教育信息化推进过程中的数据共享和系统互操作，以获得最佳秩序和效益。教育信息化标准对教育信息化的发展具有规范和引导作用，受到各国的普遍重视。

教育信息化标准分为领域应用标准和共性基础标准两大类。领域应用标准包括应用于基础教育、职业教育、高等教育、继续教育及教师培训等相关领域中的教育信息化标准。共性基础标准包括教育信息化相关的教育资源标准、教育管理标准、共性技术标准及公共支撑环境标准等，这些标准分布在16个工作组中进

① 刘海明. 产教深度融合：高职院校推进区域产业转型升级的战略选择[J]. 高等工程教育研究, 2020(06): 129-135.

② 教育部关于印发《教育信息化十年发展规划（2011—2020年）》的通知[EB/OL]. (2012-03-13)[2021-07-22]. http://www.moe.gov.cn/srcsite/A16/s3342/201203/t20120313_133322.html.

行研制。

教育部于 2000 年 10 月指示科技司组织力量研制中国现代远程教育技术标准，于 2001 年初成立了现代远程教育技术标准化委员会，并于 2002 年初将其更名为教育部教育信息化技术标准委员会，同年经国家标准化管理委员会批准成为全国信息技术标准化技术委员会教育技术分技术委员会（以下简称“标委会”），负责组织全国教育信息化、教育技术相关标准的研制和标准符合性测试认证、标准应用推广工作，以及对口承担我国教育信息化在国际标准化组织与国际电工委员会联合成立的第 1 联合技术委员会（ISO/IEC JTC1）第 36 分技术委员会的国际标准化工作。截至 2020 年 12 月 30 日，标委会已发布国家标准 52 项，教育行业标准 12 项，信息化行业标准 2 项。

随着信息技术与教育的多元化和深度融合，移动学习和混合式学习模式已经成为大势所趋。新兴技术从学习环境、学习资源等各个层面以及全环节切入教育教学中。今后一段时间内教育信息化标准研究和应用的主要方向将体现在以下几个方面。

（1）标准内容更加贴近信息技术与教育融合的发展需求

虚拟现实技术提供了沉浸式学习场景，能让学习者进行太空探险，从“上帝的视角”俯视地球；智慧学习环境将大数据、学习分析技术等化作一颗细腻贴心的内核，时刻关注学习者，适时给予最恰当的帮助。而这些都需要标准加以适当规范，以使新兴技术在教育领域发挥真正价值，为实现技术与教育的融合创新奠定基础。

（2）标准领域向虚拟现实、人工智能等新兴信息技术延伸

ISO/IEC JTC1 成立了新兴学习技术特别研究组，开展教育领域新兴技术的应用标准研究，研究方向包括智慧学习环境、物联网、人工智能、虚拟现实和增强现实等。我国目前也开始布局智慧学习环境标准，与实现智慧学习密切相关的教育大数据、学习分析标准的研制也是各个标准组织密切关注和着手研究的方向。

（3）标准测评体系不断完善

对于产品和服务提供者来说，参与标准认证过程能够实现产品与其他系统的集成和兼容；对于教育机构来说，参与标准测评能够确保教学管理系统和教学内容无缝兼容、协同工作。如果没有对标准切实有效的测评工具，标准的应用效果

就无法得到保障，标准也就会成为一纸空文。

（4）标准与产业结合日益紧密

随着标准化对教育信息技术产品质量控制不断加强，整个教育信息技术产业也在逐步走向成熟。产业发展需要标准化的指导与规范，标准化可以带动产业良性、可持续发展，形成助推产业技术创新的有效机制，与此同时，教育信息技术产业的发展又将在更大力度上支持和参与标准研究，形成良性互动。

第3节　提升支撑能力

《指导意见》在“保障措施”中列明：

（三）提升支撑能力

各级教育行政部门应加强管理、技术、服务队伍建设，切实提高管理水平和保障能力，为可持续服务提供必要保障。鼓励有条件的地方以产业孵化基地为载体，打通教育新基建的上下游产业链，促进产业集群式发展。支持高校将前沿技术应用于教育新基建，推进产教融合，提供科技支撑。

首先，要加强管理队伍建设，提升管理者素质，尤其是要提升管理者的信息化领导力。组织开展各地教育管理部门、学校管理团队信息化领导力培训，提升管理者在推进教育新基建过程中的规划设计、组织实施、效果评价水平。聚焦管理者信息素养发展，建立评价体系，开展动态监测，提供支持服务，提升利用信息技术实施精细管理和科学决策能力，打造一支对教育新基建理解深刻、推动有力的管理者队伍。

其次，要加强技术队伍建设。结合区域实际，通过自建或购买服务的方式，打造面向中小学的跨校信息技术应用支持服务中心，配齐配强技术支持服务队伍。开展系统化培训，持续提升人员技术素养和专业能力。建立科学的能力认证体系，制定适应技术支持服务队伍特点的激励制度，形成以业绩贡献和能力水平为导向的评价机制，提高技术队伍的整体水平。

再次，要加强服务队伍建设。压实网信职能部门、业务管理部门、技术支持部门等各主体责任，整合教研、电教、信息、装备等教育系统专业机构的力量，形成工作合力，提升教育新基建的整体服务水平。加强部门协同、上下联动和区域统筹，提高教育新基建的系统谋划、整体推进的能力。各级各类学校应健全 CIO 制度，加强教育新基建专业队伍建设，有序推进“十四五”期间的教育新基建。

最后，要加强教育信息化战略研究基地建设，为全面推进教育新基建提供战略研究、政策咨询与发展评估等服务。建立一批重点实验室、工程研究中心等教育信息化领域的研究基地，设立一批重大研究项目，支持开展原创性、前瞻性的教育新基建基础理论研究，突破教育科学难题和技术瓶颈，加快教育信息化新技术、新产品的研发。鼓励有条件的地方以产业孵化基地为载体，建立在线教育等产业基地，打造集研究开发、检验检测、成果推广等功能于一体的产业集群服务平台，打通教育新基建的上下游产业链，促进产业集群式发展。持续开展新型基础设施条件下教育社会实验，科学推进新技术、新产品在教育领域的应用。开展不同层次、不同类型的教育新基建试点示范，推动集成应用与创新，形成可复制、可推广的教育新基建典型模式和先进经验，发挥辐射带动作用。

第 4 节　完善经费管理

《指导意见》在“保障措施”中列明：

> （四）完善经费保障
>
> 地方各级教育、发展改革、财政、通信、工业和信息化等部门应加强统筹协调，优化支出结构，通过相关经费渠道大力支持教育新基建。通过现有资金渠道加强对薄弱环节和贫困地区的倾斜支持，缩小区域、城乡、校际差距。优化金融服务，支持教育新基建。

首先，要加大教育新基建的经费支持力度，更加注重通过加强政策设计、制度设计、标准设计带动投入，充分利用现有资金渠道，保证教育新基建经费持续稳定增长，形成支持可持续发展的长效投入机制。统筹教育传统基建和新基建，形成与时代发展和现实需求相适应的经费支出结构。建立科学合理的经费预算、政府采购、绩效评估制度，提高经费使用效益。

其次，要发挥中央财政性资金导向作用，加大对农村、边远、民族地区的倾斜力度，助力乡村教育振兴，促进区域教育新基建协调发展。各级政府要建立与办学规模、培养成本、办学质量等相适应的教育新基建经费投入制度，地方政府要按规定制定并落实教育新基建经费投入标准。要明确教育新基建经费在当地生均公用经费、教育附加费中的支出比例，形成教育新基建经费投入保障机制。

再次，地方要积极争取智慧城市等专项经费，支持教育新基建，保障教育信息化高质量发展。各地可根据发展需要和财力逐步提高教育新基建经费投入标准和拨款水平。各地各校要统筹利用义务教育薄弱环节改善与能力提升、高职院校“双高计划”、高校“双一流”建设等经费，加大对教育新基建工作的经费投入。落实国家关于生均公用经费可用于购买信息化资源、信息化服务的政策，优化经费支出结构。

最后，要充分发挥市场在资源配置中的决定性作用，鼓励社会各方积极参与教育新基建，加大教育新基建的投入和支持力度。建立社会团体、企业参与的多元化投入机制，鼓励基础电信企业建立对各级各类学校的网络使用资费优惠机制。教育新基建的经费投入要进一步突出应用融合、改革导向和创新驱动，支持政企、校企合作开展教育新基建。

第 5 节　强化监督评价

《指导意见》在“保障措施”中列明：

（五）强化监督评价

加强项目立项管理、采购管理、过程管理和绩效管理，建立健全项目全生命周期的管理体系和标准，保障工作质量。各地教育督导部门应将教育新基建重点任务纳入对下级政府履行教育职责督导评估和对学校的综合督导评估。探索建立动态监测和第三方评估机制，推动质量监测与效果评估的常态化、实时化、数据化。

加强项目立项管理，从源头上保证项目设立的科学性、合理性、针对性。一是实行年度项目立项调研制度。围绕教育新基建相关政策措施的贯彻落实，政府重大投资项目资金的管理使用以及可以进行绩效审计的建设工程和专项资金等重点内容，采取领导带队实地调研、审计人员上门走访、发放征求意见表、在相关网站发公告等形式，广泛征求社会各界对项目立项的意见建议，增强项目立项工作的针对性和实效性。

加强项目实施过程管理，及时协调解决问题，确保工作质量。一是完善项目采购管理、过程管理和绩效管理制度。制定教育新基建项目规范化管理试行办法，对审计进驻、资料接收、进度管理、质量管理等作出规定。二是加强重点项目的跟踪审理，健全事中事后审理制度，制定项目跟踪审理办法，对重点项目原则上要进行两次以上的跟踪审理，及时指出问题，提出改进要求。三是加强对项目实施的检查指导，建立健全项目全生命周期的管理体系与标准，加强项目的督查管理，坚持定期审核项目的计划进度，召开工作进度情况分析会，确保项目计划的有序展开。

建立和发展监测评价机制，将教育新基建推进情况作为评价地方政府履行教育职责和学校综合评估的重要内容，开展常态化的督查督导。推动质量监测与效果评估的数据化、实时化和常态化，助力提升教育新基建发展的效果、效率与效益。充分发挥专业评估机构的作用，开展动态监测和第三方评估，形成常态化的教育新基建发展报告发布机制，为各地推进教育新基建提供支持。加强对教育新基建热点舆情的监测分析，构建教师、学生、家长、社会共同参与的监督机制。健全常态化的网络安全监督制度，定期开展网络安全检查，及时发现、解决安全问题。落实网络安全考核评价，牢固树立底线思维。

第 10 章

未来展望：
构建智能时代教育新生态

人工智能作为新时代的变革性信息技术，不仅改变了经济社会对人才的需求，而且还会改变教与学的方式，深入影响到教育的理念、文化和生态。在新一轮科技革命形势下，教育应该适应和满足新时代社会发展的要求，利用人工智能、大数据和互联网等技术，探索人才培养新规律，以提供更加公平、更高质量的教育。

教育新基建的启动将有助于加快构建智能时代教育新生态。新基建是构建智能时代教育新生态的重要牵引。“没有教育信息化就没有教育现代化”的论断表明，教育信息化是实现教育现代化的核心推动力，教育信息化在不同的信息技术发展阶段具有不同的具体表现，当前在大数据、人工智能等新兴信息技术的融合推动下，“互联网 + 教育”、智慧教育等成为教育信息化的阶段特征，教育信息化正在推动教育新生态的构建。

教育新基建的核心是快速演化和发展的先进技术，决定了教育新基建在教育数字化转型、教育体系的重塑和再造过程中发挥着加速器的作用。当前，我国在利用信息技术共享优质教育资源，解决偏远地区学校开不齐开不足开不好课的问题上取得了显著成就。推动教育新基建将进一步缩小区域、城乡数字差距，在促进教育公平和提高教育质量方面发挥重要的先导作用。

未来教育走向人机协同、人机融合的智慧教育生态的趋势已经成为共识。从教育基础设施推动教育创新变革的经验成果来看，智能时代教育新生态的特征已经开始显现。

1. 教育新基建正推动智能学习资源聚合服务新生态的构建

人工智能、虚拟现实、混合现实等技术正在推动数字学习资源朝着智能化、虚实融合的方向发展，为学习者构建更具真实性、更强体验性、更深交互性的学习资源环境，智能导学系统、智能学习伙伴等各种智能代理角色的出现并融入学习资源环境，能够根据学习者特征，为其提供适应性的学习资源与服务。

2. 教育新基建正推动教育智力资源服务新生态的构建

通过专递课堂、名师课堂、网络名校课堂等方式共享智力资源的现象已经普遍，教育企业通过聚合智力资源开展在线教育服务也已经成为常态。随着教育新基建的推进，智能教师与资源也将能够在知识传授、技能训练、学生评价、教育治理等方面完成相应的任务，而人类教师将在人际交流、情感沟通、合作创新、思维启迪等方面发挥人工智能不可替代的作用，人机协同教学是教育的必然选择。社会各行业能够通过智能化学习环境以真实或虚拟的形象为学习者提供服务，全社会共同承担创新型人才培养的智力教育资源服务新生态正在形成。

3. 新基建将助力泛在学习与终身学习新生态的构建

建设学习型社会已经成为世界发展的趋势。党的十九届四中全会强调，“发挥网络教育和人工智能优势，创新教育和学习方式，加快发展面向每个人、适合每个人、更加开放灵活的教育体系，建设学习型社会”[①]。党的十九届五中全会提出“发挥在线教育优势，完善终身学习体系，建设学习型社会”[②]。夯实教育新基建，推进教育信息化转段升级，将有力保障“人人皆学、处处能学、时时可学”的学习型社会建设。随着智能学习资源新生态与智力资源服务新生态的建立，学习者在社会、家庭、学校能够获得真实学习环境与智能虚拟学习环境相互融合、无缝衔接的学习支持服务，学习者的学习将发生在社会、家庭、学校、工作等泛在学习环境之中，获得个性化、终身的学习服务。

随着信息技术融合于教育程度的提升，信息技术将从影响教育发展的外生变量演变为变革教育系统结构的内生变量，教育的理念、环境、内容、模式、文化等也将随之发生改变。为进一步加快推进教育新基建，促进智能时代的教育新生态的构建，必须从下列方面加速推进教育的系统性变革。

1. 树立以人为本的教育理念

教育新形态下的教育理念顺应信息化社会的人才培养需求，注重以人为本、开放多元、全面发展。具体来说，要把智能技术的思维融入教与学、管理与服务等过程，兼顾群体的教育需求和个体的差异化特征，提供大规模的个性化教育供给，实现学科知识、教学方法、智能技术的深度融合，以及知识、能力、素质的整体提升，支撑教育高位均衡，促进人的全面、自由、个性化发展。

2. 构建双空间一体化教学环境

智能技术的导入将全面改变教室形态，课堂教学环境、校园环境等都将深刻改变，线上线下一体、课上课下衔接的高度数字化、智能化的教学环境将全面普

---

① 中共中央关于坚持和完善中国特色社会主义制度 推进国家治理体系和治理能力现代化若干重大问题的决定 [EB/OL]. (2019-10-31)[2021-03-17]. https://www.12371.cn/2019/11/05/ARTI1572948516253457.shtml.

② 中共中央关于制定国民经济和社会发展第十四个五年规划和二〇三五年远景目标的建议 [EB/OL]. (2020-10-29)[2021-03-17]. https://www.12371.cn/2020/11/03/ARTI1604398127413120.shtml.

及，人工智能与人类智能的高度协同，可大大增强教学环境的个性化服务水平，为实现泛在学习提供良好支持。推动教育新基建，有助于促进物理空间与虚拟空间的全面衔接，由此构建实体课堂虚拟课堂一体化、人人处处时时可学的混合式泛在教学环境，助力实现学习主体可理解、学习服务可定制、教学情境可计算的因材施教的智能化教学。

3. 促进跨学科教学内容整合

以互联网、人工智能为代表的技术革新将为教育内容的重组提供有力支撑，纸质教材将不再是教学内容的主要载体，数字化资源将逐步从教学内容的辅助部分变为主体。教育新形态下的教学内容变化主要凸显在内容体系和供给模式两个方面：一方面，智能技术正倒逼教学内容体系的重构，创新思维和协作能力培养的课程内容将得到加强，推行跨学科内容整合成为必然趋势；另一方面，教育资源的来源和形式更加多元化，富媒体、强交互、小粒度的新型资源将得到广泛应用，智能化、情境化、精准化、个性化的数字资源推送将全面实现。

4. 推动教学模式的全面创新

教育新基建将为实现差异化的教和个性化的学注入新的活力。它通过把传统的课堂面授与基于网络的在线学习结合在一起，充分发挥两种教与学模式的优势，实现了精准化的“教”，且在此基础上发展出了系列混合式教学模式，包括线上与线下相结合、实体和虚拟相结合、正式学习与非正式学习相结合、课内教学与课外实践相结合、知识教学与能力培养和素养发展相结合等。此外，人工智能还可根据学生特定的学习需求生成个性化、定制化的学习方案，并提供沉浸式的学习体验和高度智能化的学习过程跟踪服务。

5. 实现多元化的教学评价

利用人工智能、大数据等技术，可以提供更加多元的过程化教学评价，使评价手段更加丰富、评价过程更加科学、评价结果更加准确。推动教育新基建，建立智能、快速、全面的教育分析系统，有助于实现教学活动全过程的评估监测与管理。通过创新信息化评价工具，全面记录学生学习实践经历，客观分析学生能力，能够实时、精准地干预学生的学习行为，从而提升其学习效果，真正实现教学的规模化与个性化统一。

6. 提升师生和管理者信息素养

以教育新基建构建教育新生态的核心在人，必须着力提升教师信息化教学能力、学生信息化学习能力和管理者的信息化领导力，培育提升师生和管理者在信息时代的信息思维与能力，注重信息素养的监测与评估，才能保障信息化社会教育体制变革顺利实施。为此，要制定实施学生信息素养标准，重点培养学生综合能力；培育基于互联网的教师培训新生态，着力创新教师培训体系；扩大人工智能助推教师队伍建设行动试点，构建智能技术支持的教师发展新模式。加强信息化领导力建设，提升管理者利用信息技术实施精细管理和科学决策能力。

7. 建立连接开放的教育文化

随着学习环境的改变、学校组织的变革、教育系统的重构，传统教育的物质文化、制度文化和心理文化都将发生重大转变，全新的教育文化将逐步建立，教育系统的内在品质将得到全面提升。教育新形态下的教育文化是一种通达、连接的文化，对于学生而言，学校不仅要注意学生与同伴的连接，而且要注意学生与教师、家长以及与社会的连接。对于教师而言，要营造好促进未来教师成长发展的文化。推动教育新基建，可为教育改革创新提供基础平台支持，更好地营造出一种高位均衡、多元开放的发展文化。

展望未来，教育新基建转换教育发展模式与动力结构，推进教育结构重组、流程再造、文化重构的步伐将不断加快，信息技术对教育的革命性影响将进一步彰显，人技结合的教育生态正在形成，新基建支持下的更加全纳、开放、共享、适切的新型教育体系将成为现实。